Maria Luiza Heilborn
organizadora

SEXUALIDADE

O olhar das ciências sociais

Jorge Zahar Editor
Rio de Janeiro

1999
Direitos para esta edição contratados com:
Jorge Zahar Editor Ltda.
rua México 31 sobreloja
20031-144 Rio de Janeiro, RJ
tel.: (21) 240-0226 / fax: (21) 262-5123
e-mail: jze@zahar.com.br

Apoio:
Fundação Ford

Seminário realizado pelo Programa de Estudos e Pesquisas em Gênero, Sexualidade e Saúde do Instituto de Medicina Social/UERJ

Organização editorial:
Anna Paula Uziel

Preparação de originais e edição dos debates:
Silvana Issa Afram

Capa: Carol Sá

CIP-Brasil. Catalogação-na-fonte
Sindicato Nacional dos Editores de Livros, RJ

S529 Sexualidade: o olhar das ciências sociais/Maria Luiza Heilborn, organizadora. — Rio de Janeiro: Jorge Zahar Ed., 1999

ISBN 85-7110-524-3

1. Ciências sociais e sexo. 2. Comportamento sexual. 3. Pesquisa social. I. Heilborn, Maria Luiza.

CDD 306.7
99-1288 CDU 316.62:392.6

SUMÁRIO

PARTE III – SEXUALIDADE E HIV

Introdução

Ciências sociais e sexualidade

Maria Luiza Heilborn
Elaine Reis Brandão

O que as ciências sociais têm a dizer sobre a sexualidade? Seria esse tema mais bem tratado pelos saberes que giram em torno do psicológico? O que há de novo e como se configura o campo dos estudos sociológicos sobre sexualidade? O desafio deste livro consiste em responder a tais questões, inserindo os leitores no centro do debate contemporâneo sobre a sexualidade.

Entre as ciências sociais, a sociologia e a antropologia têm investido de maneiras diferentes sobre o tema. A primeira tem contribuído com grandes inquéritos sobre o comportamento sexual da população, enquanto a segunda, em princípio, tem respondido pelas descrições detalhadas de valores e práticas de grupos sociais demarcados. A sexualidade não é um objeto de estudo novo ou estranho à tradição disciplinar antropológica. Ao contrário, existem etnografias clássicas que descrevem práticas sexuais de sociedades ditas primitivas, desde o início deste século.[1] Investigava-se a dimensão da sexualidade — bem como as relações de parentesco, o modo de produção e organização política, as formas de expressão religiosa etc. — no esforço de conhecer as diferentes modalidades de organização social peculiares a cada grupamento humano. O olhar conferido a tal objeto, contudo, não o privilegiava como um campo de investigação autônomo, com estatuto próprio. Enquanto objeto de estudo, a sexualidade inseria-se no conjunto das regras que regulavam a reprodução biológica e social de uma dada comunidade.

A desassociação entre sexualidade e reprodução biológica da espécie, a partir do desenvolvimento dos métodos contraceptivos hormonais, nos anos 60, e o advento da epidemia de HIV/Aids, na década de 80, deram novo impulso às investigações sobre os sistemas de práticas e representações sociais ligados à sexualidade, constituindo-a como um campo de investigação em si, dotado de certa legitimidade. Tal particularidade só pode ser entendida no contexto da sociedade ocidental do final do século XX, que elegeu as questões afetas à intimidade, à vida privada e à sexualidade como centro da reflexão sobre a construção da pessoa moderna (Giddens, 1992). Assim, duas faces compõem a personagem do indivíduo moderno: uma delas refere-se à sua constituição como sujeito político, livre, autônomo, portador de direitos de cidadania (Dumont, 1993); a outra alude à sua fabricação subjetiva, por múltiplos dispositivos disciplinares, que tornam as experiências do gênero e da sexualidade centrais para a constituição das identidades. Ressalte-se que tal concepção de sujeito é originária de uma determinada percepção cultural, temporal e historicamente marcada, que se espraia nas diferentes sociedades de modo também desigual.

Analisando-se a trajetória dos estudos sobre sexualidade, não se pode ignorar que houve um *boom* particularmente expressivo a partir dos estudos sobre gênero. Na verdade, o campo da sexualidade mantém uma relação íntima com o do gênero, cujo desenvolvimento está estreitamente ligado aos movimentos sociais, como o feminista e o de liberação homossexual. Tal vinculação aponta para uma das características mais marcantes das ciências sociais: sua porosidade em relação às questões que inflamam a vida social em um dado momento (Heilborn & Sorj, no prelo).

O olhar antropológico caracteriza-se, em particular, por tomar de maneira mais ou menos radical a afirmativa de que os temas a serem investigados fazem sentido somente a partir da teia de significados e relações sociais que os sustentam em um determinado contexto. Assim, o que é sexo para um certo grupo não necessariamente é para outro, e os nexos estabelecidos entre essa dimensão e as demais da vida social também variam. Os exemplos dessa não-univocidade do sentido do sexual são múltiplos (Gagnon & Simon, 1973; Herdt, 1981). Se essa é uma aposta antropológica mais ou menos consensual, é igualmente verdade que, para efeito de construção de um dado objeto ou de uma perspectiva, é necessário fixar um ponto arbitrário onde paramos de inquirir e desconstruir nossas pressuposições para que a investigação possa prosseguir. Nesse sentido, adota-se sempre uma definição do que se está concebendo por atividade sexual, o que depende fortemente das perguntas e problemas que orientam a pesquisa. Ter claras as implicações dessas decisões — a um só tempo teóricas, metodológicas, políticas e determinadas pelas circunstâncias de financiamento — é condição importante para uma postura não-ingênua diante dos "dados".

Talvez a sexualidade ainda encontre resistências ao seu desvelamento, em razão do lugar privilegiado que detém no cerne dos valores associados à intimidade da pessoa moderna. A permeabilidade das ciências sociais em relação às tendências ideológicas que compõem o quadro societário não apenas incentiva a proliferação dos estudos, mas, por vezes, coloca-os sob questão. Trata-se, antes, de uma arena "simbólica e política ativamente disputada, em que grupos lutam para implementar plataformas sexuais e alterar modelos e ideologias sexuais" (Vance, 1995: 15). As posições críticas em relação aos procedimentos de objetivação das práticas sexuais e dos valores a elas associados advogam que as pesquisas sociológicas sobre sexualidade seriam, em verdade, mais um dos dispositivos de incitação ao sexo, como afirmava Foucault (1993) sobre as características da modernidade. Ainda assim, este livro apresenta uma possibilidade concreta de que as práticas sexuais sejam objeto de estudo dessacralizado, como o são outros hábitos relativos ao corpo, como a alimentação e o esporte (Bozon & Leridon, 1995).

O debate teórico em torno da sexualidade tem sido marcado pelo enfrentamento entre duas posições: o essencialismo e o construtivismo social. Contudo, tal oposição não possui uma distinção linear, travando-se em dois planos distintos: no primeiro há uma oposição simples entre as duas perspectivas; no segundo incluem-se variantes entre as diferentes modalidades de conceber o construtivismo social. A seguir são expostas algumas idéias implícitas no embate entre esses dois paradigmas, presentes nos estudos sobre sexualidade.

Nas trincheiras do essencialismo viceja a convicção de que há algo inerente à natureza humana, inscrito nos corpos na forma de um instinto ou energia sexual, que conduz as ações. A sexualidade ora restringe-se a um mecanismo fisiológico, a serviço da reprodução da espécie, ora à manifestação de uma pulsão, de ordem psíquica, que busca se extravasar.

O construtivismo social reúne abordagens que buscam problematizar a universalidade desse instinto sexual. O foco da argumentação é o de que existem formas culturalmente específicas, as quais o olhar ocidental chamaria de sexualidade, que envolvem contatos corporais entre pessoas do mesmo sexo ou de sexos diferentes, ligados ou não à atividade reprodutiva, que podem ter significados radicalmente distintos entre as culturas, ou mesmo entre grupos populacionais de uma determinada cultura. Portanto, os significados sexuais e, sobretudo, a própria noção de experiência ou comportamento sexual não seriam passíveis de generalização, dado que estão ancorados em teias de significados articuladas a outras modalidades de classificação, como o sistema de parentesco e de gênero, as classificações etárias, a estrutura de privilégios sociais e de distribuição de riqueza etc.

Do ponto de vista das ciências sociais, torna-se imperativo identificar as articulações e nexos entre esses eixos de classificação social, na medida em que a sexualidade, como qualquer outro domínio da vida, depende de socialização, de aprendizagem de determinadas regras, de roteiros e cenários culturais, para que a atividade sexual possa ser significada e exercida (Gagnon & Simon, 1973). Não há, assim, uma razão universal pairando sobre as condutas, e muito menos sobre os significados do que seja sexual. O sexual não se restringe à dimensão reprodutiva, tampouco à psíquica, estando impregnado de convenções culturais acerca do que consistem a excitação e a satisfação eróticas, construtos simbólicos que modelam as próprias sensações físicas (Parker, 1994).

Os desdobramentos da postura construtivista podem ainda redundar em diferentes interpretações, segundo o grau de autonomia conferido à sexualidade em relação à reprodução. Desse modo há, internamente ao paradigma do construtivismo social, tensões — não necessariamente explícitas — que respondem por uma abordagem cultural mais moderada ou mais enfática. A antropóloga norte-americana Carole Vance (1995) propõe dois modelos para classificar o construtivismo social aplicado à sexualidade. O primeiro, denominado modelo de influência cultural, parte da premissa de que há uma partilha fundamental entre corpo e razão, na qual o corpo permanece como uma espécie de substrato ao qual a cultura se superpõe, alterando/modelando os comportamentos, as experiências e as significações relativas ao que chamamos de experiência sexual. Aceita-se que a sexualidade seja universal e biologicamente determinada, cabendo a cada sociedade conformar o impulso ou pulsão sexual.

O segundo modelo é mais enfático, postulando que o domínio do sexual, do erótico ou das sensações do corpo é puro efeito de construções culturais. Nesse sentido, é necessário identificar as mediações, os vínculos, que, em cada momento histórico, definem o que seja sexual e de que modo tal significado se articula com as classificações de gênero, com a reprodução e com o sistema de parentesco. Não há, portanto, algo inerente à fisiologia ou à psique humanas que possa ser considerado um substrato universal sobre o qual a cultura opera, privilegiando-se o pressuposto da radical arbitrariedade do que venha a ser sexual.

Expressando as tendências contemporâneas de investigação socioantropológicas sobre a sexualidade, este livro traz ao público mais amplo as exposições e debates gerados no seminário *Sexualidade e Ciências Sociais: Perspectivas e Paradigmas no Fim do Milênio*, realizado em setembro de 1998 no Rio de Janeiro e organizado pelo Programa de Estudos e Pesquisas em Gênero, Sexualidade e Saúde, do Instituto de Medicina Social, da Universidade do Estado do Rio de Janeiro, com apoio da

Fundação Ford e Alliance Française/RJ. Como o próprio título do seminário sugere, há uma demarcação precisa do campo gerador das discussões. Contrapondo-se à perspectiva biomédica ou sexológica, a adoção da perspectiva antropológica ou sociológica para a análise da sexualidade suscita reflexões instigantes, sobretudo para o campo da saúde coletiva. Com o advento da Aids, os estudos biomédicos e epidemiológicos sobre a sexualidade intensificaram-se sobremaneira, restaurando tendências de mensuração e controle do comportamento sexual, tomado como um conjunto de atos e práticas isoladas de seu contexto cultural (Cf. Giami, 1994). Freqüentemente tais estudos adquirem um caráter assertivo e normativo quanto à conduta de indivíduos no que tange à prevenção de doenças. O esforço relativizador das ciências sociais busca, então, problematizar uma série de crenças arraigadas no senso comum ou entre especialistas, que reificam determinados comportamentos e identidades sexuais. Em geral, estes desconsideram o lento e complexo processo de aprendizagem sociocultural, permeado pelas marcas de gênero que modelam as representações e práticas no campo da sexualidade.

Ressalte-se que, mesmo delimitando o prisma das ciências sociais, em contraposição às ciências naturais, para inquirir a sexualidade, não há o intuito de homogeneizar as abordagens existentes. A heterogeneidade que se pode verificar nos diferentes artigos que compõem o livro é um sinal das acirradas controvérsias presentes na discussão interna ao próprio campo. A decisão de incluir os debates ocorridos no seminário, portanto, tem o objetivo de elucidar questões de ordem teórica e metodológica que permeiam as investigações apresentadas, também possibilitando aos leitores a oportunidade de apreciar e comparar perspectivas distintas de condução do trabalho de campo, bem como de superação dos impasses encontrados.

Como os textos demonstram, o esforço de aproximação e compreensão teórica das diferentes possibilidades de construção (e por vezes também de reificação) das trajetórias sexuais, individuais ou partilhadas por determinados grupos de pares, nos conduz a distintos cenários culturais. Estes são permeados por formas de afeto (em suas variantes, incluindo o ideal do amor romântico), pela violência, por diferentes redes de sociabilidade, pelo lugar que a reprodução e a família ocupam no imaginário social e, fundamentalmente, pelo potencial de validação ou censura que o mundo social exerce sobre cada sujeito.

Um aspecto presente em todos os artigos aqui reunidos refere-se ao gênero como uma categoria fundante no modo como a experiência sexual é vivenciada pelos sujeitos, na medida em que as trajetórias masculinas e femininas são radicalmente distintas, não exatamente pelas diferenças estampadas em seus respectivos corpos, mas sobretudo em função da maneira como as expectativas e as aspirações em relação à experimentação sexual são marcadas pelo gênero na tradição ocidental.

As tensões apontadas anteriormente atravessam a totalidade das contribuições que compõem esta coletânea. Os artigos da Parte I, Sexualidade: perspectivas de análise em antropologia, suscitam diversas questões sobre o grau de autonomização da esfera da sexualidade (se absoluto ou relativo), sobre a que mecanismos culturais ela estaria subordinada (código do gênero, da sensibilidade), ou ainda sobre a hipótese de haver um patamar irredutível expresso no corpo, na fisicalidade, na reprodução, que se contraporia à modelação cultural.

O artigo de Luiz Fernando Dias Duarte, intitulado "O império dos sentidos: sensibilidade, sensualidade e sexualidade na cultura ocidental moderna", examina as relações instituídas entre sexualidade e sensibilidade na construção da pessoa ocidental moderna, embora a crescente banalização dos termos *cultura ocidental* e *modernidade*, no sentido de terem adquirido um caráter universalizador, possa ameaçar a função de tê-los como parâmetros possíveis de contraste com outras configurações culturais. Ainda assim, é a perspectiva comparativa que orienta o ofício do antropólogo em seu contínuo esforço de relativização dos fatos e categorias sob exame. Mediante tal advertência, a abordagem do autor busca compreender a sexualidade na cultura ocidental moderna a partir de um universo maior de significação, o qual engloba, de maneira articulada, fenômenos ligados à sensualidade e à sensibilidade.

Três aspectos estariam na raiz da construção histórica dos chamados "dispositivos de sexualidade": a perfectibilidade, configurada pelo domínio da inteligibilidade e de uma perspectiva evolutiva racional; a preeminência da experiência, com o privilégio dos sentidos, dos sentimentos; e o fisicalismo, com ênfase na dimensão da corporalidade, em detrimento do espírito. A compreensão dos significados atribuídos contemporaneamente à sexualidade deve levar em conta um panorama no qual se confrontam duas lógicas antagônicas: o esforço de maximização da vida (aposta na longa duração) e a otimização do corpo como fonte de prazer (aposta na intensidade).

Maria Andréa Loyola, em "A sexualidade como objeto de estudo das ciências humanas", acompanha a constituição histórica desse campo, através dos diferentes olhares pelos quais a sexualidade pode ser perscrutada pelas ciências sociais e humanas. Loyola propõe um novo ângulo de leitura para a polêmica do construtivismo social. Para a autora existem duas perspectivas: uma mais autonomista e excessivamente culturalista, na qual o estatuto do corpo e da sexualidade adquire um caráter totalmente arbitrário, e outra mais relacional (menos atomizada), na qual se admite uma autonomia relativa da sexualidade, na medida em que se supõe, em algum nível, uma pregnância ou vínculo com os sistemas de gênero, a reprodução e a classe social.

Maria Luiza Heilborn, por sua vez, traz à luz, em "Construção de si, gênero e sexualidade", os resultados da investigação desenvolvida com homens e mulheres de 20 a 45 anos, pertencentes a diferentes camadas sociais do Rio de Janeiro. Na reconstrução das carreiras afetivo-sexuais, a autora salienta que a experiência narrada da sexualidade possui uma marca de gênero fundamental, consubstanciada em duas formas: a primeira, em uma oposição estruturante no universo cultural brasileiro entre a iniciativa masculina e a ausência desta entre as mulheres. A representação do homem como sexualmente ativo, permanentemente desejoso de sexo, é compartilhada por todos os segmentos sociais. A segunda modalidade assinala a atividade sexual masculina como um rito de passagem importante para a constituição da virilidade. O sexo dissociado da experiência afetiva aparece como um aprendizado técnico para os homens. Na perspectiva feminina, a primeira experimentação reveste-se sobretudo pela expectativa do estabelecimento de um vínculo amoroso. Tal modulação do gênero inscreve-se no modo como homens e mulheres constituem a própria subjetividade.

Na Parte II, Sexualidade e Juventude, são apresentadas três investigações dedicadas a cotejar a experiência da sexualidade com a perspectiva de gênero e de geração. Trata-se de uma perspectiva de estudo na qual a etapa da juventude adquire especial relevância no estabelecimento de roteiros biográficos, por abrigar o momento da iniciação sexual e amorosa com um(a) parceiro(a) e de experimentação do repertório de práticas sexuais[2]. Sob tal ótica, a juventude é privilegiada como momento de análise por condensar a experiência da sexualidade com um outro, instaurando modos particulares de entrada na vida sexual e conjugal. A despeito das especificidades de cada artigo, advindas de investigações em contextos sociais díspares, bem como da adoção de metodologias diferenciadas, é razoável assinalar o quão imbricadas estão as trajetórias de gênero com o processo de iniciação sexual na juventude.

O artigo da socióloga francesa Brigitte Lhomond, "Sexualidade e juventude na França", sobre o comportamento sexual de jovens entre 15 e 18 anos, identifica uma aproximação entre os calendários e práticas sexuais masculinas e femininas — ao contrário do contexto brasileiro, onde uma marcante assimetria de gênero produz trajetórias sexuais e afetivas muito díspares. No entanto, a autora destaca entre os jovens franceses expressivas divergências no que concerne às expectativas, representações e estruturação tanto do núcleo de amizades quanto das relações com os parceiros sexuais. Na pesquisa mencionada, a compreensão do que seja atividade/relação sexual ou amorosa foi alargada, permitindo incorporar diferentes percepções juvenis sobre atos e práticas vinculadas à experiência da sexualidade.

O trabalho da antropóloga Ondina Fachel Leal, em co-autoria com Jandyra M.G. Fachel, "Jovens, sexualidade e estratégias matrimoniais", apresenta uma proposta metodológica original, que busca combinar procedimentos qualitativos de investigação com técnicas estatísticas na área da saúde reprodutiva. Com o intuito de superar os limites do método etnográfico, clássico na antropologia, as autoras buscam responder às questões de representatividade e possibilidade de generalização dos resultados encontrados. São apontadas duas modalidades de iniciação sexual heterossexual, masculinas e femininas, designadas como "igualitárias" — caracterizadas pela proximidade etária entre os parceiros; pela inexistência de um diferencial expressivo entre experiência sexual e amorosa anterior entre rapazes e moças; e por envolvimento afetivo entre o casal — e "violentas", configuradas pela presença de relações sexuais forçadas, tanto entre moças quanto entre rapazes. No que tange as práticas abortivas, que costumam ser percebidas como tentativas de regularização do ciclo menstrual, Leal e Fachel destacam o quanto a gravidez, freqüentemente não-planejada, é valorizada pela juventude oriunda das camadas populares.

Simone Monteiro, em "Gênero, sexualidade e juventude numa favela carioca", analisa as trajetórias e as experiências sociais de gênero e sexualidade de rapazes e moças moradores de Vigário Geral, no Rio de Janeiro. Trata-se de um universo atravessado pelo comércio ilegal de drogas, que erige os traços masculinos relacionados à virilidade e à violência como símbolos de prestígio social. Em tal contexto, Monteiro problematiza a persistência de estruturas tradicionais — relacionadas aos padrões de organização familiar, aos papéis de gênero, às expectativas para a vida adulta —, bem como a ausência de relatos sobre práticas homoeróticas. Assinala ainda que a concepção de relação sexual é subsumida à de sexo vaginal com penetração, aspecto assinalado também por Leal e Fachel no contexto sulista.

Uma tensão perpassa o artigo de Monteiro, antecipando algumas das preocupações presentes nos dois últimos textos da coletânea, reunidos na Parte III, Sexualidade e HIV. Trata-se de uma crítica às propostas de prevenção no campo da saúde, centradas no enfoque da responsabilidade individual e na adoção de uma atitude racional diante dos riscos do HIV ou da gravidez. Geralmente, as recomendações prescritas nas campanhas de esclarecimento público, veiculadas pela mídia, desconsideram diferenças culturais que singularizam determinados grupos populacionais, não obtendo, assim, os efeitos esperados no tocante à alteração de padrões de conduta. A questão de como intervir para alterar comportamentos atormenta muitos pesquisadores, profissionais e militantes que atuam no campo da sexualidade com vistas à prevenção do HIV. Grande parte daqueles que trabalham com Aids tem constatado que o simples acesso às informações não garante a adoção de estratégias de autoproteção. Inúmeros fatores concorrem para a estruturação das relações afetivas e/ou sexuais, a exemplo da assimetria nas relações de gênero, confiança no(a) parceiro(a), vínculo social e/ou amoroso. Estratégias coletivas, comunitárias ou de grupos de pares têm sido cogitadas para contrapor-se aos modelos centrados na ação individual. Busca-se, desse modo, a contextualização socioeconômica e cultural das variáveis que concorrem para a não-predisposição dos sujeitos à adesão às práticas sexuais mais seguras. Grosso modo, o que se discute está relacionado ao fato de saber em que medida a esfera da sexualidade é passível de controle racional e metódico pelos sujeitos.

Regina Ferro do Lago, em "Bissexualidade masculina: uma identidade negociada?", aborda a construção de identidade sexual em uma população masculina que se autodenomina bissexual. A autora desconstrói a imagem marginal tipicamente atribuída ao homem bissexual como promíscuo, irresponsável, propagador do HIV entre as mulheres e avesso à militância "politicamente correta". A lógica de construção dessa identidade sexual implica o fato de ela não poder se tornar pública. Ampliando a escassa bibliografia existente sobre o tema, esse trabalho permite problematizar a relação direta entre as categorias de identidade sexual e os comportamentos e práticas adotados, desvelando as lógicas sociais que dão suporte à "escolha" de uma identidade bissexual.

Finalmente, o artigo do uruguaio Juan José Meré Rouco, "Sexualidade e mudanças de comportamentos: uma estratégia lúdica de prevenção da Aids", apresenta uma proposta de intervenção pedagógica que procura aliar uma estratégia lúdica ao processo de disseminação de informações necessárias à prevenção da transmissão sexual da Aids. Partindo de uma revisão do pensamento do sociólogo Pierre Bourdieu, do aporte do educador Paulo Freire e das teorias sobre grupos operativos de Pichón Rivière, o autor discute as inquietações dos profissionais e educadores em saúde, advindas da tarefa de "inculcação" de novos comportamentos e práticas nos indivíduos. Questionando os tradicionais modelos de educação em saúde, o autor critica o modelo da ação racional, no qual o sujeito da prática educativa se vê alienado de seu contexto cultural, de sua trajetória pessoal, rede de significados e relações sociais, para aderir a um processo lógico que o afaste do risco. Em suma, ambos os artigos dessa seção apontam para a distância existente entre o imaginário social sobre a sexualidade e as práticas sexuais que efetivamente acontecem entre as parcerias.

Certamente, *Sexualidade: o olhar das ciências sociais* interessa àqueles que têm o campo da sexualidade como objeto de estudo ou trabalho, mesmo possuindo inserções institucionais distintas, seja no espaço acadêmico das universidades ou centros de pesquisa, seja na intervenção social, mediante a atuação em ONGs e serviços de saúde. A coletânea oferece informações advindas tanto de etnografias realizadas por alguns dos autores aqui reunidos, quanto de pesquisas quantitativas levadas a cabo no Brasil e na França, e de atividades educativas efetivadas no âmbito da saúde. Acreditamos que essa seja a contribuição singular desta obra, na medida em que combina abordagens etnográficas com quadros mais genéricos, construídos a partir de amplos inquéritos populacionais.

Agradecimentos

Agradecimentos especiais são dirigidos à Fundação Ford, cujo apoio ao Programa de Estudos e Pesquisas em Gênero, Sexualidade e Saúde, do IMS/UERJ, tem possibilitado a consolidação e divulgação de conhecimento no âmbito dos estudos sobre sexualidade; e à Alliance Française do Rio de Janeiro e ao Instituto de Investigación y Desarrollo, do Uruguai, por meio de Juan José Meré Rouco, que, de diferentes formas, contribuíram para a realização do seminário.

Os professores do IMS/UERJ, Jane Russo e Sérgio Carrara, além de Ondina F. Leal, coordenadores dos debates do seminário; Anna Paula Uziel, co-organizadora do evento e imprescindível colaboradora na edição desta obra; Wilma Ferraz, secretária do Programa; e Ivia Maksud são também merecedores de gratidão. Aos colegas que participaram do seminário e elaboraram os artigos, o sincero reconhecimento.

Não se poderia, ainda, deixar de mencionar o permanente apoio de Richard Parker (IMS/UERJ) e Regina M. Barbosa (Núcleo de Estudos de População/Unicamp), antecessores na coordenação do Programa e figuras sempre presentes nesse campo de discussão.

Notas

1. Referimo-nos, em especial, aos trabalhos de Malinowski (1983[1929]), Westermarck (1921, 1ª edição de 1891) e Mead (1928).

2. Um exemplo dessa tendência nos estudos acadêmicos da área é o que o sociólogo francês Michel Bozon chama de "construção biográfica das orientações

íntimas", na qual a sexualidade adquire papel decisivo (Bozon, 1997 e 1998; Bozon & Heilborn, 1996).

Referências Bibliográficas

BOZON, M. (1997) Le lieu de la sexualité. La construction biographique des orientations intimes. Comunicação apresentada no Seminário Temático Sexualidade e Subjetividade, ANPOCS, outubro. Caxambu, MG.

———— (1998) "Demografia e sexualidade". In: LOYOLA, M. A. (org.) *A sexualidade nas ciências humanas.* Rio de Janeiro, Eduerj, p.227-51.

BOZON, M. & HEILBORN, M.L. (1996) "Les caresses et les mots. Initiations amoureuses à Rio de Janeiro et à Paris". *Terrain,* nº 27, setembro, p.37-58.

BOZON, M. & LERIDON, H. (1995) "Les constructions sociales de la sexualité". In: BOZON, M. & LERIDON, H. (coord.) *Sexualité et sciences sociales. Population*, nº 5, setembro/outubro, p.1173-95. Paris, INED: PUF.

DUMONT, L. (1993) *O individualismo. Uma perspectiva antropológica da ideologia moderna.* Rio de Janeiro, Rocco.

FOUCAULT, M. (1993) *História da sexualidade I. A vontade de saber.* Rio de Janeiro, Graal.

GAGNON, J. & SIMON, W. (1973) *Sexual Conduct: The Social Sources of Human Sexuality.* Chicago, Aldine.

GIAMI, A. (1994) "De Kinsey à Aids: a evolução da construção do comportamento sexual em pesquisas quantitativas". In: LOYOLA, M.A. (org.) *Aids e sexualidade. O ponto de vista das ciências humanas.* Rio de Janeiro, Relume-Dumará: UERJ, p.209-40.

GIDDENS, A. (1992) *A transformação da intimidade. Sexualidade, amor e erotismo nas sociedades modernas.* São Paulo, UNESP.

HEILBORN, M.L. & SORJ, B. (no prelo) "Estudos de gênero no Brasil: 1975-1995". In: MICELI, S. (org.) *As ciências sociais no Brasil.* São Paulo, ANPOCS.

HERDT, G. (1981) *The Guardians of the Flutes: idioms of Masculinity.* Nova York, McGraw Hill.

MALINOWSKI, B. (1983[1929]) *A vida sexual dos selvagens.* Rio de Janeiro, Francisco Alves.

MEAD, M. (1928) *Coming of age in Samoa. A Sociological Study of Primitive Society of Western Civilization.* Nova York, William Morrow.

PARKER, R.G. (1994) "Diversidade sexual, análise sexual e educação sobre Aids no Brasil". In: LOYOLA, M.A. (org.) *Aids e sexualidade: o ponto de vista das ciências humanas.* Rio de Janeiro, Relume-Dumará: UERJ, p.141-59.

VANCE, C.S. (1995) "A antropologia redescobre a sexualidade: um comentário teórico". *Physis. Revista de Saúde Coletiva.* Vol.5, nº1, p.7-31. IMS/UERJ: Relume-Dumará.

WESTERMARCK, E. (1921[1891]) *The History of Human Marriage.* Londres, MacMillan.

PARTE I

SEXUALIDADE: PERSPECTIVAS DE ANÁLISE EM ANTROPOLOGIA

O império dos sentidos: sensibilidade, sensualidade e sexualidade na cultura ocidental moderna

Luiz Fernando Dias Duarte

Esta breve análise do império dos sentidos na cultura ocidental moderna é para mim o desenvolvimento de uma pista de trabalho claramente antropológica. No entanto, devo reconhecer, não parece antropológica à primeira vista, porque não é "etnográfica", não traz ao exame compartilhado material de campo, de pesquisa direta — essa pedra de toque da organização do nosso saber. É antropológica, contudo, fundamentalmente por ter uma perspectiva comparada a sustentar o essencial do seu desenvolvimento. Essa comparação está expressa desde já na referência à cultura ocidental moderna, o que significa levar em consideração que as representações que sustentam nossas hipóteses, nosso trabalho de pesquisa científica, são oriundas e específicas de uma determinada cultura (mesmo que ela se pense como o apogeu da "civilização" e do conhecimento humano). A hipótese da realidade desse ente analítico tem sido importante para minha reflexão (seguindo muitas outras e prestigiosas reflexões), mas é hoje sujeita a considerável controvérsia.

De um modo geral, estamos acostumados a considerar que participamos de uma cultura comum: falamos com freqüência de Ocidente, falamos mesmo de cultura ocidental, eventualmente. Quase o tempo todo falamos também de modernidade, e mesmo já de pós-modernidade. Mas é muito raro que levemos realmente a sério o que isso significa em termos de fronteiras culturais pertinentes para nos distinguir das outras culturas — das culturas portadas por outras sociedades. Isso se deve em parte ao fato de que temos uma série de dúvidas a respeito das origens desta nossa cultura: se nasceu na Grécia, se tem raízes judaico-cristãs, se brotou com o Renascimento ou emergiu com a Revolução Francesa; mas se deve sobretudo ao fato de que — como ocorre com todas as culturas — vivemos nela como se fosse "a cultura" por excelência, sinônimo da verdadeira humanidade. Somos levados pelo senso comum a considerá-la mais universal que qualquer outra, em função do extraordinário dinamismo e potência com que progressivamente se impôs ao conjunto do planeta ao longo dos dois últimos séculos. Resistências mais recentes, fundadas numa perspectiva empirista, racionalizam essa naturalidade do nosso ponto de vista, argumentando contra o caráter sistêmico, estrutural, da consciência ativa da oposição entre culturas, defendendo a possibilidade de um conhecimento de puras emergências tópicas.

Do ponto de vista comparado, que acredito ser o mais radicalmente antropológico, é fundamental, porém, considerarmos que seja razoável essa hipótese: a de que participamos de um sistema de significação específico a que se pode chamar, tentativamente, de "cultura ocidental moderna", que implica uma certa maneira de perceber e compreender os fenômenos de nossa vida e, sobretudo, de imaginar que podemos perceber e compreender os fenômenos das outras culturas. Somos partícipes, elementos desse ente, dessa instituição específica que nos dá autoridade. Nós, a cada geração, internalizamos, portamos, praticamos e transmitimos tais valores a nossos descendentes. Ao mesmo tempo, essa perspectiva pode nos permitir enfocar um pouco melhor os prognósticos para o futuro, já que a maneira de encararmos, de construirmos, nossas questões, as problemáticas fundamentais que nos envolvem hoje — neste final de século e de milênio —, já traz em si algumas das possibilidades de encaminhamento, de equacionamento, permitidas pelo nosso espaço de imaginação cultural. Essas questões compõem uma agenda de preocupações muito agudas, que envolvem, em muitos casos, a instituição da sexualidade.

Como não lembrar, em primeiro lugar, do problema da Aids, da relação entre esta e o comportamento sexual e, particularmente, os traços desse comportamento envolvidos na complexa questão da prevenção da contaminação? Veja-se o problema do uso dos preservativos — tão resistente à disseminação. Veja-se a questão da "promiscuidade" — tão delicada de se definir e de se compreender. Veja-se ainda a pluralidade das formas de contato sexual e a delicada opacidade dos regimes de prazeres.

Há ainda as drogas. O consumo de drogas, embora em parte independente do complexo da sexualidade, é bastante lindeiro a ela, por compartilhar da referência aos prazeres corporais imediatos, à sensualidade — apresentando também uma interface direta com a Aids através das drogas injetáveis. Há a medicamentalização de um modo geral e, mais especificamente, todos os fenômenos que hoje excitam e avassalam os meios de comunicação de massa a propósito do uso do corpo, da construção de um corpo ótimo, da maximização da saúde etc. Basta lembrar a questão do consumo, por exemplo, de um medicamento novo como o Viagra, dedicado a oferecer uma potência masculina ilimitada, para ver como tudo isso passa diretamente pela dimensão da sexualidade.

Poderíamos lembrar também a comunicação virtual, um tema importantíssimo dos novos horizontes da sociabilidade contemporânea, e que vem envolvendo também a questão da sexualidade através das redes específicas de consumo e discussão de matérias sexuais. A recente intervenção dos governos nacionais sobre a circulação de informações acerca da pedofilia nesse meio, por exemplo, demonstra bem como esses fenômenos, que são muito abrangentes, de algum modo implicam a questão da sexualidade neste final de século e podem ser, talvez, mais bem iluminados pela perspectiva que lhes trago de examinar as relações instituintes entre sexualidade e sensibilidade na construção da pessoa na cultura ocidental moderna.

A proposta é a de que o sentido e o papel da sexualidade entre nós devem ser compreendidos num universo maior de significação, que há muito tempo se desenrola no interior de nossa cultura e que engloba essas problemáticas citadas. Esse enquadramento, esse âmbito mais abrangente, deve ser compreendido exatamente — segundo a minha proposta — numa articulação entre os fenômenos ligados à *sexualidade*, à *sensualidade* e à *sensibilidade*, em seu sentido mais amplo. Esta última é uma palavra do mais básico senso comum. Raramente nos detemos para pensar no que ela significa verdadeiramente para nós: é uma categoria de pensamento que consumimos inconscientemente, como todas as demais. Ela tem, no entanto, uma história, foi construída em determinado momento da tradição ocidental, evoluiu, se transformou e instruiu certas composições institucionais dentro das sociedades abarcadas pela cultura ocidental moderna, estando certamente na raiz de uma série de desenvolvimentos do que Michel Foucault (1977) chamou de "dispositivo da sexualidade".

Proponho uma releitura da hipótese fundamental de Foucault, agora exposta à luz de outros autores das ciências sociais contemporâneas, de modo a explorar mais plenamente as perspectivas e paradigmas que nos cercam neste momento. Penso, para tanto, nos trabalhos clássicos de Norbert Elias (1990) sobre o processo civilizatório, mas sobretudo no trabalho mais recente de Elias e Dunning (1992) sobre a excitação no esporte. Penso no trabalho de Collin Campbell (1995) sobre o espírito do consumismo contemporâneo associado a uma ética romântica — trabalho que está começando a ser consumido com mais freqüência na antropologia. Penso, é claro, em Louis Dumont (1985), o autor mais importante para este tipo de reflexão, com a sua proposta complexa de uma teoria geral da hierarquia e de uma história da ideologia do individualismo. Inspiro-me também nas informações do trabalho extremamente interessante do professor Schivelbusch (1993) sobre a evolução do uso dos sentidos na cultura ocidental. O eixo mais central e explícito aqui será, porém, a correlação entre a proposta de Foucault a respeito da sexualidade e a de Collin Campbell a respeito da ética romântica.

Esses trabalhos nos indicam que entre os séculos XVII e XVIII se construiu no Ocidente o que poderíamos chamar de um "dispositivo de sensibilidade", parafraseando a imagem de Foucault a respeito da sexualidade. Esse dispositivo surge no mesmo momento histórico em que Foucault localiza o surgimento do dispositivo de sexualidade, a passagem da lógica do sangue para a da sexualidade, do dispositivo de aliança para o da sexualidade. Muitas coisas estão em jogo nesse modelo, na construção ideológica e institucional envolvida nesse dispositivo. Vou ressaltar três aspectos que me parecem continuar presentes desde aquele momento sob as figuras contemporâneas da sexualidade: a perfectibilidade, a experiência e o fisicalismo.

A perfectibilidade é um tema bastante conhecido de todos os que se detêm sobre a filosofia da passagem do século XVII para o XVIII. Ele está absolutamente explícito em Rousseau, por exemplo, na idéia de que a espécie humana, que acabava de sair do manto protetor da totalidade religiosa, é dotada de uma capacidade de se aperfeiçoar indefinidamente, de entrar na senda disso que desde então nós chamamos o progresso, o desenvolvimento, a transformação ilimitada, a vanguarda — palavras estas fundamentais para nossa cultura, todas elas decorrentes da idéia de que nós somos seres providos de uma capacidade de perfectibilidade constante e indefinida que nos distingue dos demais entes existentes sobre a face da Terra.

O segundo tema fundamental é o da preeminência da experiência. A perfectibilidade moderna pode ser considerada decorrente do fato de que nós somos considerados "seres de razão", ou seja, dotados de uma centelha daquilo que antes se conhecera como a razão divina difundida pelas criaturas humanas e que viera a se imanentizar na *res cogitans* específica de cada sujeito. Como já discuti em outro trabalho, trata-se de uma rearticulação do mandamento de concomitância entre "verdade", "vontade" e "interioridade" que caracterizara, desde seus primórdios, a cultura cristã: os sujeitos humanos no Ocidente são considerados portadores de um mecanismo de "verdade" (a razão) que se encontra impresso em seu "interior" e que sustenta (ou deveria sustentar) sua "vontade", sua responsabilidade ativa em relação à divindade, a si mesmo e a outrem. A perfectibilidade é, porém, mais do que isso: ela implica o uso sistemático da razão para o avanço do ser humano em suas condições de relação com o mundo.

Essa perfectibilidade, por outro lado, só pode se desencadear (segundo seus ideólogos originários) através da "experiência" em relação ao mundo exterior. A razão humana só viceja através do contato dos sujeitos com o mundo propiciado pelos "sentidos"; ela depende da maneira pela qual eles percebem o mundo que os cerca, e é através desses sentidos que vão poder construir as suas novas formas de relação com o mundo e se tornar eventualmente cada vez mais aperfeiçoados, mais capazes, mais senhores de seu futuro. Essa preeminência da experiência, explícita na corrente filosófica chamada de empirismo (que se transmuda no sensualismo dos ideólogos franceses de fins do século XVIII), sustenta diversos desenvolvimentos posteriores, como o cientificismo, o pragmatismo e o positivismo (nesse caso, em complexa articulação com o universalismo). Ela influencia também, numa derivação paralela, uma corrente de pensamento que habitualmente consideramos distante do empirismo: o Romantismo. Essa influência se deu, em primeiro lugar, através de um movimento histórico extremamente importante, menos conhecido entre nós hoje, que é o sentimentalismo inglês do século XVIII. Encontramos aí a mediação entre a ênfase gnosiológica, epistemológica, analítica nos "sentidos" como veículo de instrução das atividades da mente e a ênfase vivencial, "sentimental", nos "sentidos" como veículo de articulação das relações humanas. Os sentidos estão tanto na raiz da razão como na da "imaginação" ou das "emoções" e "paixões". O fato cognitivo da "experiência" se reduplica em fato emocional.

O terceiro tema é o do fisicalismo, que completa esse quadro sumário de aproximação entre as formas modernas da sexualidade e da sensibilidade. O fisicalismo, como teoria da pessoa, é uma revolução cosmológica, uma transformação crucial que ocorre também nesse período, decorrente da separação radical entre o corpo e o espírito (expressa, por exemplo, na filosofia de Descartes) e graças à qual se passa a poder considerar a corporalidade humana como dotada de uma lógica própria, que deve ser descoberta e que tem implicações imediatas sobre a condição humana. Na verdade, é a consideração da corporalidade em si, como dimensão auto-explicativa do humano, que se pode chamar propriamente de fisicalismo. Há trabalhos interessantes mostrando como emerge, nesse momento, por exemplo, a possibilidade de fazer regularmente a dissecação dos corpos humanos, observá-los enquanto pura matéria que diz alguma coisa por si mesma, que não é apenas o comprometido receptáculo da alma divina (Le Breton, 1988).

Esse fisicalismo implica algumas modificações graves da concepção do funcionamento do corpo. Temos, em primeiro lugar, o surgimento da fisiologia (natural, animal e especificamente humana), que começa com a descrição do modelo de circulação sangüínea proposto por Harvey e atinge o seu apogeu na descrição do modelo de construção científica e ideológica do sistema nervoso, uma crucial invenção do século XVIII. A história do sistema nervoso é bem conhecida e central para compreender como esses sujeitos perfectíveis, que vivem num mundo nutrido pela experiência, podem funcionar: é através do sistema nervoso que se articula a relação entre os sentidos e o cérebro, que centraliza essas informações e assim torna cada um desses seres capaz de avançar na senda da perfectibilidade. Esses nervos são dotados — e isso vai ser matéria da descrição dos grandes fisiologistas do século XVIII — das propriedades de excitabilidade, irritabilidade e sensibilidade (cf. Figlio, 1975; Rousseau, 1975; e Lawrence, 1979). Mas é dotado fundamentalmente de sensibilidade, e é em torno dessa sensibilidade que se articula a passagem da linguagem "científica" dos nervos para a linguagem moral, estética, psicológica das emoções sensíveis.

Esses fatos são, de modo geral, conhecidos. Todo mundo sabe mais ou menos o que é sensibilidade, e bem se pode reconhecer que continuam convivendo entre nós a acepção "fisiológica" e a acepção "sentimental" da categoria. Porém esta última acepção certamente é mais englobante, fazendo supor que seja natural imaginar as afecções do espírito como ao mesmo tempo dependentes e autônomas do "substrato" nervoso.

Como contribuição a essa discussão, minha proposta é juntar esses três temas de forma a nos permitir perceber que há uma articulação interna entre esses fenômenos e essas instituições. Tais temas não são esparsos, não sucederam arbitrariamente no tempo ao longo de nossa experiência cultural desde o final do século XVII, mas nos conduziram ao ponto ideológico-institucional em que nos encontramos hoje e provavelmente ainda irão nos impor certos caminhos para os novos horizontes que deveremos enfrentar.

Collin Campbell, na obra já citada, traz um aporte bastante útil, para a compreensão dos caminhos da sensibilidade ocidental, empreendendo uma discussão crítica da hipótese de Max Weber (1967) sobre a correlação entre a ética protestante e o espírito do capitalismo. Ele procura demonstrar que Weber se deteve de modo excessivamente exclusivo no "puritanismo" até o final do século XVII, desprezando todos os desenvolvimentos do "sentimentalismo". Este teria se iniciado concomitantemente ao puritanismo, produzindo uma espécie de incitação à sensibilidade que teria, assim, começado muito cedo, dentro da Reforma — e não em oposição a ela.

Alguns historiadores do Romantismo já vinham enfatizando a importância do pietismo luterano alemão para o desenvolvimento do Romantismo (cf. Dumont, 1985; Bruford, 1975; e Gusdorf, 1967).

Campbell chama a atenção para esses outros desenvolvimentos na Inglaterra — sempre tão associada ao puritanismo e ao empirismo — e mostra como, de certa maneira, o Romantismo nasceu, na verdade, na Inglaterra, antes do Romantismo "oficial" alemão. Essa origem localiza-se na corrente do sentimentalismo que viceja fortemente na Inglaterra, ao longo do século XVIII, produzindo, entre outras coisas, a primeira grande fornada dos romances ocidentais modernos. Richardson é um dos primeiros produtores daquilo que viemos a compreender como "romance" e que será uma das estratégias de exploração e divulgação da sensibilidade que nos afeta até hoje, arrastando consigo os fenômenos da sexualidade emergente. Uma resenha muito rápida dos fenômenos que podem ser articulados nesse processo nos permite entrever as íntimas correlações entre as formas modernas do comportamento sexual (que decorrem dessa incitação à sensibilidade no sentido mais amplo), a preeminência de um estilo de vida que privilegia o novo sobre o "tradicional" (produzindo os fenômenos da vanguarda, da moda e da "estética do mal"), o acelerado desenvolvimento das tecnologias terapêuticas e preventivas (voltadas para a maximização da extensão da vida e a otimização do uso do corpo) e o surgimento do consumo generalizado de "drogas". Não me refiro apenas às drogas "ilegais", mas às drogas em sentido lato, inclusive aquelas a que podemos não só chamar de legais, mas mesmo considerar como uma "alimentação suntuária": o açúcar, o café, o chá, o chocolate, o tabaco etc., que se tornaram fundamentais para a economia do Ocidente, para a nossa "civilização" (e particularmente para o nosso país). São o que os alemães chamam de *Genussmitteln* (cf. Schivelbusch, 1993): recursos de prazer, meios de sensibilização do corpo, de excitação dos sentidos de modo geral. Mesmo os recursos de excitação tradicionais na cultura européia, como as bebidas alcoólicas, passaram a assumir um papel diferente: sua condição de suplemento alimentar é claramente desenfatizada e suas qualidades sensoriais são cuidadosamente exploradas. A invenção do champanhe no século XVII pode ser considerada um exemplo desse processo.

As diversas estratégias de maximização da vida e otimização do corpo, a clínica, a higiene, a assepsia, a anestesia, a odontologia, a ginecologia, a gerontologia, a psicofarmacologia — todas essas especialidades só puderam surgir em função da sistemática exploração do corpo humano como sede da busca indefinida, eternamente perfectível, da exacerbação da sensibilidade, do refinamento ou intensificação do prazer. Mais uma vez, Campbell é instrutivo a esse respeito: sua análise procura demonstrar como o hedonismo moderno opera com uma estratégia qualitativa de busca de intensidade sempre maior, por oposição ao hedonismo "tradicional" — ocupado no consumo quantitativo de um elenco fechado de recursos.

A arte, em todos os seus aspectos (de vanguarda, de massa, as artes do espetáculo), e tudo o que se abriga sob a rubrica contemporânea das diversões e lazer (como os shopping centers) têm como pano de fundo uma valorização das experiências sensoriais novas, ou seja, daquelas que acrescentam algo à via do aperfeiçoamento. As viagens e suas numerosas instituições, todas elas criadas nestes últimos dois séculos, são um belo exemplo: a viagem de férias; o turismo; a observação e o uso da natureza como elemento de consumo sensorial (estação de águas, praia, estação de esqui), pensado a partir da idéia da "paisagem" como estímulo sentimental (cf. Nery, 1998). Ao mesmo tempo, muito do que foi reelaborado da tradição lúdica popular — como as feiras, os circos, o teatro — se vê investido de novos sentidos, produzindo-se a miríade de novos recursos de massa para excitação e sensibilização. As grandes exposições industriais do século XIX e os grandes museus de história natural já prenunciavam — com sua ênfase nas novas fronteiras abertas pela "ciência" — o amplo florescimento dos recursos da sensibilidade de massa, ainda mais alargados pela emergência dos recursos técnicos do cinema e da televisão.

A história do teatro é, nesse sentido, particularmente importante. Luc Boltanski — em seu trabalho monumental sobre as formas do vínculo político moderno emergentes da colocação em discurso da piedade pelo sofrimento de outrem — é particularmente iluminador sobre a importância do teatro no século XVII como recurso de produção dos novos patamares de sensibilidade que viriam caracterizar as sociedades modernas (Boltanski, 1993). Teríamos ainda a acrescentar o esporte, sobre cujas propriedades de aproveitamento e estímulo das potencialidades do corpo seria longo discorrer aqui.

A relação entre o dispositivo de sensibilidade e o dispositivo de sexualidade é um fenômeno cultural complexo, um movimento histórico de longa duração que jaz no âmago da dinâmica da cultura ocidental moderna. E essa relação sugere, neste final de século, uma atenção específica que proponho para concluir esta breve exposição e como estímulo à discussão posterior: trata-se da tensão entre a maximização da vida (através da totalidade da pessoa), que é um investimento no longo prazo e na duração, e a otimização do corpo (através da concentração no prazer), que é uma aposta no curto prazo e na intensidade. Essa é uma tensão muito vívida para diversos problemas centrais que enfrentamos como analistas sociais.

Lembro particularmente a questão da Aids e dos comportamentos para sua prevenção. Por que usar preservativo? Sabemos que esse recurso técnico pode ser considerado freqüentemente como algo que limita o prazer, que diminui o patamar de sensibilidade associado à consumação do ato sexual. A decisão sobre o seu uso pode implicar muitas questões (algumas muito diferentes das que exponho aqui, como se pode ver em Guimarães, 1998, no tocante às classes populares), mas pode certamente envolver, para uma grande faixa de seus potenciais usuários, uma aposta diferencial: ou se aposta na intensidade e na qualidade ótima do prazer imediato e se enfrenta a eventual destruição da unidade vida/corpo/pessoa, ou se aposta numa continuidade máxima dessa unidade, de modo que ela possa ser sensível e prazerosa por um longo tempo.

Há aí em ação um juízo extremamente delicado a que se expõem as camadas sociais individualizadas contemporâneas, um juízo de gravíssimas implicações para o futuro de nossas sociedades. Ele é demarcado por esse conjunto de valores, por esse sistema de representações, por essa cosmologia de que lhes apresentei o escorço sumário. Em si mesmo, ele não nos habilita a melhor compreender os inumeráveis fenômenos pontuais em que se expressa a problemática da sexualidade em nossa cultura. Sem a consciência, porém, desse muito amplo e estruturante patamar de articulação de nossos valores, não compreenderemos nada do que possam dizer nossas imprescindíveis pesquisas pontuais.

Referências Bibliográficas

BOLTANSKI, L. (1993) *La souffrance à distance. Morale humanitaire, médias et politique.* Paris, Editions Métailié.

BRUFORD, W.H. (1975) *The German Tradition of Self-cultivation. Bildung from Humboldt to Thomas Mann.* Cambridge, Cambridge UP.

CAMPBELL, C. (1995) *The Romantic Ethic and the Spirit of Modern Consumerism.* Oxford, Blackwell.

DUARTE, L.F.D. & GIUMBELLI, E. (1995) "As concepções cristã e moderna da pessoa: paradoxos de uma continuidade". *Anuário Antropológico 93*, UNB/Tempo Brasileiro, p.77-112.

DUMONT, L. (1985) *O individualismo. Uma perspectiva antropológica da ideologia moderna.* Rio de Janeiro, Rocco.

ELIAS, N. (1990) *O processo civilizador: uma história dos costumes.* Rio de Janeiro, Jorge Zahar.

ELIAS, N., & DUNNING, E. (1992) *A busca da excitação.* Lisboa, Difel.

FIGLIO, K.M. (1975) "Theories of Perception and the Physiology of Mind in the Late Eighteenth Century". *History of Science* 13, 177-212.

FOUCAULT, M. (1977) *História da sexualidade I. A vontade de saber.* Rio de Janeiro, Graal.

GUIMARÃES, C.D. (1998) Descobrindo as mulheres. Uma antropologia da Aids nas camadas populares. Tese de Doutorado, PPGAS/Museu Nacional/UFRJ.
GUSDORF, G. (1967) *Les origines des sciences humaines*. Paris, Payot.
LAWRENCE, C.J. (1979) "The Nervous System and Society in the Scottish Enlightenment". In: BARNES, B. & SHAPIN, S. (eds.) *Natural Order*. Londres, Sage Publications.
LE BRETON, D. (1988) "Dualisme et renaissance. Aux sources d'une représentation moderne du corps". *Diogène*, 142, abril/maio.
NERY, P.R.A. (1998) Viagem, passeio, turismo. Estudo comparado do deslocamento como valor. Tese de Doutorado, PPGAS/Museu Nacional/UFRJ.
ROUSSEAU, G. S. (1975) "Nerves, Spirits and Fibres: Toward the Origins of Sensibility". In: BRISSENDEN, R.F. (org.) *Studies in the Eighteenth Century*. Canberra, The Australian National UP, p.137-57.
SCHIVELBUSCH, W. (1993) *Tastes of Paradise: a Social History of Spices, Stimulants and Intoxicants*. Londres, Vintage Books.
WEBER, M. (1967) *A ética protestante e o espírito do capitalismo*. São Paulo, Livraria Pioneira.

A sexualidade como objeto de estudo das ciências humanas[1]

Maria Andréa Loyola

Relegados durante muitos anos a ocupar um estatuto marginal no plano das ciências, notadamente das ciências sociais, os estudos empíricos sobre a sexualidade se multiplicaram de forma significativa com o surgimento da Aids, a partir da década de 1980. Concebidos no interesse da medicina preventiva (e muitas vezes realizados por leigos, epidemiólogos e pelos próprios médicos), esses estudos focalizaram, principalmente, o comportamento e as práticas sexuais, sendo estas geralmente delimitadas pela noção de risco no sentido epidemiológico do termo.

Assim, se por um lado eles chamaram a atenção para alguns aspectos da sexualidade contemporaneamente, por outro contribuíram para que ela terminasse por ser, com freqüência, associada à sua dimensão puramente comportamental, reforçando uma concepção, além de redutora e racional, biologizante e naturalizada da sexualidade, que alguns trabalhos de cunho histórico e feminista vinham tentando "desconstruir". Na maior parte dos casos, esses estudos, bem como aqueles que abordam o tema da sexualidade hoje ou que o fizeram no passado, apóiam-se direta ou indiretamente em esquemas teórico-conceituais das ciências sociais e humanas, que aparecem, entretanto, sempre pressupostos, raramente discutidos.[2] É, assim, importante revisitar ou rever o discurso dessas ciências acerca da sexualidade com o objetivo de contribuir para facilitar, ou simplesmente informar, novas investigações nessa área.

A literatura considerada mostra desde logo a dificuldade de se obter uma visão unívoca acerca da sexualidade.[3] Isso pode ser atribuído tanto ao fato de que a sexualidade serve, freqüentemente, de razão para legitimar realidades cujos fundamentos não decorrem de sua ordem, quanto ao fato de que ela pode ser abordada de diferentes ângulos e que sua delimitação ou conceituação depende e pode variar de acordo com os esquemas conceituais utilizados.

Assim, a sexualidade pode ser abordada em relação à família, ao parentesco, ao casamento e à aliança como constitutiva e, ao mesmo tempo, perturbadora da ordem social (antropologia e sociologia). Ela pode ser abordada, ainda, como constitutiva da subjetividade e/ou da identidade individual (psicanálise) e social (história e ciências sociais em geral); como representação (antropologia) ou como desejo (psicanálise); como um problema biológico/genético (medicina); ou ainda como um problema político e moral (sociologia, filosofia) ou, mais direta e simplesmente, como atividade sexual, como nas pesquisas já citadas.

Não existe abordagem unitária da sexualidade nas ciências sociais, e a pluridisciplinaridade ou a polissemia que a caracteriza como objeto de estudo deve ser entendida como uma tentativa de articulação entre abordagens situadas em diferentes níveis. Entretanto, é possível apontar alguns aspectos ou pontos em comum, que podem vir a servir de guia nessa articulação, principalmente nos textos mais modernos.

Em primeiro lugar, chama a atenção o fato de que, na maior parte da literatura considerada, a sexualidade não se constituiu em objeto de estudo de disciplinas tais como a sociologia, a medicina, a filosofia e a psicologia. Tal fato se deve, em parte, como já apontado, à maneira indireta ou subordinada como a sexualidade foi tratada nessas disciplinas, e em parte ao fato de que tendemos, se posso me exprimir assim, a examiná-la a partir de sua visão moderna, em que ela aparece como um objeto de estudo autônomo — fundamentalmente porque a sexualidade, enquanto tal, constitui ainda um campo a ser delimitado, um objeto em pleno processo de construção. Muitos trabalhos refletem direta ou veladamente esse processo, a luta que se trava atualmente no campo das disciplinas que o integram e no interior de cada uma delas, para impor uma definição ou uma visão dominante sobre a sexualidade, num esforço de reapropriação (antropologia, psicanálise) ou de apropriação (maioria das disciplinas) da sexualidade como objeto de estudo.

De fato, com exceção da antropologia, que tomou a sexualidade como forma de pensar o social e a sociedade, as disciplinas ou as formas de pensamento que tradicionalmente se ocuparam mais de perto do tema foram aquelas de caráter ético ou normativo/terapêutico: o pensamento religioso, a medicina e a psicanálise. Não foi, por exemplo, com objetivos terapêuticos, mas principalmente normativos, que a medicina veio a se ocupar da sexualidade, transformando em postulados científicos, principalmente através da obra de Kraft-Ebing, uma série de interditos e normas sexuais, segundo as quais o erotismo deveria ser regulado pela exigência de reprodução da espécie e dos ideais de amor a Deus e à família. É na medicina que a sexualidade termina por ser unificada como instinto biológico voltado para a reprodução da espécie e que todos os demais atributos ligados ao erotismo, desde sempre tidos como sexuais, passaram a ser submetidos a essa exigência primordial. A sexualidade é assim identificada com genitalidade e heterossexualidade, e mesmo a psicanálise — que rompe com a tradição que coloca a sexualidade não-reprodutiva no capítulo das perversões — não escapa a essa concepção. A sexualidade permanece, mesmo em Freud, como um pressuposto e um a priori não problematizados, e a partir deles novas teorias sobre sexualidade são construídas.

Dessa forma, a relação sexualidade x reprodução permanece como um problema para todas as disciplinas que desejam pensá-la, não apenas como efeito ou produto final de outras instâncias, observável na prática sexual dos indivíduos, isto é, como comportamento ou atividade sexual. Nem todos os autores enfrentam esse problema ou o fazem de maneira direta. Entretanto é inegável a presença, sobretudo na literatura mais recente, de um esforço de desconstrução ou de revisão dessa concepção "naturalizada" da sexualidade, que a mantém ligada à reprodução biológica da espécie, elemento fundamental de nosso inconsciente coletivo e dos historiadores e sociólogos brasileiros que se dedicaram ao seu estudo.

Grosso modo, duas tendências parecem emergir como forma de abordagem da questão: uma que poderíamos chamar, talvez não muito adequadamente, de construtivista-autonomista, tenta desfazer aquela relação, conferindo à sexualidade um estatuto autônomo, no qual o erotismo, o prazer e todas as formas de vivência sexual até então tidas como periféricas — feminina, homossexual, bissexual etc. — ocupariam um lugar de destaque. E outra que, igualmente de forma não muito adequada, poderíamos chamar de construtivista-relacional, a qual tenta repensar, em outros termos, as relações entre a sexualidade e aqueles domínios sociais a que esteve historicamente ligada, o que também implica um trabalho de autonomização conceitual da sexualidade, mas que lhe confere uma autonomia apenas relativa.

O construtivismo como postura metodológica pode se revestir de formas diversas. Estou chamando aqui essas tendências de construtivistas apenas no sentido de que ambas tentam construir ou reconstruir a sexualidade como objeto, desvinculando-a de qualquer forma de essencialismo. Mas, a partir daí, essas tentativas podem tomar a forma tanto de um culturalismo extremo — que atribui ao corpo um papel secundário no estudo da sexualidade, sustentando que as diferenças naturais são em realidade culturais, e que nega, sob o argumento de que as sociedades e as culturas são irredutíveis umas às outras, qualquer possibilidade de generalização e de conhecimento teórico sobre a mesma —, quanto de um materialismo teórico ou de uma teoria das disposições que toma o corpo humano como sede da sexualidade, no sentido de que ele é um social somatizado, ou no sentido de que partem da hipótese de que é da observação do corpo, das diferenças entre o corpo masculino e feminino, que o próprio corpo, o sexo e a sexualidade foram pensados e podem ser repensados.[4]

Entretanto, se a reprodução biológica pode hoje, ao menos tecnicamente, prescindir do intercurso sexual para a reprodução da espécie, ela permanece ainda como um elemento central da reprodução da sociedade, na medida em que da canalização ou do controle social do erotismo depende, em grande parte, a manutenção, ao menos em sua forma tradicional, de instituições tais como a família, o parentesco e tantas outras. Na sociedade humana, o sexo constitui, ainda, um instrumento poderoso de criação de vínculos sociais e, ao mesmo tempo, uma constante ameaça às regras estabelecidas.

Um outro aspecto intrinsecamente ligado ao binômio reprodução/sexualidade que perpassa vários trabalhos é a relação sexualidade/sexo/gênero. Aqui também observamos, na literatura recente, um esforço de "desnaturalização" dessa relação, isto é, da atribuição de papéis sociais e de características psicológicas aos dois sexos em função de suas diferenças biológicas e da forma como participam do processo reprodutivo. Os caminhos que tendencialmente se configuram para enfrentar essa questão são os mesmos anteriormente delineados: de um lado os construtivistas-autonomistas, que trabalham no sentido de separar não somente sexualidade e reprodução, mas também sexualidade e gênero em sistemas autônomos; de outro, os construtivistas-relacionais, entre os quais se situam aqueles autores que procuram repensar as bases de construção daquelas relações e que as encontram em representações extremamente arcaicas (historicamente tornadas científicas), fundadas em um sistema de classificação que toma como modelo a observação das diferenças entre os sexos, hierarquizando-as.[5] Essas representações, que fundamentam todo o pensamento, tanto o tradicional como o científico, fornecem em permanência os materiais com os quais se fabricam as mensagens e os discursos que interpretam e justificam todas as desigualdades sociais existentes entre homens e mulheres.

Repensar as relações entre os sexos, a sexualidade e a reprodução biológica e social é, assim, repensar as relações de dominação de um sexo sobre o outro e toda a estrutura de relações sociais montada a partir dessa relação. Fazer emergir a sexualidade dessas relações, e como fazê-lo, a partir de um pensamento que tem como base inconsciente as diferenças entre os sexos: eis um problema e um desafio que se colocam para as ciências sociais.

É nesse contexto que ganha sentido o desejo pela multiplicidade dos sexos, o qual parece corresponder a um desejo de superação da binaridade sexual e, por essa via, do pensamento dualista que o tem por fundamento. Ou a tentativa de unificação das duas sexualidades (masculina e feminina) em uma única sexualidade (a feminina), tida como sede ou *locus primal* do que, por sua vez, se funda no sentimento de perda e desamparo que caracteriza o ser humano.[6]

E aqui deparamos com um outro aspecto problemático da sexualidade, que é sua relação com os sentimentos. Refiro-me, além da relação sexo x desamparo, mais precisamente, à relação entre sexo e amor, abordada pelos sociólogos e historiadores. A relação entre sexo e amor, desde sempre constitutiva da sexualidade, torna-se especialmente problemática — por um lado porque, ao ser marcada pela hierarquia que perpassa a relação entre os gêneros, é também definidora de uma sexualidade masculina e feminina; e por outro porque, a partir do romantismo, quando o erotismo se imiscui no amor conjugal, essa nova forma de amor-paixão passa a orientar, ainda que em parte apenas idealmente, as escolhas amorosas e matrimoniais em nossa sociedade. O desconhecimento da ligação sexualidade x sentimentos em geral, e a dificuldade de apreendê-la empiricamente, vem se constituindo num obstáculo dos mais importantes para a prevenção da Aids por transmissão sexual e para a formulação de protocolos de pesquisa mais adequados ao estudo quantitativo da sexualidade.

Alguns autores põem em relevo, notadamente na sociologia, a inserção da sexualidade numa dicotomia: aquela entre o público e o privado, entre a intimidade e a "extimidade".[7] Tradicionalmente confinada à privacidade, aos espaços íntimos e fechados, a sexualidade se vê cada vez mais tornada pública e intimamente imiscuída ao público. Ligada ao amor e às emoções, a sexualidade torna-se hoje — e de forma aguda, num contexto marcado pela Aids — objeto de cálculos e medidas racionais, a ser socializado e sancionado por um discurso eminentemente público. As representações epidemiológicas da sexualidade difundidas por um certo número de suportes públicos, no quadro das mediações ligadas à prevenção da Aids, não só conferiram uma nova legitimidade ao falar da sexualidade no público e no privado, como trouxeram de volta a oposição entre o bom sexo e o mau sexo, o são e o malsão, o normal e o patológico da medicina do século XVIII, que subentendem a oposição moral entre o bem e o mal.

Tendo havido um consenso, entre a literatura aqui referida, sobre o fato de que *a sexualidade não é fixa*, de que seus significados e os conteúdos a ela atribuídos podem variar — não somente ao longo da história, de uma sociedade para outra e entre os diferentes grupos sociais em uma mesma sociedade, mas também ao longo da vida dos indivíduos —, é importante considerar, na pesquisa empírica sobre a sexualidade, a biografia ou a trajetória sexual dos indivíduos, além do contexto em que elas se realizam.

A consideração desses aspectos, e de muitos outros que não foram contemplados nesta breve exposição, põe em relevo a importância de que atualmente se reveste o debate sobre a sexualidade e sobre os referenciais teóricos utilizados em sua abordagem. E na medida em que esse debate envolve e decorre, em grande parte, das numerosas e importantes transformações que vêm ocorrendo, principalmente nas últimas décadas, no pensamento, nas instituições e nas subjetividades ocidentais, ele constitui, também, e em si mesmo, uma forma de reflexão sobre a sociedade contemporânea e sobre os instrumentos teórico-conceituais que utilizamos para pensá-la e interpretá-la.

Notas

1. Este artigo apóia-se, em sua maior parte, na apresentação do livro organizado por mim, *A sexualidade nas ciências humanas* (Eduerj, 1998), e foi mantido nesta publicação por ter sido considerado pertinente aos objetivos do seminário que lhe deu origem.

2. O discurso da filosofia, o da psicanálise e o da medicina se imiscuem, ainda hoje, mais fortemente no discurso das ciências sociais sobre a sexualidade, motivo pelo qual decidi considerá-los.

3. No final deste artigo estão listados, por disciplinas, os trabalhos mais importantes desse campo, tal como citado pelos autores que participaram do livro mencionado na nota 1.

4. Os trabalhos de Carol Vance (1995) e Pierre Bourdieu (1996) exemplificam essas tendências.

5. Os trabalhos de Gayle Rubin (1984) e Françoise Héritier (1996) ilustram essas tendências.

6. Cf. Donna Haraway (1991), André Rangel Rios, "O desejo de uma sexualidade inumerável", e Joel Birman, "Erotismo, desamparo e feminilidade. Uma leitura psicanalítica sobre a sexualidade", in *A sexualidade nas ciências humanas*, op. cit.

7. Termo utilizado por Janine Pierret em "Elementos para reflexão sobre o lugar e o sentido da sexualidade na sociologia", in *A sexualidade nas ciências humanas*, op. cit., p.49-68.

Referências Bibliográficas

Antropologia

BOURDIEU, P. (1996) "Novas reflexões sobre a dominação masculina". In: LOPES, MEYER & WALDOW, *Gênero e saúde*. Porto Alegre, Artes Médicas.
GODELIER, M. (1996) *La production des grands hommes*. Paris, Fayard.
HÉRITIER, F. (1996) *La pensée de la différence*. Paris, Odile Jacob.
LÉVI-STRAUSS, C. (1975) *Antropologia estrutural*. Rio de Janeiro, Tempo Brasileiro.
MALINOWSKI, B. (1941) *The Sexual Life of Savages in North-Western Melanesia*. Nova York, Halcyon House.
———— (1980) *La sexualité et sa répression dans les societés primitives*. Paris, Payot.
MAUSS, M. (1950) *Sociologie et anthropologie*. Paris, PUF.
MEAD, M. (1979) *Sexo e temperamento*. São Paulo, Perspectiva.
RUBIN, G. (1984) "Thinking sex". In: VANCE, C. (org.) *Pleasure and Danger Exploring Female Sexuality*. Nova York, Routledge Kegan Paul.
VANCE, C. (1995) "A antropologia redescobre a sexualidade". *Physis, Revista de Saúde Coletiva*, vol.5, nº 1.

Sociologia

DURKHEIM, E. (1960) *Le suicide*. Paris, PUF.
———— (1975) *Textes*. Paris, Éditions de Minuit, 3t., textos reunidos por V. Karady.
ELIAS, N. (1981[1970]) *Qu'est-ce que la sociologie?* Paris, Éditions de l'Aube.
LUHMAN, N. (1990) *Amour comme passion. De la codification de l'intimité*. Paris, Aubier.
MICHEL, A. (1970) *La sociologie de la famille*. Paris, Haye/Mouton.
SIMMEL, G. (1988) *Philosophie de l'amour*. Paris, Rivages.
SINGLY, F. (1993) *La sociologie de la famille contemporaine*. Paris, Nathan.

História das mentalidades e historiografia brasileira

ANDRADE, M. de. (1981) *Macunaíma. O herói sem nenhum caráter*. São Paulo, Martins Fontes.
ARIÈS, P. (1985) "O amor no casamento". In: ARIÈS & BÉJIN (orgs.) *Sexualidades ocidentais*. São Paulo, Brasiliense.
BUARQUE, S. (1994) *Raízes do Brasil*. Rio de Janeiro, José Olympio.
FLANDRIN, J.L. (1985) "A vida sexual dos casados na sociedade antiga". In: ARIÈS & BÉJIN (orgs.) *Sexualidades ocidentais*. op. cit.
FREYRE, G. (1936) *Casa grande e senzala*. Rio de Janeiro, Schmidt.
———— *Sobrados e mucambos*. 2º tomo. Rio de Janeiro, José Olympio.
ORTIZ, R. (1985) *Cultura brasileira e identidade nacional*. São Paulo, Brasiliense.
PRADO JÚNIOR, C. (1933) *Evolução política do Brasil*. São Paulo, Martins.
RAGO, M. (1991) *Prazeres da noite. Prostituição e códigos da sexualidade feminina em São Paulo (1890-1930)*. Rio de Janeiro, Paz e Terra.

RAMINELLI, R. (1996) *Imagens da colonização. A representação do índio de Caminha a Vieira*. Rio de Janeiro, Jorge Zahar.

SKIDMORE, T. (1976) *Preto no branco. Raça e nacionalidade no pensamento brasileiro*. Rio de Janeiro, Paz e Terra.

SWAIN, T.N. (1996) Feminino/masculino no Brasil do século XVI. Um estudo historiográfico (mimeo).

WEEKS, J. (1977) *Coming Out: Homosexual Politics in Britain from the 19th Century to Present*. Londres, Quartet Books.

Filosofia

DELEUZE, G. (1995) "Mil platôs". In: HALBERSTAM & LIVINGSTON (orgs.) *Posthuman Bodies*. Indianápolis, Indiana UP.

DERRIDA, J. (1978) *Éperons. Les styles de Nietzsche*. Paris, Flammarion.

FOUCALT, M. (1963) *Naissance de la clinique*. Paris, PUF.

——— (1979) *História da sexualidade I. A vontade de saber*. Rio de Janeiro, Graal.

——— (1985) *História da sexualidade III. O cuidado de si*. Rio de Janeiro, Graal.

——— (1988) *História da sexualidade II. O uso dos prazeres*. Rio de Janeiro, Graal.

HARAWAY, D. (1991) "A cyborg manifesto: science, technology, and socialist-feminism in the late XX century". In: *Simians, Cyborgs, and Women. The Reinvention of Nature*. Londres, Free Association Books.

RIOS, A. (1995) "A racionalidade substancial e racionalidade acidental em Francisco Suarez (1548-1617)". In: *Lógica e linguagem na Idade Média*. Porto Alegre, EDIPUCRS.

Medicina

BÉJIN, A. (1987) Crepúsculo dos psicanalistas, manhã dos sexólogos. In ARIÈS & BÉJIN (orgs.) *Sexualidades ocidentais*. op. cit.

CORRÊA, M.V. (1992) "A medicalização da sexualidade". *Série Estudos em Saúde Coletiva*, nº 11, IMS/UERJ, setembro.

——— (1994) "Medicalização e a construção da sexualidade". In: LOYOLA, M.A. (org.) *Aids e sexualidade: o ponto de vista das ciências humanas*. Rio de Janeiro, Relumé-Dumará.

CREPAULT, C. (1994) "Une classification des désordres psychosexuels". *Contraception, Fertilité, Sexualité*, vol.21, nº 2, p.177-83.

FREUD, S. (1962) *Trois essais sur la théorie de la sexualité*. Paris, Idées/Gallimard. [ESB, vol. VII].

LANTERI-LAURA, G. (1994[1979]) *Leitura das perversões. Uma história de sua apropriação médica*. Rio de Janeiro, Jorge Zahar.

QUITANA, D.J. *et al.* (1995) "Control genético de la diferenciación sexual". *Revista Latino Americana de Esterelidad y Fertilidad,* p.17-29.

ROBINSON, P. (1977) *The Modernization of Sex. Havelock Ellis, Alfred Kinsey, Willian Masters and Virginia Johnson*. Nova York, Harper's & Row.

SIGERIST, H.E. (1961) *A History of Medicine*. Vol. II, Nova York, Oxford University Press.

Psicanálise

FREUD, S. (1920) "Au-delà du principe du plaisir (1920)". In: *Essais de psychanalyse*. Paris, Payot. [ESB, vol. XVIII].

——— (1936a [1932]) "La féminité". In: *Nouvelles conférences sur la psychanalyse*. Paris, Gallimard. [ESB, vol. XXII].

——— (1936b [1932]) "La sexualité féminine (1931)". In: *Nouvelles conférences sur la psychanalyse*. Paris, Gallimard. [ESB, vol. XIX].

——— (1962 [1905]) *Trois essair sur la théorie de la sexualité*. Paris, Gallimard. [ESB, vol. VII].

——— (1968) "Pulsions et destins des pulsions (1915)". In: *Metapsychologie*. Paris, Gallimard. [ESB, vol. XIV].

——— (1973a) "Nouvelles remarques sur les psychonévroses de défense (1896)". In: *Névrose, psychose et perversion*. Paris, PUF. [ESB, vol. III].

——— (1973b) "Pour introduire le narcissisme (1914)". In: *La vie sexuelle*. Paris, PUF. [ESB, vol. XIV].

——— (1973c) "Quelques conséquences psychiques de la différence anatomique entre les sexes". In: *La vie sexuelle*. Paris, PUF. [ESB, vol. XIX].

LACAN, J. (1998 [1966]) "O estádio do espelho como formador da função do eu". In: *Escritos*. Rio de Janeiro, Jorge Zahar.

VON KRAFT-EBING, R. (1958 [1887]) *Psycopathia sexualis. Études médicolégale à l'usage des médecins et des juristes*. Paris, Payot.

Construção de si, gênero e sexualidade

Maria Luiza Heilborn

Este artigo[1] versa sobre as trajetórias biográficas de homens e mulheres de 20 a 45 anos residentes na cidade do Rio de Janeiro, enfocando práticas e valores relativos à sexualidade e ao gênero. O material etnográfico compõe-se de um conjunto de cerca de oitenta entrevistas, no estilo história de vida, coletadas ao longo de três anos entre sujeitos de diferentes inserções sociais, buscando analisar qual é o lugar da sexualidade na construção da pessoa em distintos contextos culturais de uma sociedade complexa e heterogênea. Contrastando as carreiras sexuais masculinas com as femininas, busca-se salientar os vínculos entre a esfera sexual e as relações de gênero e a subjetividade.

A sexualidade não tem o mesmo grau de importância para todos os sujeitos. Mais do que um recurso explicativo baseado em diferenças psicológicas, essa variação é efeito de processos sociais que se originam no valor que a sexualidade ocupa em determinados nichos sociais e nos roteiros específicos de socialização com que as pessoas se deparam. A cultura (em sentido lato) é a responsável pela transformação dos corpos em entidades sexuadas e socializadas, por intermédio de redes de significados que abarcam categorizações de gênero, de orientação sexual, de escolha de parceiros. Valores e práticas sociais modelam, orientam e esculpem desejos e modos de viver a sexualidade, dando origem a carreiras sexuais/amorosas.

O valor diferencial atribuído à sexualidade deve considerar que esta não é sinônimo de atividade sexual. O primeiro termo refere-se à construção histórica, na modernidade, de uma dimensão interna aos sujeitos (Vance, 1995), profundamente imbricada num modelo particular de construção da pessoa, no qual interiorização e individualização são traços modeladores da subjetividade. Mais do que uma entidade universal, a sexualidade é uma unidade ficcional (Weeks, 1986: 15), dependente de um determinado contexto cultural e historicamente instituída como um domínio portador de sentido em si mesmo (Foucault, 1977).

Ainda que este tenha sido um movimento geral das sociedades modernas, certos segmentos sociais estão mais expostos à lógica cultural da modernidade, enquanto outros, como as classes trabalhadoras, compartilham distintamente desses códigos hegemônicos. Esse argumento pressupõe que culturas distintas coexistem em uma mesma sociedade e que certos segmentos sociais não esposam a ideologia dominante, a individualista. Tais grupos expressariam uma visão de mundo holista, na qual valores ligados à preeminência do todo, e não do indivíduo, seriam os estruturadores de sua lógica social. Assim, a sexualidade não se constituiria em domínio de significação isolada, estando sexo e prazer englobados por uma moralidade mais abrangente.[2] Isso significa sustentar que, nesses segmentos, a sexualidade não se apresenta como referência básica para a definição identitária (contrastivamente aos segmentos modernos) e tampouco é objeto de um discurso específico, ou melhor, não se constitui como uma instância de exercício de apreensão racional, abstrata.

Considerando tais diferenças de contexto cultural, é ainda possível recuperar um percurso de experiências no âmbito dos afetos e contatos físicos com pessoas, designando-o pela expressão de carreiras sexuais/amorosas. O mérito desse procedimento é poder cotejar trajetórias e cenários sexuais distintos, seja pelo prisma de classe, seja pelo de gênero. O relato de vida coloca em relevo determinados eventos, entre eles a iniciação amorosa/sexual. O privilegiamento das circunstâncias e datas funciona como um catalisador de reminiscências que promove a rememoração da trajetória de vida nesse âmbito. A solicitação de um discurso sobre o primeiro relacionamento pode incorporar, segundo o sistema de relevância do entrevistado (Schutz, 1979), elementos que o informante considera significativos para a explicação desse evento. Lembranças anteriores, ligadas à familiaridade com o tema do sexo, à socialização do gênero e às redes sociais que abrigam essa trajetória, constituem aquilo que Simon e Gagnon (1973) denominam *roteiros sexuais*.

A sucessão de experiências, as datas e circunstâncias em que ocorrem, os intervalos entre elas e seus desdobramentos — em suma, o desenrolar dos eventos — traduzem-se em roteiros sexuais, delineados sobre um pano de fundo onde se combinam as diferentes marcas sociais que delimitam o campo de possibilidades dos indivíduos: origem e classe social, história familiar, etapa do ciclo de vida em que se encontram, as relações de gênero estatuídas no universo em que habitam. Todos esses elementos fornecem as balizas para o processo de modelação da subjetividade, entendido como as circunstâncias sociais e biográficas que ensejam o sentido do *eu*.

A cidade do Rio de Janeiro é o palco das personagens aqui retratadas. O material refere-se tanto a pessoas pertencentes a camadas médias quanto a grupos populares, com relativa ênfase no universo dos segmentos médios, em especial aqueles que são moradores da zona norte e subúrbio da cidade. Essa ressalva faz sentido pela configuração do espaço que a metrópole carioca exibe. A literatura etnográfica sobre o Rio de Janeiro (Velho, 1985) tem utilizado a oposição *tradicional/moderno* nos termos dumontianos (Dumont, 1979), identificando-a a configurações morais remetidas à classificação hierárquica do espaço social *zona sul/zona norte-subúrbios*. Tal associação remete à idéia de que cada um desses termos condensa experiências sociológicas distintas o suficiente para conferir inteligibilidade a padrões morais contrastantes, nomeados de *tradicionais* e *modernos* (Salem, 1985: 25). Contudo, tal dicotomia não pode ser entendida como uma entidade substantiva, tratando-se, antes, de um eixo classificatório que opera sobre determinadas posições, cujo significado emerge apenas em um ponto específico do sistema.

À generalidade da oposição zona sul/zona norte corresponderia, grosso modo, uma maior tradicionalidade da última em relação à primeira. Trata-se, antes, de uma subsunção do formato sociológico das relações sociais na dimensão espacial, em que a menção à zona sul atuaria como uma espécie de metáfora condensada da modernidade e a referência à zona norte/subúrbios, como metáfora de tradicionalismo. Essa oposição entre zonas espaciais da cidade tem um caráter de modelo: apreende certos traços em detrimento de outros. Nos bairros da zona norte/subúrbios da cidade encontram-se redes de sociabilidade mais densas, acoplando relações de vizinhança, parentesco, amizade e compadrio — em suma, um ambiente de maior controle social e potencialmente de maior resistência à mudança.

Essa distinção faz sentido sobretudo para a delimitação de fronteiras morais entre os setores designados como segmentos médios, uma vez que aqui se opera com o argumento de uma cultura distintiva presente nas camadas populares (Ropa & Duarte,1985). A escolha de lidar com sujeitos oriundos de setores sociais mais privilegiados do que os populares visa averiguar os contornos da difusão da ideologia moderna numa presumível cultura holista vigente nos segmentos médios, bem como as combinações de traços que daí derivam. Essa estratégia combina-se com a premissa de um persistente viés assimétrico na estruturação das relações entre os gêneros (Heilborn, 1993). A comparação de carreiras sexuais masculinas e femininas, descritas a seguir, busca ilustrar tais hipóteses.[3]

Carreiras Masculinas

Na construção do gênero masculino, a despeito das significativas diferenças de classe, há um patamar compartilhado que se refere a certos contornos culturais da sociedade brasileira: o manejo da atividade sexual por parte dos sujeitos é capital para a constituição de suas identidades de gênero. Os homens aqui examinados pertencem, grosso modo, a dois universos distintos. O primeiro refere-se à classe popular: são moradores de favelas com ocupações que exigem pouca qualificação, como porteiro, auxiliar de motorista de caminhão, vigilante e auxiliar de escritório. As carreiras escolares se interromperam no máximo no 2º grau; em geral, não atingiram a conclusão das últimas séries do 1º grau. Juntam-se aí os obstáculos de permanecerem na escola, em função do desestímulo da repetência e do ingresso no mundo do trabalho através de inúmeros expedientes precoces para ganhar dinheiro: fazer carreto na feira, ser embalador em supermercado, trabalhar na construção civil.

O segundo universo é composto de homens pertencentes às camadas médias, que habitam diversos bairros da zona norte da cidade. Ter curso superior é uma estratégia de ascensão social. Suas trajetórias demonstram que a freqüência à universidade é concomitante a uma inserção no mercado profissional e que muitas vezes a "faculdade" é interrompida. São comerciários, analistas de informática e proprietários de pequenos estabelecimentos.

A iniciação sexual dos integrantes dos setores populares tende a ser mais precoce, quando comparada a dos homens dos segmentos médios.[4] Esse evento atrela-se a um processo de mudanças que tende a ocorrer em torno dos 12 ou 13 anos, e que se exprime no meio popular pela experiência mais regular no mundo do trabalho. A coincidência entre as datas sugere que se trata de um movimento físico e moral de exteriorização em relação ao mundo da casa. Em termos estruturais é, antes, uma expulsão que o mundo da casa, nos grupos populares, realiza com seus membros masculinos. O início da atividade sexual exprime uma mudança de status e da percepção de ser homem, que é a um só tempo ter adentrado o universo masculino da "obrigação" de trazer dinheiro para casa (o grupo doméstico de origem) e ter se iniciado sexualmente. A iniciação sexual é, assim, um dos apanágios de uma identidade de não mais criança e se integra no processo de constituição da masculinidade adulta (Heilborn, 1997). Vê-se, nessa superposição de calendários, de que modo a esfera sexual se articula com outras marcas sociais que sinalizam mudança de status etário.

Já para os entrevistados situados em estratos mais privilegiados da hierarquia social, a iniciação tende a ocorrer de quatro a cinco anos mais tarde na vida dos rapazes. A rotina escolar preenche de maneira mais intensa o seu cotidiano, e seu universo de relações encontra-se mais restrito à sociabilidade ensejada pelo colégio, fortalecendo, assim, as marcas de pertencimento a uma dada classe de idade. Nos últimos anos, algumas mudanças têm sido introduzidas nesse cenário. Ressalte-se que as trajetórias biográficas aqui analisadas referem-se a mais de dez anos atrás.

Do conjunto dos depoimentos surgem alguns padrões de passagem para a sexualidade adulta: as iniciações repentinas e as que ocorrem no contexto de um relacionamento. Além dessa distinção, salientam-se dois pontos em comum, a despeito das inserções sociais dos entrevistados. O primeiro diz respeito ao que é sexo: a marca fundamental é a penetração.

> Eu gostava muito dela [da namorada], mas para mim era muito difícil. Eu estava muito ansioso para ter um relacionamento sexual nessa época. Ela era virgem, aí eu conheci essa pessoa que era mais velha do que eu dois ou três anos. Era uma mulher muito independente, livre. Era uma mulher para mim. (Henrique, universitário e produtor de eventos na área cultural, 25 anos)

Essa narrativa descreve a primeira vez de Henrique, que se relaciona sexualmente com uma moça que não é sua namorada. Sente-se compelido a romper o vínculo, a despeito de gostar muito dela. Ele está então com 17, 18 anos, e a nova parceira representa a entrada em mundo que desconhecia, ampliando sua rede de sociabilidade, até então restrita aos colegas de colégio. Assim, a diferença etária reequilibra a hierarquia de gênero, e a mulher, nesse contexto, aparece como a iniciadora, padrão bastante difundido há alguns anos.

O segundo ponto a ser salientado refere-se à ênfase na aquisição do aprendizado técnico do sexo, da qual se revestem as falas masculinas sobre a primeira vez. Os depoimentos sublinham aspectos de sucesso ou de fracasso nessa experiência e avaliações sobre o tempo do ato. Há uma tônica sobre a sua qualidade de ensaio, às vezes um pouco decepcionante em relação às altas expectativas de desempenho do sujeito. Dessa forma, as explicações sobre as circunstâncias ganham lugar de destaque nas falas, e os depoentes elaboram uma reflexão em que ponderam sobre o porquê de suas performances.

> Naquela época, praticamente eu tinha medo de beijar com a língua, sabe? Isso era uma coisa meio retardada. Eu não beijava com a língua. (...) A mulher falava: "me dá a sua língua", eu ficava com receio, coisa de louco mesmo. (Dário, 27 anos, professor secundarista)

A iniciação sexual, narrada como repentina, pressupõe, contudo, que ingressar na sexualidade adulta tornou-se um elemento de relevo naquele momento da vida dos rapazes. Sobressaem-se as situações de iniciação com mulheres mais velhas, com parceiras não exatamente desejáveis e eventualmente com prostitutas ou empregadas domésticas. Esses atos, em parte não plenamente adequados, são representados como "necessidade", categoria que articula diversas circunstâncias da vida sexual desses homens, perpassando as fronteiras de classe. A "necessidade" se inscreve corporalmente, como uma demanda irresistível, mas também serve para explicar a escolha de parceiras não muito valorizadas. À "necessidade", urgência do corpo, é acoplado o desejo de dar satisfação às demandas sociais de mostrar-se homem. A garantia do novo status é fornecida pelo reconhecimento dos pares, que confere legitimidade à passagem.

Essa chancela da rede social que cerca o sujeito ordena-se pela classificação das parceiras ideais. O regime das relações de gênero, prescrevendo condutas adequadas para homens e mulheres, intervém de maneira inequívoca nesse cenário da iniciação, modelando a percepção de si a partir do julgamento dos pares. As parceiras a que os rapazes têm acesso, e que conseguem manter, são de capital importância em relação ao valor para si próprios e para os demais. Essa dependência intensa do outro gênero sempre foi salientada na literatura sobre o machismo das sociedades latinas. As categorias de classificação do feminino opõem as mulheres "fáceis", que "dão mole", "piranhazinhas", e as mulheres "para casar". Esse parâmetro ordena o modo como os homens se aproximam das figuras femininas. Ainda que as relações estejam organizadas por um princípio de valorização do masculino — ou, como quer Bourdieu (1998), de dominação —, o exercício dessa assimetria não se faz facilmente. É crucial manter-se nessa posição de quem tem as rédeas da situação, embora isso signifique muitas vezes as ter de fato.

O segundo padrão é o da iniciação no contexto de um relacionamento. Esse modelo tem começado a se impor entre as gerações mais jovens. As mudanças nas relações de gênero e a perda (relativa) do valor alocado sobre a virgindade feminina têm aproximado o calendário da iniciação sexual entre os sexos e também provocado uma alteração na figura da parceira para os rapazes; esta tem se tornado a namorada, e não mais uma relação eventual. No quadro aqui considerado, em que a maioria dos entrevistados encontra-se próxima dos 30 anos, a iniciação ocorreu há mais de uma década. Esse decurso temporal não deve ser minimizado. Assim, os depoimentos estão marcados por um outro cenário, em que ainda prevalece a iniciação referida como repentina.

O panorama da iniciação complementa-se no fato de que o ato é invariavelmente contado aos pares. A opinião de interlocutores masculinos aparece de forma indireta nos relatos, mas ainda assim ilumina de que modo se constrói a avaliação da experiência e a maneira como ela redunda na percepção de si. O sucesso tem que ser validado, e o vocabulário utilizado descreve os contatos corporais e etapas de um relacionamento através de termos como "azarar", "arrochar", "amassar", "cravar". Tais termos aludem a graus diferentes de intensidade e ousadia na aproximação entre os sexos e conotam, além de movimentos físicos, uma natureza moral, reveladora de uma dimensão de força e caça que a sedução, vista pela ótica masculina, abriga. O bom desempenho significa maximizar as oportunidades abertas pelo contato sexual. "Fazer de tudo" é uma expressão recorrente nas falas masculinas (cf. Leal, 1998). Essa disposição, culturalmente fabricada, não é de fato alcançada por todos os sujeitos, mas se integra como um dos elementos que definem a masculinidade: uma disposição ativa para o sexo e o desejo de exploração de suas múltiplas possibilidades.

No desdobramento da primeira vez delineia-se, a partir dos novos experimentos, uma carreira para o sujeito, que dialoga de perto com os modelos de masculinidade disponíveis. Em termos gerais, poderia se definir como modelo exaltado de masculinidade a figura do namorador, em sua versão amena, e a do "garanhão", a mais exacerbada. Tal modelo está representado pelo tipo que coleciona conquistas e namoros que terminam de forma rápida, assinalando o momento em que a "pressão" feminina por um relacionamento mais sério chega ao limite de suportabilidade para o sujeito. É um paradigma cujo colorido se diferencia segundo as circunstâncias do cenário sexual e que atravessa as classes sociais, revestindo-se de nomeação distinta, mas que guarda um fundo comum.

Nas falas de integrantes das camadas populares, é exemplar a "perturbação" com o comportamento de garotas ou mulheres que querem controlar a autonomia do indivíduo, seja pela forma como ele se relaciona com os seus pares, pelo tempo que não despende com elas, seja pela forma mais acabada para eles de controle, que é a proposição do vínculo (mais ou menos) perene: o casamento. Se a perturbação feminina é uma categoria que se refere a uma alteração de um regime ideal de relação, do ponto de vista masculino ela também representa, nos segmentos populares, uma categoria central para pensar desequilíbrios em diferentes áreas da vida (Duarte, 1986b). Uma representação semelhante também está presente no universo de camadas médias: a "má intenção". A má intenção feminina é "amarrar" o homem, o que alude ironicamente às intenções masculinas, que são obter favores sexuais sem a contrapartida do compromisso de relação.

O modelo antagônico é representado pelo tímido. A timidez reflete os obstáculos na aproximação com o sexo oposto. Os momentos iniciais de contato com o mundo feminino pela conquista de possíveis parceiras revelam-se altamente tensos e cheios de expectativas (Bozon & Heilborn, 1996). Está em jogo não somente conseguir ser bem-sucedido em atrair parceiras, mas sobretudo ter suas conquistas aprovadas pelo seu grupo de pares. Esse reconhecimento intragênero é crucial para a construção da identidade masculina.[5] Assim, mais do que afirmar uma certa configuração psicológica dos sujeitos, a timidez masculina revela de que modo a hierarquia de gênero, ao lado do leque de privilégios sociais que designa a cada um dos sexos, pode ser constrangedora para os indivíduos. A timidez é então considerada aqui como um designativo sociológico de uma inabilidade ou incapacidade momentânea (talvez persistente em alguns casos) de ser bem-sucedido com os roteiros prescritos para o gênero masculino.

Entre as atitudes arroladas nesses roteiros encontram-se tomar a iniciativa de buscar uma mulher que os pares considerem adequada, ultrapassar as barreiras de aproximação com o sexo oposto através do jogo de sedução, manter a posição masculina de (relativa) superioridade sobre a parceira e, finalmente, poder contar ou mostrar para a rede de amigos que essa etapa foi cumprida. Essas condutas esperadas podem ter um custo muito alto para os sujeitos. Nesse sentido, os relatos masculinos, quando falam da timidez, exprimem a dificuldade de preencher determinadas capacidades socialmente atribuídas aos homens.

> Eu nunca mais a vi. E era uma mulher mais velha que eu, bem mais velha que eu. Porque eu era muito tímido. E aquela coisa de ela ser muito mais velha que eu, aquilo me incomodou também. A minha idéia era de uma garota mais nova, mas eu não tinha coragem. Aí, depois eu fui em uma zona de prostituição, também. (Humberto, 45 anos, professor universitário)[6]

As situações de desconforto com os roteiros de gênero prescritos para os homens são inúmeras. A timidez é, assim, um caso exemplar de atributo negativo, impeditivo de sucesso na esfera da sedução e do desempenho sexual. A timidez pode desaparecer de acordo com o desenvolver da carreira sexual e do progresso na escala etária. As metáforas utilizadas para se referir à relação com o sexo oposto falam de força e audácia masculinas ("resolvi encarar"), um certo tipo de talento que determinados homens não sabem como atingir. Essa circunstância adquire feições de tensão, em particular no momento que o calendário socialmente sancionado indica como adequado para a iniciação sexual. Os "tímidos" falam dos percalços da dominação masculina no âmbito da vida amorosa e sexual.

Carreiras Femininas

Dois universos sociais são aqui considerados. O primeiro diz respeito a mulheres pertencentes a camadas médias e o segundo, a camadas populares. No primeiro grupo, a coleta de dados e a análise sobre as carreiras femininas foram orientadas pelo olhar sobre a reestruturação da sociabilidade sexual para as mulheres no contexto da Aids e seu impacto sobre estilos de vida (Heilborn & Prado,1995). Nele, observaram-se algumas mudanças significativas quanto ao lugar que a sexualidade ocupa na construção de si, associadas à modernização dos costumes, particularmente as representações sobre família, conjugalidade, sexualidade feminina e concepções relativas a um novo ordenamento das relações entre os gêneros, o que tem sido atribuído como uma característica das camadas médias (Salem, 1989).

Essas mudanças ficam mais evidentes em um prisma de geração, isto é, quando a história de vida dessas mulheres é comparada à de suas mães, mas não são tão salientes quanto em outros segmentos sociais (Heilborn, 1995). Depara-se, nesse universo, com uma disseminação parcial da ideologia individualista, sem que haja, contudo, dominância desse ideário, espelhando a presença de visões de mundo com uma dupla determinação: a coexistência do paradigma individualista com o paradigma hierárquico. Entre os traços do ideário moderno, salienta-se a difusão de um psicologismo, na qualidade de um idioma que busca situar na subjetividade do sujeito, em seus traços idiossincráticos, as razões de determinadas escolhas e de certos desdobramentos da história de vida. Contudo, não se pode afirmar que haja uma preeminência da categoria de indivíduo como ordenadora da cartografia simbólica do grupo.

Os atores sociais aqui referidos são representativos de segmentos expostos ao individualismo, mas não plenamente representantes do *ethos* e concepções relativas ao sujeito moderno, que tem a sua armadura em torno do psicológico e do ordenamento pela "verdade do sexo" (Foucault, 1977). São predominantemente mulheres moradoras da zona norte da cidade, entre 20 e 45 anos, professoras de 1º e 2º graus, profissionais de vendas, advogadas e estudantes universitárias. Todas ostentam vida sexual ativa e, quanto à entrada na vida amorosa/sexual, atestam um discurso que reitera a "repressão sexual". Acatam tal versão, sustentando que as informações sobre sexualidade raramente foram obtidas no círculo familiar, tendo sido buscadas em aulas, livros e junto aos amigos. Mas, em verdade, as mães são referidas a propósito do seu grau de informação "sobre sexo" quando iniciaram suas carreiras amorosas/sexuais. É pela negativa que se referem às mães, no sentido de que praticamente nada veio delas que se pudesse considerar como informação; há omissões, constrangimentos, interdições.

> As coisas que eu ouvia da minha mãe eram "mulher é privada de homem". Então como é que eu fui gostar tanto? (Natália, 35 anos)

A primeira relação sexual é comumente relatada como cercada de grande expectativa, destacando-se a problematização relativa à perda da virgindade, referida à perda de valor no mercado matrimonial e à categorização moral negativa. A idade da iniciação fica na faixa dos 15 aos 17 anos, para as mulheres que têm hoje de 21 a 32 anos; para as de idade atual entre 33 e 45 anos, ocorreu dos 21 aos 22 anos. Observa-se, assim, uma sensível mudança em termos geracionais, apontando para a referida modernização de costumes no interior das camadas médias urbanas.

Esse diacrítico etário pode ser identificado também no tocante às práticas preventivas. Existe, de maneira muito acentuada, a consciência sobre os riscos da Aids. Contudo, as mulheres mais velhas (30-45 anos) dizem que "na hora h" não conseguem "exigir do parceiro" o uso da camisinha. Já as mais jovens se revelam adeptas do uso do preservativo, sobretudo porque este parece atender mais às demandas da contracepção do que propriamente à prevenção das doenças sexualmente transmissíveis e Aids. De modo muito significativo, há convergência absoluta entre as entrevistadas no sentido de que a prevenção diminui "quando o parceiro é conhecido", inferindo-se que o problema da prevenção, tal qual a contracepção, permanece na esfera de preocupação feminina.

O exercício da sexualidade acopla-se a determinações que escapam ao ditame moderno de seu valor intrínseco. Ele faz sentido quando vinculado a estratégias matrimoniais e de integração em uma rede social, o que contrasta com a lógica masculina predominante. Os relatos femininos manifestam cálculos na escolha de parceiros e na comparação entre eles, bem como decisões sobre o momento de iniciar a vida sexual e de romper relacionamentos. Imiscui-se por vezes uma visão psicologizante de certos problemas nessa área como pessoais, e não mais completamente referidos às regras sociais (cf. Bozon & Heilborn, 1996). O cenário do intenso controle familiar, de categorização moral do sexo e de papéis tradicionais de gênero em relação aos parceiros não desapareceu por completo. Certas trajetórias biográficas atestam um afastamento maior desse contexto, e não existe uma relação direta entre faixas etárias mais jovens e uma visão de mundo comprometida com uma avaliação moderna (leia-se autonomizada) da sexualidade.

Alguns exemplos ilustrativos: Sílvia, 22 anos, narra sua primeira relação sexual, ocorrida aos 15 anos. Diz ter terminado com o primeiro namorado e parceiro sexual por três anos porque "eu não era daquele tipo de pessoa que só porque eu tinha feito a primeira vez com ele, ele seria o meu parceiro ideal (...) eu queria descobrir outras coisas, eu queria descobrir novos horizontes, outro mundo, queria curtir, queria paquerar". Beatriz, 21 anos, ao contar sua primeira relação, salienta que "não houve nada desses tabus que as pessoas põem. Foi na hora que eu quis, no momento que eu quis, com quem eu quis, como eu escolhi (...). As pessoas colocavam muito na minha cabeça que depois que eu tivesse dado a primeira vez, que ninguém mais me queria".

Na mesma linha e de modo mais dramático, Débora, 31 anos, refere-se às suas primeiras experiências sexuais como vividas naquela época em termos de uma resistência a algo inevitável e que foi realizado em tentativas, seguidas de medo e culpa, aos então 15 anos de idade:

> Passamos um tempo bem comportados, evitamos ficar a sós, nem os toques mais íntimos estavam acontecendo. Só que eu sabia que o sexo seria inevitável. (...) E então aos poucos as tentativas de sexo voltaram a ocorrer, sempre que estávamos sós nós nos masturbávamos um pouco; eu morria de vergonha, mas achava que tinha que ceder às vontades dele e agradá-lo, senão ele me deixaria pra namorar outra que transasse com ele.

Já Natália, 35 anos, falando do primeiro namorado que teve dos 16 aos 20 anos (dez anos mais velho), afirma que o que ele mais admirava nela era a sua virgindade. Nesse sentido, ela resistia ao sexo e ele gostava desse "jogo". Ela rompeu o relacionamento com alívio por "não ter transado com esse cara" na época, "porque eu sabia que eu fazia parte de um grupo em que as pessoas, muitas vezes, porque transavam, casavam com os caras, não é? Eu não queria ficar com ele". Outros elementos da trajetória de Natália — como o ativismo político e o trabalho desde cedo "porque não queria depender de ninguém" — mostram-na numa posição contestadora do contexto tradicional à sua volta, que pregava o matrimônio como destino feminino.

Esses quatro casos revelam de que modo as representações sobre o gênero feminino, fundadas em uma maior autonomia, distribuem-se diferencialmente em faixas etárias variadas. A inscrição do sexo dá-se num sistema de moralidade, com uma regulação peculiar, de onde parecem advir "medos" e "vergonhas": o medo do que as amigas virgens iriam pensar; a preocupação por ser "mais saidinha"; a vergonha de ir ao motel; temores em relação à própria atividade sexual. Nesse sentido é que, em meio à narrativa sobre uma atuação sexual que designa como "quente" e apreciada, uma entrevistada fala, elogiando o parceiro: "e ele continua me respeitando".

Em termos de iniciação, há as posições assertivas, como a de Beatriz (21 anos), que iniciou sua vida sexual "quando me senti preparada" e da maneira que quis, e a de Luíza (21 anos), que teve o apoio da mãe e critica as amigas que "iam só por curiosidade, pra saber o que é". Há posições que refletem desamparo, como o caso referido de Débora (31 anos), que não sabia o que estava se passando e nem o que fazer, ou o de Tereza (26 anos), que, após a sua primeira relação, assim hoje interpretada por ter havido penetração, diz ter ido para casa e ficado "meio perdida: será que eu fiz mesmo?" E há aquelas, como Sílvia (22 anos) e Natália (35 anos), que, com a participação dos próprios parceiros, se programaram para ter a primeira relação. Na visão de todas, a primeira relação ("transar") se traduz por penetração vaginal. Da "primeira vez" se excluem o sexo anal e oral, bem como uma série de outras práticas, designadas como "amasso", "roça-roça", "sarrar", "agarrar", "preliminares", "brincadeiras".

As representações sobre o lugar do amor nos relacionamentos são unânimes: é imprescindível. Para esse conjunto de mulheres, é como se o amor validasse o sexo. Assim, algumas consideram que sua iniciação foi boa porque elas amavam seus parceiros, estavam apaixonadas. E colocam ressalvas em graus variados ao sexo sem amor: "Horrível mesmo, sabe. Essa coisa de você fazer sexo sem amor não dá. Pra mim não dá" (Luíza, 21 anos). A expectativa, socialmente fabricada pelos roteiros de gênero, é de que a atividade sexual é um canal para afetos que devem perdurar para além do ato:

> Acho que não é uma coisa legal. Já experimentei, mas é algo vazio; você transa e só. É bem animal, é só para satisfazer as necessidades biológicas, não tem aquela vontade de querer mais. (Débora, 31 anos)

Ao longo de seus relatos, as mulheres referem-se a uma preocupação com a gravidez quando falam do início de sua vida sexual, de seu preparo ou despreparo, e depois nada acrescentam de maneira espontânea quanto a qualquer aspecto de "precaução" ou "prevenção" em relação ao que quer que seja. Uma vez perguntadas sobre "precauções", respondem mecanicamente referindo-se à gravidez, como se a Aids não se colocasse para elas. Foi necessário, portanto, conduzi-las através de perguntas sucessivas até o ponto de falarem sobre a prevenção da Aids. Salienta-se um aspecto comum a todas: mostram-se conscientes e suficientemente informadas sobre a questão e, contudo, não se previnem. Aqui se incluem tanto as mulheres que estão com parceiros fixos, quanto as que no momento estão sozinhas. As razões indicadas, no entanto, variam conforme diferentes situações e faixas etárias. Assim, entre as mais jovens e seus parceiros igualmente jovens, encontramos a disposição de usar o preservativo, enquanto as mais velhas, e os parceiros correspondentemente de faixa etária superior, manifestam claras dificuldades em usá-lo.

Os casos de Berenice e Natália, respectivamente de 34 e 35 anos, são exemplares e praticamente se sobrepõem naquilo que expressam. Ambas são professoras de 1º e 2º graus, que se reconhecem num papel de orientação das crianças e adolescentes sob sua responsabilidade nas salas de aula, inclusive quanto ao esclarecimento sobre Aids. Ambas estão descasadas há algum tempo e têm tido relacionamentos esporádicos, nos quais têm tido também que enfrentar a questão da proteção em relação à Aids. As duas relatam situações em que deixaram de usar o preservativo porque "na hora h" não conseguiram exigir de seus parceiros que o fizessem. Para elas fica claro que os homens não estão preocupados com o assunto e/ou se mostram relutantes em fazer uso da camisinha; dessa forma, cabe a elas insistirem, e é exatamente nisso que não são bem-sucedidas.

Se alguns dos parceiros aparecem nos relatos como participantes na decisão do uso da camisinha, isso se refere à prevenção da gravidez. E, ao que parece, as mulheres, embora conscientes dos riscos, se submetem à tendência masculina de não querer usá-la. Nesse sentido, o questionamento de Natália é paradigmático. Revoltada consigo mesma, ela conta um episódio em que, após discutir horas com o parceiro, argumentando para que usassem o preservativo, desiste:

> O cara me agarrava, e a gente começava, e parava, e foi muito tempo e ele encenou: "Será que eu vou ter que descer pra comprar uma camisinha?" Olha, foi o dia amanhecendo que a gente foi transar. (...) Acabei transando e pensando nisso: o que é isso? Eu estou me submetendo, eu não fui na conversa dele, eu não estou com tanta grande vontade de transar com ele.

No grupo de mulheres das camadas populares, quase todas residentes nas favelas do Borel e da Formiga, nove não concluíram o 1º grau e onze cursaram o 2º grau. A maioria "trabalhava fora" em atividades essencialmente femininas, como domésticas diaristas, pequena comerciante local, cabeleireira e agente comunitária. As exceções eram uma funcionária pública municipal e uma encarregada do almoxarifado de uma firma de segurança civil (Gouveia, 1997).

Embora todas participassem financeiramente das despesas do lar, ao menos de forma indireta, apenas duas tinham consciência de sua importância na manutenção da casa e do grupo doméstico, mas, assim mesmo, reportaram-se ao ideal de ter um homem que pudesse ajudá-las na provisão da casa. Todas tinham em comum a referência de um forte contexto familiar no seu entorno. Metade possuía, naquele momento, parceiro fixo. Estava presente em todas uma representação da instabilidade dos laços conjugais. Além disso, essas mulheres apresentaram experiência familiar de matrifocalidade. Diferentemente das mulheres de camadas médias, quando em certos contextos de fala surgia uma demanda por uma simetria entre os gêneros, elas acatavam distintos papéis para homens e mulheres. Nas falas e representações das moradoras não havia uma expectativa de paridade entre os gêneros, mas sim uma demanda por maior complementaridade entre eles (Gouveia, 1997). Para essas mulheres, é relevante a expectativa de terem para si um homem provedor de recursos e de respeito, cumpridor das obrigações morais com a casa e com a família; elas, por sua vez, cumprem com as responsabilidades que lhes caberiam: administrar os gastos familiares, controlar os recursos do grupo, cuidar e educar os filhos, executar as tarefas domésticas e contribuir, de forma considerada sempre secundária, com a ampliação da renda familiar.

O discurso sobre o sexo (obtido no contexto de conversas no âmbito de um programa educativo sobre sexualidade e Aids empreendido nas duas comunidades)[7] registra uma grande preocupação com o prazer do homem por parte das mulheres. Observa-se que as perguntas às técnicas assinalam uma preocupação em adquirir conhecimento sobre os sentimentos e prazeres masculinos. A própria sexualidade não é objeto de inquietação; o interesse é compreender atitudes e desejos dos companheiros. O conhecimento (reivindicado) sobre o sexo representa um quesito do papel feminino nessa ordenação conjugal, integrando as obrigações na família. Isso estampa como as relações de gênero articulam-se com o modo de experimentar a sexualidade. Não se fala de sexo com os parceiros; a conversa possível sobre o tema é com uma amiga ou com um familiar mais próximo.

As trajetórias femininas de iniciação sexual assinalam um quadro de relações entre os gêneros, no qual ao homem é atribuída a condução dos rumos desse acontecimento:

> Minha primeira experiência sexual foi com meu marido. Só tive ele. Eu tinha 15 anos e ele foi o único namorado. Aí começou o "rala" e quase um ano "aconteceu". Depois que tava grávida não sabia de nada, não tive mais relações com medo de engordar mais, só depois de casada. Não tinha experiência, não sabia nada. Eu engravidei com "sarrinho", aquele famoso "só nas coxas". Uma vez sangrou e depois minha regra não veio. Fui ao médico. Ele disse que eu estava grávida. Mas não sabia como, não tínhamos feito nada direito. Fiquei com medo do meu pai. O médico me disse que eu tava realmente grávida e que meu marido "tinha que acabar o serviço direito". Não sabia o que falar. Disse pra ele que se quisesse casar tudo bem, de outra forma eu dava um jeito. Resolvemos fazer aborto. O médico perguntou minha idade, disse que é 15 anos e o médico disse que só fazia com pai e mãe responsável. Meu marido foi e pediu ao meu pai para casar. Eles não entenderam por que a pressa. Sabe, meu pai é da roça, tinha pouca experiên-

cia. O Márcio disse que era por causa do quartel. Casamos. Depois minha barriga, muito tempo, foi aparecer. Não falei para os meus pais. Com sete meses eles notaram. Minha mãe quase morreu. Com três meses de casada ganhei a menina. O médico falou no hospital: "são duas crianças", eu e a menina. (Marilene, 36 anos)

O sexo apresenta-se como uma freqüente estratégia no estabelecimento de vínculos, possibilitando a realização da aliança. Casamento, filhos e casa são valores centrais em seus projetos de vida. O sexo é, assim, uma forma de negociação com o parceiro masculino e uma possibilidade de transição de status, isto é, de tornar-se adulta. Ele enseja, principalmente quando associado a uma gravidez, a possibilidade de reter o companheiro, ter a própria casa e, assim, mais respeito social (Knauth, 1997; Gouveia, 1997). O sexo é sobretudo uma dádiva, cedida na expectativa de uma aliança, que é a sua contrapartida.

Não digo assim que foi forçado e nem foi porque eu quis, foi aquele momento assim dele querer e eu fazer a vontade dele. Depois foi bom, né? Porque aí a gente ficava com medo de acontecer, depois ele não querer nada com a gente. Mas foi completamente diferente. Ele prometeu que a gente ia ficar junto. (Rose, 31 anos)

A percepção da atividade sexual como um bem feminino que se concede ao homem não se esgota nesse primeiro momento, mantendo-se presente durante o relacionamento. Aqui, a reivindicação das esposas em torno do desempenho sexual do marido passa a ser administrar melhor o regime dessas trocas e obrigações conjugais.

(...) mas também a gente tem que cobrar um pouquinho. A gente tem que conversar porque senão passa pela cabeça da gente que ele já arrumou outra. Passei a me cuidar mais, me produzir para ele reparar. Boto roupa bonita, fico em forma, o cabelo, tudo isso pra pessoa notar. (Edite, 28 anos)

O tema da infidelidade masculina é, mais uma vez, revelador do panorama das relações de gênero. As mulheres concebem tal questão como da ordem do regular: "é assim mesmo que são as coisas". Faz parte da "natureza" masculina a tentação de ter experiências sexuais variadas. Contudo, tal apreensão, bastante consciente, não redunda em atitudes de prevenção nas relações sexuais com os companheiros. Muitas mulheres acreditam que se previnem sendo simplesmente fiéis ao marido. Convivem, assim, a percepção de um possível risco e um sentimento de indeterminação sobre o próprio destino, o que lhes impossibilita tomar uma atitude deliberadamente preventiva. O "constrangimento" feminino em relação à negociação do uso do preservativo se exprime por um sentimento de dependência do pólo masculino, que impede o diálogo com os maridos sobre isso. Segundo elas, os maridos poderão usar camisinha com as outras; entretanto, não se saberá realmente se o fizeram.

Cenários Sexuais: Roteiros de Gênero e Classe Social

Uma expressiva literatura tem assinalado que, entre as notáveis mudanças deste século, sobressai-se a transformação das relações entre os gêneros (Hobsbawm, 1996; Elias, 1998). Tais alterações se devem à entrada mais expressiva das mulheres no mercado de trabalho, à sua maior escolarização, ao direito de voto feminino, à separação entre sexualidade e reprodução — propiciada pelos avanços médicos — e, em parte decorrente disso, a transformações no âmbito da sexualidade (em particular a feminina). Tida como íntima e privada, a sexualidade adquiriu contornos cada vez menos recônditos no que se refere ao debate público, seja como campo atravessado por relações de poder, obra empreendida pelo movimento feminista, seja como esfera de construção de identidades, por intermédio do movimento homossexual. Essas duas tendências articuladas deram o tom da alta modernidade ao tema (Giddens,1992). Contudo, esse panorama não é o mesmo quando se consideram os prismas de classe social, de gênero e de geração, e as múltiplas combinações entre eles.

Tendo como questão norteadora se a sexualidade tornou-se um imperativo existencial na vida das mulheres de determinados segmentos das camadas médias na qualidade de marco de construção da subjetividade, observa-se que, comparativamente às suas mães, o tema ganhou destaque em suas vidas. Contudo, nota-se que, a despeito de algumas mudanças relativas às práticas sexuais (denominadas de "sexo quente", penetração anal e os eventualmente mencionados atos sadomasoquistas), a sexualidade não desponta como um valor central na construção de si, contrastando de maneira significativa com outros universos onde tal valor apresenta-se como mais estruturante (Heilborn, 1995).

Um dos traços referidos à transformação da intimidade na modernidade (Giddens,1992) é justamente a expansão, para o conjunto das mulheres, do que poderia significar na cultura ocidental uma arte erótica — a possibilidade de realizar com o parceiro regular uma série de atos sexuais, antes patrimônio exclusivo das especialistas. Um elenco maior de práticas sexuais torna-se difundido entre todos, ou quase todos. Cumpre notar que essa difusão se dá menos pela adoção regular de práticas sexuais antes definidas como liberais do que pelo fato cada vez mais forte de que a "vivência" da sexualidade tende a tornar-se um imperativo existencial. É justamente entre as mulheres mais jovens que a sexualidade apresenta alguns traços no sentido de vir a significar um valor em si.

Os roteiros sexuais e as formas de entrada na vida sexual adulta revelam certas transformações relativas à moral sexual (perda relativa do valor alocado à virgindade feminina) em determinados grupos sociais. Nos últimos anos, algumas mudanças têm sido introduzidas nesse cenário; uma das mais significativas diz respeito à epidemia HIV (Loyola,1994), que veio tornar o debate público sobre sexualidade mais proeminente, sobretudo no que concerne ao desvelamento de práticas sexuais entre certos grupos. Falar de sexualidade, em certo sentido, passou a provocar menos constrangimento. Contudo, isso não alterou a diferença da abordagem do tema entre homens e mulheres — persiste ainda um quadro de "dominação masculina". Alterações nas representações acerca dos gêneros são de ordem bastante lenta. Esse panorama de reprodução de valores é particularmente visível no tocante à Aids: as informações não são suficientes para garantir uma prevenção eficiente. As mulheres encontram-se em posição desvantajosa para negociar o uso da camisinha, em função do cenário das relações de gênero: sendo estas estruturadas com base em uma assimetria de prestígio e autoridade particularmente reveladora no encontro sexual, o exercício da decisão feminina torna-se problemático.

A entrada na vida sexual adulta e a maneira como as mulheres vivem essa passagem continuam a diferir fortemente daquelas dos homens: enquanto para elas a primeira relação sexual é freqüentemente um momento decisivo (e inicial) na construção do primeiro relacionamento verdadeiro, para eles trata-se de um momento de iniciação pessoal no qual a relação com a parceira conta pouco (Bozon,1993). O discurso das mulheres sobre a virgindade e a primeira relação revela a persistência de uma moral relacional, na qual a experiência individual está sempre submetida à avaliação do grupo e à preeminência das considerações sociais. A mulher existe como pessoa através da apreensão de sua conduta pelos outros. Para os homens, as correlações entre atividade sexual e gênero masculino são particularmente proeminentes na construção da imagem de si, a despeito da classe social a que pertencem.

Notas

1. As entrevistas foram coletadas ao longo de três anos de pesquisa no âmbito de uma investigação maior, intitulada "Construção de si e identidade sexual: análise comparada sobre carreiras afetivo-sexuais", da qual participaram, como bolsistas de iniciação científica do CNPq, Pibic e UERJ, Eduardo Ribeiro, Bianca Palermo, José Gabriel Correa, Ivia Maria Maksud e Leandro Oliveira, e, na condição de assistente de pesquisa, Patricia Fernanda Gouveia, que realizou uma dissertação de mestrado com

os dados relativos a mulheres de camadas populares (Gouveia, 1997). O projeto contou com o apoio da Fundação Ford e da Bolsa Prociência da UERJ. Alguns artigos já trataram de determinados aspectos dessa temática; ver Heilborn e Prado, 1995; Bozon e Heilborn, 1996; Heilborn e Gouveia, 1999; e Heilborn, 1998.

2. O sentido de moralidade merece ser esclarecido. Não se trata de afirmar que a sexualidade (dos setores classificados como modernos) desconhece regras (nesse sentido, isso também constitui uma moral). Entretanto, o uso do termo *moralidade* nos grupos populares conota uma dimensão mais englobante, apontando para uma articulação mais estreita entre valores relativos ao sexo, à família, ao gênero e à reciprocidade como forma relacional básica (Duarte, 1986a). Nesse plano, contrasta com o tipo ideal delineado para a sexualidade moderna, que confere um relevo significativo à atividade sexual, às sensações a ela conectadas e sobretudo à reflexão que a acompanha.

3. Todos os nomes dos entrevistados são fictícios.

4. Pesquisas quantitativas disponíveis sobre sexualidade têm apontado uma diferença entre o calendário de iniciação sexual segundo o gênero e a classe social (Lagrange & Lhomond, 1997). Mais especificamente no quesito classe social, a escolaridade desempenha um papel significativo não apenas em relação à data de ingresso na sexualidade adulta, como também ao modo de discursar sobre ela.

5. Richard Parker já havia assinalado essa propriedade ao assinalar que "as figuras adicionais" (no caso masculino, machão, corno, bicha e viado) desempenham "ações cruciais na construção do gênero na vida diária" (1991: 74).

6. Depoimento constante da dissertação de mestrado de Lago, 1999.

7. Os depoimentos dessas mulheres foram colhidos ao longo do trabalho de observação participante realizado por Patricia Gouveia (1997). As duas comunidades eram objeto de um projeto de intervenção social na área da prevenção de doenças sexualmente transmissíveis e Aids, no qual agentes comunitárias de saúde eram formadas para atuar nesses locais. Assim, as reuniões do projeto também foram registradas.

Referências Bibliográficas

BOURDIEU, P. (1998) *La domination masculine.* Paris, Seuil.

BOZON, M. (1993) "L'entrée dans la sexualité adulte: le premier rapport et ses suites". *Population,* ano 48, nº 5.

BOZON, M. e HEILBORN, M.L. (1996) — "Les caresses et les mots: l'initiation amoureuse à Rio de Janeiro et à Paris". *Terrain*, nº 27. Paris.

DUARTE, L.F. (1986a) "Muita vergonha, pouca vergonha: sexo e moralidade entre classes trabalhadoras urbanas". In: LOPES, J.S. (org.) *Cultura e identidade operária.* Rio de Janeiro, UFRJ: Marco Zero.

——— (1986b) *Da vida nervosa nas classes trabalhadoras urbanas.* Rio de Janeiro, Jorge Zahar.

DUMONT, L. (1979) *Homo hierarchicus.* Paris, Gallimard.

ELIAS, N. (1998) "An interview in Amsterdam" In: GOUDSBLOM, J. & MENNEL, S. *The Norbert Elias Reader.* Oxford, Blackwell.

FOUCAULT, M. (1977) *História da sexualidade. A vontade de saber.* Rio de Janeiro, Graal.

GIDDENS, A. (1992) *A transformação da intimidade.* Araraquara, UNESP.

GOUVEIA, P.F. (1997) Uma "Mulher de verdade": Estudo sobre identidade feminina em grupos populares. Dissertação de mestrado. PPCIS/UERJ.

HEILBORN, M.L. (1995) "O que faz um casal, casal? Conjugalidade, igualitarismo e identidade sexual em camadas médias urbanas:" In: RIBEIRO, I. & RIBEIRO, A.C.T. (orgs.) *Família em processos contemporâneos: Inovações culturais na sociedade brasileira*. Seminários Especiais do Centro João XXIII. São Paulo, Loyola.

———— (1997) "O traçado da vida: gênero e idade em dois bairros populares do Rio de Janeiro". In: MADEIRA, F. (org.) *Quem mandou nascer mulher?* Rio de Janeiro: Brasília, Rosa dos Tempos: UNICEF.

———— (1998) "A primeira vez nunca se esquece: trajetórias sexuais masculinas". *Estudos Feministas,* vol.6, nº 2, IFCS/UFRJ.

HEILBORN, M.L. & PRADO, R. (1995) Na hora H a gente não exige: Estudo sobre mulheres, sexualidade e Aids. Trabalho apresentado na ANPOCS. Caxambu.

HEILBORN, M.L. & GOUVEIA, P.F. (1999) "Marido é tudo igual: mulheres populares e sexualidade no contexto da Aids". In: BARBOSA, R. & PARKER, R. *Sexualidades pelo avesso*. São Paulo, Editora 34.

HOBSBAWM, E. (1996) *A era dos extremos*. São Paulo, Companhia das Letras.

KNAUTH, D. (1997) "O vírus procurado e o vírus adquirido". *Estudos Feministas*, vol. 5, nº 2.

LAGO, R.F. (1999) Bissexualidade Masculina: Dilemas de Construção de Identidade Sexual. Dissertação de Mestrado em Saúde Coletiva, IMS/UERJ, Rio de Janeiro.

LAGRANGE, H. & LHOMOND, B. (1997) *L'entrée dans la sexualité*. Paris, Découverte.

LEAL, O. (1998) "Sexualidade e cultura reprodutiva". *Estudos Feministas,* vol.6, nº 2.

LOYOLA, M.A. (1994) *Aids e sexualidade. O ponto de vista das ciências sociais.* Rio de Janeiro, Relume-Dumará: UERJ.

PARKER, R. (1991) *Corpos, prazeres e paixões.* São Paulo, Best Seller.

ROPA, D. & DUARTE, L. F. (1985) "Considerações teóricas sobre a questão do 'atendimento psicológico' às classes trabalhadoras". In: FIGUEIRA, S. (org.) *Cultura e psicanálise.* São Paulo, Brasiliense.

SALEM, T. (1985) "Família em camadas médias: uma revisão da literatura recente". *Boletim do Museu Nacional*, NS, nº 54. Rio de Janeiro.

———— (1989) "Casal igualitário: princípios e impasses". *Revista Brasileira de Ciências Sociais*, vol.3, nº 9, fevereiro.

SCHUTZ, A. (1979) *Fenomenologia e relações sociais.* Rio de Janeiro, Zahar.

SIMON, W. & GAGNON, J. (1973) *Sexual Conduct: the Social Sources of Human Sexuality.* Chicago, Aldine.

VANCE, C. (1995) "A antropologia redescobre a sexualidade". *Physis,* vol.1, nº 5.

VELHO, G. (1985) *Individualismo e cultura: notas para uma antropologia da sociedade contemporânea.* Rio de Janeiro, Jorge Zahar.

WEEKS, J. (1986) *Sexuality and Its Discontents: Meanings, Myths and Modern Sexualities.* Londres, Routledge: Kegan Paul.

Debate

Sexualidade e ciências sociais: perspectivas e paradigmas no fim do milênio

EXPOSITORES: *Luiz Fernando Duarte, Maria Andréa Loyola e Maria Luiza Heilborn*
COORDENADORA: *Jane Russo*

Sérgio Carrara — Ouvindo as apresentações, entendi que são três os modelos em jogo em relação às abordagens da sexualidade. Além do essencialismo, teríamos mais dois: um construcionismo que na apresentação da Andréa aparece como relacional ou *light* e um construcionismo autonomista. Eu gostaria de compreender melhor o que estamos entendendo por esses dois tipos de construcionismo, porque o relacional comporta pelo menos duas variantes. Em uma delas relacionam-se valores arbitrários, porque sociais com algo universalizado ou universal: o instinto sexual, a sexualidade. Nesse sentido, ele é menos radical do que o construcionismo autonomista. Aqui, a sexualidade é mais uma dessas esferas variáveis e mutáveis, e não universalizáveis. Eu gostaria de saber se poderíamos fazer essa diferenciação em relação a essas duas vertentes. Me parece que continuamos com a questão da autonomização da sexualidade, porque todos esses modelos continuam falando de uma sexualidade: não conseguimos nos livrar desse objeto que, por mais que digamos que é construído de várias maneiras, continua sendo um ponto de referência. Talvez essa seja uma complicação para a qual não há saída. Eu gostaria de saber se o Luiz Fernando vê desse modo, porque ele tenta apresentar uma solução para a questão da autonomia da sexualidade dissolvendo-a no nível da sensibilidade: a sexualidade seria uma dimensão de uma construção maior — a construção dos sentimentos, das sensações, da fisicalidade. Só que isso recoloca o mesmo problema num outro nível, porque agora a questão é: vamos fazer uma antropologia das sensações — cada sociedade teria uma forma de construir as sensações, que portanto passariam a ocupar o lugar autônomo, de referência universal, antes ocupado pela sexualidade? O problema que tinha saído pela porta, retorna pela janela.

Juan José Meré — Eu queria retomar a questão colocada pelo Luiz Fernando sobre os processos de maximização do prazer e maximização da corporalidade a partir do campo da intervenção educativa, porque muitas vezes as pessoas que estão envolvidas nesse campo dão ênfases diferentes a essas questões. Estou lembrando da intervenção da Brigitte Lhomond, no Uruguai, na semana passada. Ela disse: "a saúde não é uma meta em si, é um meio", e isso é muito pertinente para a reflexão sobre o prazer e o corpo na área da sexualidade. Não sei se temos a capacidade de separá-los. É possível pensar que são dois processos e que há interseções que devemos levar em conta?

Maria Andréa Loyola — Quero colocar questões para o Luiz Fernando e para a Malu [Maria Luiza Heilborn]. Para o Luiz Fernando eu gostaria de dizer que gastamos tanta massa cinzenta e terminamos com o mesmo problema colocado no Paraíso: o eterno dilema ou contradição entre o prazer e a vida eterna. E a minha pergunta é a seguinte: essa tensão entre sensualidade e sensibilidade não tem a ver — sobretudo quando você liga o prazer à intensidade, e a sensibilidade à continuação e à durabilidade — com as noções de amor e paixão no sentido clássico, ou melhor, com a maneira como os historiadores colocam o amor no casamento e o amor/paixão fora do casamento? Para a Malu, eu gostaria de perguntar se nós podemos distinguir duas dimensões, no caso do gênero, utilizando aquele esquema que o Bourdieu usa para as classes, distinguindo condição de classe e posição de classe. Podemos falar também em condição de gênero e posição de gênero? Condição de gênero seria a formação, a identidade feminina e toda a socialização dos papéis de gênero e a posição nos contextos em que as pessoas atuam. A mulher, por exemplo, pode ser extremamente feminina em alguns contextos, mas em outros, como quando ela vai competir no mercado de trabalho, queira ou não queira, ela fica masculinizada. Isto é, numa posição que remete à competitividade, que é um atributo masculino, ela tem que lidar com esse atributo, o que faz, muitas vezes, assimilando-o. E isso seria válido também para os homens. Mas não sei se podemos de fato colocar a questão nesses termos. Quanto à distinção entre sexo e gênero, eu entendo o valor heurístico dessa distinção, em alguns casos, mas acho difícil falar em sistema de gênero como um sistema autônomo. As atividades sexuais são marcadas pelo gênero. Essa distinção entre gênero e sexualidade é um problema eminentemente americano. Na França não se faz essa distinção, talvez porque a tradição francesa venha mais da chamada sociologia do poder, enquanto a americana deriva o gênero da teoria dos papéis, o que implica pensar os gêneros como se existisse uma igualdade entre eles, o que pode implicar ainda uma relação hierárquica, mas não de dominação. Na França, não se pensa em gênero, sexo e muito menos sexualidade sem passar pelo problema da dominação. O problema da sexualidade, como diz Godelier, é que ela é um fenômeno social total, que se imiscui em todas as instituições sociais, pois constitui-se no pilar fundamental da reprodução da sociedade.

Respondendo ao Sérgio, a distinção entre construtivismo relacional e autônomo foi uma construção minha que diz respeito basicamente à relação entre sexualidade e reprodução, entendida como reprodução biológica e social, o que é impossível de separar. Estamos talvez num construtivismo desesperado e eu quis dar minha contribuição, mas faço questão de deixar claro que talvez seja uma denominação inadequada e que o próprio construtivismo pode ter vários usos e definições. O construtivismo da Carole Vance é mais uma ótica do que propriamente um referencial teórico, na medida em que ela agrega historicismo, interacionismo, marxismo, quer dizer, ela junta uma série de tradições. É um olhar construído contra o essencialismo — o que é problemático, pois o que é o essencialismo? Precisamos esclarecer a que essencialismo estamos nos referindo, no caso da sexualidade: a uma definição com base biológica ou ancorada em atributos do corpo? A própria Vance considera essencialista a teoria de Malinowski sobre a sexualidade, mas ele não é tão essencialista assim. No livro sobre a repressão sexual na sociedade primitiva, onde ele discute com Freud, podemos dizer que Freud é tão ou mais essencialista que o próprio Malinowski. O que Vance na verdade advoga é que tanto a sexualidade quanto o gênero sejam desvinculados das funções biológicas de reprodução. E, nesse sentido, ela entra na categoria de construtivista autônoma. O Sérgio tocou num ponto importante: tentei localizar tendências e dar nomes a elas. Acho que um caminho para refinarmos nossos métodos e referenciais teóricos é exatamente tentar delimitar melhor de que construtivismo estamos falando e a que essencialismo estamos nos referindo, e com isso talvez consigamos avançar um pouco.

Luiz Fernando Duarte — Em relação ao comentário de Sérgio Carrara sobre o estatuto da sexualidade, acho que você tem toda razão quanto a essa inescapabilidade do termo; porém, entendo que seja inescapável por ser uma concepção nativa de nossa cultura, uma representação da qual não podemos fugir porque é justamente nela que estamos entranhados. A tentativa de fazer com que essa concepção nativa seja colocada em um quadro de significação mais amplo é a tarefa possível para uma atitude antropológica. Mas esse trabalho comparado direto tem sido extremamente difícil em função das questões que foram colocadas há pouco: qual é o fundamento de todas essas categorias que foram levantadas aqui? Toda essa polêmica sobre realismo, construcionismo *light* ou *hard*, por exemplo, me lembra outros impasses anteriores da antropologia. Talvez fosse útil compararmos esse campo com o antigo dilema na antropologia econômica entre os formalistas e os substantivistas, ou seja, se a atividade econômica como nós a entendemos na cultura ocidental moderna é uma construção própria da nossa cultura e se ela pode ser usada para a comparação nos mesmos termos em qualquer outra cultura. No substantivismo, que é um realismo, acredita-se que há alguma coisa por trás das categorias de descrição do mundo econômico, algo que pode ser o mercado, as leis da troca (para os economistas ditos liberais) ou o trabalho e a produção — na época estavam muito presentes os modelos marxistas para esse tipo de reflexão. Essa crença em algo de subjacente universal, em uma necessária correlação entre as categorias descritivas e a realidade subjacente, motivava a crítica da corrente formalista, em que prevalecia a inquietação sobre essa realidade subjacente. Isso ocorria com a tentativa de compreensão dos fenômenos econômicos e certamente ocorre com os fenômenos ligados a isso que nós chamamos tentativamente de sensibilidade, ou com o que se pode chamar de emoção ou sentimentos, numa antropologia das emoções. Existe, hoje em dia, uma área chamada etnopsicologia, ou antropologia das emoções, que envolve trabalho de campo antropológico — sobretudo, curiosamente, na Polinésia —, procurando investigar se há em outras culturas o sentimento do amor, se o que parece ser amor lá é a mesma coisa que amor aqui, e o mesmo com a raiva, o ressentimento, o luto, o prazer estético etc. Em todos esses casos nos chocamos contra essa aporia: nós não temos como medir, como efetivamente comprovar que haja um substrato universal sobre o qual essas construções culturais específicas estejam se montando, que haja efetivamente um terreno sólido sobre o qual se montem nossas elaborações superficiais. Essa não é uma aporia exclusiva da sexualidade, é um problema muito mais amplo, é um problema abrangente e exclusivo da cultura ocidental moderna, que atravessa todas as possibilidades de concepção da nossa cosmologia, da nossa visão de mundo: o nosso universalismo tornou-se suficientemente sofisticado para saber que não se pode conhecer a alteridade com a aplicação linear de nossas categorias de análise e, ao mesmo tempo, que não se pode produzir um pensamento outro a partir do nosso próprio pensamento.

A propósito da observação de Juan Meré, achei interessante a comparação com a idéia da saúde como meta e como meio, na referência que você faz a uma fala da Brigitte Lhomond. É exatamente essa tensão entre a maximização da vida/pessoa e a otimização do corpo/prazer/saúde que se apresenta como desafiadora em tantas áreas, mas, particularmente, na que se ocupa das estratégias da saúde. Em relação às observações de Andréa Loyola, é bem oportuno que você traga o problema da queda, do pecado original — no caso, da oposição entre o prazer e a vida eterna —, porque algumas leituras que hoje se fazem desses dilemas têm ido inquirir as nossas raízes culturais mais distantes. O próprio Foucault, nos dois últimos volumes da sua *História da sexualidade*, foi buscar nessas origens — na passagem da cultura clássica para a cultura cristã e ocidental — inspiração para a compreensão desses temas. Lembro o célebre texto do Foucault e do Richard Sennett em que eles evocam a versão agostiniana da tentação e da queda como sendo um dos primeiros sinais da autonomização da idéia da sexualidade, a idéia de que Adão, ao pecar, tinha sofrido uma ereção involuntária. Era exatamente em torno desse ponto — da relação entre uma força interna que se pode apresentar como autônoma e uma capacidade de controle, de domínio de si, de vontade mais radical — que se articulariam os desafios de nossa representação da sexualidade. Esse continua sendo um problema crucial, mas isso é apenas uma sugestão de análise.

O aporte da Andréa sobre a idéia da paixão e do amor levanta outras questões: quando você menciona essas duas categorias, há uma correlação muito clara em nossa cultura entre o que coloquei como intensidade e duração. Como se o amor estivesse do lado daquela ênfase na maximização da vida e a paixão, do lado da otimização do corpo. É uma correlação a ser explorada. Mas você faz intervir, com essas categorias, uma questão na qual eu não toquei, que é a questão da relação; porque peguei o fio das representações individualistas típicas, ou seja, as representações que se constroem em torno da ficção da pessoa isolada, o portador de um sistema nervoso, o sujeito da sensibilidade exacerbada etc. Esse personagem vai produzir e cultivar a sua integridade na direção da perfectibilidade, numa trajetória específica, própria, autonômica. Não falei nessa outra dimensão — que prevaleceu nas duas outras comunicações — que é a da interação desses trajetos de individualização, de interiorização, de ensimesmamento, com a da relação social. Seja qual for o estatuto dessa relação, essa também é uma outra dessas dimensões sobre as quais nós não temos certeza de que se trata de uma coisa substantiva ou apenas de uma variante cultural, *light* nesse sentido. Pode ser que a paixão, a representação ou a ideologia da paixão, remeta ao tema da intensidade, da otimização, do prazer, mas ela coloca em questão sobretudo a relação, e com isso ela exige uma complexificação considerável da análise. O que surge junto com a ideologia do amor-paixão é como duas pessoas igualmente providas dessa força interior de se apaixonar, de se sensibilizar em direção a uma outra pessoa, podem fazer com que suas duas forças se compatibilizem — ou não. E o amor frustrado, o amor-sofrimento, o amor que leva ao suicídio, como no *Werther* de Goethe, é uma das grandes fantasias do romance romântico do século XVIII, presente até hoje. A paixão, embora pareça ser uma intensificação radical da experiência amorosa, pode ser antes uma apoteose da sensibilidade amorosa individualizada, autista — apesar de sua imaginação de alteridade.

Dessa maneira, é claro que a questão da sensibilidade prazerosa, da otimização do corpo/prazer, da maximização da vida, rebate na direção da relação amorosa, com outras implicações que não pude examinar aqui. Essa oposição entre um modo mais individualizado, autonomizado, e um modo mais relacional, hierárquico, me lembra o dilema que a Malu apresentou a respeito das representações correntes sobre a sensibilidade diferencial de homens e mulheres, ou seja, a idéia de que um sexo — o masculino — é predominantemente visto como instrumental e pragmático e o outro sexo — o feminino — como integrado e relacional. Como é que isso se articularia com a representação muito regularmente corrente de que a mulher teria tido um papel primordial na história da sensibilização ocidental? Haveria aí um paradoxo com o quadro que eu apresentei? A mulher que foi o vetor desse trajeto da sensibilização, que chorou mais durante todo esse período, que se tornou nervosa, histérica, neurótica, enfim, ela que sofreu mais diretamente uma certa ênfase da sensibilização, ela que certamente recebeu a maior cota de sensibilidade na construção oitocentista das diferenças dos gêneros, como é que ela permanece como mais relacional? Isso certamente seria não-gramatical se estivesse correta minha hipótese de que a linha da sensibilização acompanha a linha da individualização, da automização de si. É uma questão que eu remeto à discussão futura.

Maria Luiza Heilborn — Penso que Luiz Fernando acertou ao chamar a atenção para o fato de que o problema da sexualidade não é de ordem diferente da dos problemas relativos a qualquer área do pensar antropológico. A sexualidade parece encarnar de modo exemplar o que estamos nomeando de essencialismo, de irredutibilidade, de condição universal compartilhada por todos os sujeitos humanos. O essencialismo é com freqüência uma categoria de acusação da parte dos construtivistas, sejam eles *lights* ou enfáticos. O essencialismo é geralmente equacionado à vertente biomédica e também à psicanalítica, referindo-se a alguma coisa constitutiva da natureza humana, no caso, uma energia sexual que viria necessariamente a ser domesticada. Essa é uma representação muito forte no Ocidente — a energia inerente às sensações corporais, ao comportamento dos corpos em ereção voluntária ou involuntária. Nesse sentido, a cultura viria domesticar, rearranjar, modelar, construir algo que seria inerente à condição humana. Então, há um senso comum quando falamos em essencialismo. Desse ponto de vista, acho que Andréa tem razão, o construtivismo é mais um olhar do que propriamente um corpo sistemático de teoria, já que ele é perpassado por várias influências. Isso é o primeiro plano de distinção entre o que é o essencialismo e o que é o construtivismo.

Quando o Sérgio vem nos lembrar do construtivismo autonomista, ele seria de fato aquele que tenderia a concluir que existe algum tipo de realidade propriamente sexual que se combina com outras variáveis culturalmente determinadas em cada lugar. Pode ser, em algumas sociedades, a idade; em outras pode ser o gênero. Eu estava chamando a atenção para como a maneira de nós pensarmos o campo da sexualidade tem a ver com determinadas lutas políticas particulares e certas crenças muito arraigadas no Ocidente. Seja, por exemplo, especificamente o questionamento da dominação masculina, seja a questão da sublevação contra a difundida norma heterossexual. É a partir desse olhar que se pode problematizar essas áreas como relevantes. É sempre efeito de uma determinada construção de perspectiva de análise. Afinal, existe alguma coisa externa às nossas representações, alguma coisa de duro, fixo, que nós pudéssemos comparar, seja a produção, o trabalho, seja o sexo? Ou na verdade tudo é efeito da maneira como uma determinada cultura articula os seus nexos entre um domínio e outro: isso está na matriz do dilema antropológico. Na verdade, trata-se do solipsismo ou da possibilidade de algum tipo de comparação em que se tenha alguma âncora com que se possa universalizar. Vale chamar a atenção para o fato de que essa é uma tensão constitutiva de como produzimos ciência.

A sexualidade, em função do lugar central que ocupa na trajetória de construção da pessoa moderna, acaba por parecer de ordem diferencial, mais básica. Mas eu tendo, numa certa posição, a ser de alguma maneira acusada de essencialista, porque tendo a achar que, de fato — e meu caro colega Sérgio Carrara freqüentemente me aponta os meus deslizes essencialistas —, existe alguma coisa que poderíamos designar como dimorfismo sexual. Há aí pelo menos um nível de proposição para o pensamento operar através da classificação binária. Há uma sugestão para o pensamento, uma diferença, como aquela da oposição entre claro e escuro. Desse ponto de vista, não significa substantivar essa diferença. Quando me acusam de essencialismo é porque eu tendo a ancorar isso de fato numa certa divisão do trabalho reprodutivo, inscrita nos corpos humanos. O problema é que por enquanto as mulheres ainda gestam. É verdade que estamos no limiar da transformação desse fato. Esse é um problema tributável a uma posição essencialista, que não me parece da ordem biomédica-psicanalítica. Não estou acionando uma explicação a partir de um impulso sexual; a explicação é de outra ordem.

A outra questão diz respeito ao sistema de gênero. Quando eu falava sobre isso, a Andréa chamou a atenção para o fato de que ele implicava algum grau de autonomia. Ela tem toda razão quando destaca que a categoria de gênero tem uma tradição, uma matriz anglo-saxã claramente definida por oposição à tradição francesa, que vai derivar a maneira de perceber a questão da classificação sexual, digamos assim, o que nós chamaríamos de gênero, diretamente de uma teoria geral da dominação. A expressão "gênero" não faz nenhum sentido na tradição francesa. Bourdieu, defensor de uma teoria da dominação, concede automaticamente a possibilidade da dominação à condição masculina de um corpo. A tradição anglo-saxã tende a enfatizar muito mais uma dimensão culturalista nesse sentido, uma certa maleabilidade das classificações, enquanto a francesa tem uma vertente mais determinista, por intermédio da leitura da dominação. Houve um ganho com a introdução da categoria de gênero relativamente à idéia anterior de papéis sexuais, pois ela chama a atenção para a simbolização. A matriz anglo-saxã do gênero não esconde que essas relações são de natureza assimétrica; não é o simples culturalismo arbitrário, mas se reconhece um pendor assimétrico na classificação.

A segunda proposição da Andréa me parece interessante, mas exigiria muito mais tempo do que disponho aqui: se é possível pensar uma posição e uma condição de gênero utilizando a dualidade proposta por Bourdieu de condição e posição de classe. Há duas dimensões necessárias a considerar. Há um ponto em que o gênero de fato — e esse também é um grande debate em função das famosas teorias nativas — é um elemento fundamental (pelo menos no Ocidente) de produção, de constituição da pessoa, nesse sentido da construção de si. Este é um plano analítico distinto daquele em que o gênero funciona como um idioma classificatório que pode ser utilizado em outras esferas. Nesse sentido, usando o exemplo da Andréa, as mulheres empiricamente observadas têm uma condição de gênero que é a sua identidade feminina, que tem a ver com sua trajetória biográfica. Quando atuam no plano público elas se virilizam. Se se trata de um plano analítico distinto, me parece que é este: de que maneira o idioma de gênero, de uma assimetria entre masculino e feminino, organiza determinadas relações sociais para além de homens e mulheres empiricamente dados? Nesse sentido há profissões masculinas e profissões femininas, há saberes/disciplinas masculinos e femininos. Há então um idioma de gênero organizando a sociedade. São dois planos analíticos distintos: um idioma classificatório geral que é descolado da corporeidade dos sujeitos e um outro em que esta corporeidade é uma obsessão ocidental da construção da pessoa, marcadamente de gênero.

Maria Andréa Loyola — A classificação, nesse caso, diz respeito a uma posição que a mulher assume naquele momento, uma posição que a induz a adquirir atributos masculinos. Nesse caso específico, foi um exercício de pensamento para dar conta da flexibilidade e descontinuidade dos papéis de gênero com os quais nos defrontamos na análise dos dados empíricos. Como fazer essas distinções? No exemplo, a mulher está confrontada numa posição que foge ao que seria a trajetória normal dela como mulher, na qual, como diria Bourdieu, as estruturas objetivas casariam com as subjetivas. Nessa posição ela vai se defrontar com as estruturas objetivas que são construídas para a situação masculina. E nesse momento, nessa posição, ela adquire atributos masculinos, ou melhor, age de maneira próxima a que estamos acostumados a ver agir um homem. Estou insistindo nisso porque eu gostaria de avaliar a possibilidade de usar ou não essa abordagem que, embora inspirada em Bourdieu, é exclusivamente de minha responsabilidade.

Fernando Acosta — Nós não temos todas essas categorias e divisões porque na verdade somos nativos de uma sociedade dividida? Será que já não olhamos para a sexualidade e qualquer outro comportamento ou sentimento com essas oposições teóricas porque nativos e imersos nessas idéias? Essa não é uma reflexão que devemos fazer sempre que olhamos para qualquer coisa? O paradigma não está em crise porque nós estamos em crise? É isso que nos força a pensar novos pontos de vista para compreender a realidade. A exemplo disso, quando a Andréa abordou a questão dos homens competitivos, sugerindo uma condição de gênero e uma posição de gênero, eu me lembrei da pesquisa com homens em que trabalho. Um deles disse: "Homem para mim é ser forte." Pensei imediatamente que ele havia aprendido a ser forte na relação de competição com os homens, e ele me surpreendeu quando respondeu por que o homem é forte: "Porque eu tive que me fortalecer contra a parede de mulheres que me educaram." Um analista junguiano canadense, Vui Corneau, trabalha exatamente com essa teoria, de como ficamos fortes e competitivos e às vezes violentos com as mulheres exatamente porque somos educados preponderantemente por mulheres, com a ausência masculina. Não é exatamente essa crise que vivemos — e os paradigmas refletem essa crise no nosso cotidiano?

Ondina Leal — Eu achei extremamente interessante como o Luiz Fernando apresenta a construção da noção de sensibilidade, mas o fecho apontou para um paradoxo: a questão do feminino como sendo depositário dessa sensibilidade que seria do ideário do individualismo. Já tivemos oportunidade de discutir em várias ocasiões essa tensão entre o masculino e o feminino, o quanto esse homem seria muito mais indivíduo, e de certa forma essa reflexão leva ao que eu queria levantar para a discussão: quem sabe não deveríamos introduzir a noção de uma construção social do tempo, junto, com o mesmo estatuto da noção de construção social da pessoa? Que esse viesse a ser o centro da discussão sobre o corpo na antropologia no Brasil? Porque o tempo da sensibilidade não-moderna é diferente do da sensibilidade moderna. Então, talvez por aí houvesse uma saída heurística para resolver esse tipo de impasse: o tempo do masculino e o tempo do feminino, para não chegarmos a um problema muito mais paradoxal, que é a questão de construção de pessoa diferenciada a partir do gênero.

Sérgio Carrara — Em torno do impasse do feminino apontado pelo Luiz Fernando, acho interessante pensar como a mulher vem sendo tradicionalmente vista como mais próxima da natureza. Acho que Lévi-Strauss contribuiu bastante para a difusão desse tipo de lugar-comum. Mas em vários momentos a mulher vai ser definida como estando muito mais próxima da cultura do que os homens. Ela aparece ligada à fala, à linguagem: faz parte das nossas representações que as mulheres falam demais e falam mais cedo que os homens. Ela também estaria mais ligada aos artifícios da cultura. Há toda uma representação do feminino que o relaciona ao artificial, ao disfarce, à dissimulação. E o masculino é que estaria ligado às forças da natureza: um corpo muito mais automatizado, instintivo, do que o corpo feminino. O homem teria reações rápidas, agressivas, diretas. Há uma série de representações que colocam os homens no pólo da natureza. Me parece que é essa a questão que o Luiz Fernando levantou, quando falou no impasse do feminino. No campo relacional a mulher é menos autônoma, e foi exatamente isso que a Malu disse: "a mulher é mais relacional"; no outro pólo ela é mais sensível. Como se num certo nível ela fosse aquém e num outro nível fosse além da cultura. Fico pensando se esse não é o problema que a Ondina também propôs, se o impasse do feminino não seria antes a conseqüência do modo como concebemos o Ocidente, como entidade una e funcionalmente integrada. Haveria *um* Ocidente ou haveria pelo menos duas esferas ou níveis de significação muito bem delimitados e contraditórios entre si? Um nível político-religioso, que coloca as mulheres como mais ligadas a Deus, portanto à cultura, e os homens muito mais ligados à natureza. O outro, político-secular — e nele as mulheres estão, aí sim, numa posição subordinada, presas aos imperativos da reprodução biológica. Seria essa uma outra variante da questão da Ondina?

Maria Luiza Heilborn — Isso me dá um gancho para esse problema que o Luiz tinha apontado e que o Sérgio acabou de salientar. Qual seria o paradoxo? É que justamente o gênero feminino teria sido mais investido, digamos assim, no sentido de produzido como mais afeito aos sentimentos, às emoções, à sensibilização, por oposição ao masculino, que ficaria quase como uma espécie da força bruta, menos domesticado. Essa representação, particularmente no campo da sexualidade, é muito difundida no sentido desse automatismo fisicalista masculino, esse pendor para a atividade sexual, essa quase animalidade, por oposição a uma domesticação feminina. Aliás, esse é um dos temas mais interessantes das releituras feitas a partir da teoria do parentesco de Lévi-Strauss; as críticas feministas à teoria do parentesco teriam chamado a atenção justamente para essa idéia de uma domesticação feminina, uma vez que a sociedade fora definida como um grupo de homens entre os quais as mulheres circulam. O idioma de gênero precisa ser necessariamente unívoco em relação aos domínios nos quais ele atua? Poderia haver inversões a cada determinado domínio, e em alguns lugares as mulheres são percebidas como mais naturais, mais presas da natureza sentimental. Nesse sentido, menos controladas — por isso, mais histéricas. Embora tenham sido sensibilizadas nessa direção, os homens são percebidos como detentores de maior controle e auto-estima. E em outro plano, contraditoriamente, porque a condição feminina estaria marcada pela excessiva sentimentalização e os homens teriam sido construídos como mais resistentes a essa sentimentalização. Nesse sentido a mulher aparece como mais naturalizada em um primeiro momento, mas em outro plano, em que de fato intervém essa dimensão mais relacional, ela adquire o estatuto de dominada. Há uma tensão, que é a passagem entre os níveis dessa análise. Teríamos que operar com essas distinções a cada cultura e perceber em que plano é possível salientar essa equação mais natural, menos natural, mais cultural, menos cultural. Porque, de fato, em alguns planos os homens são percebidos como mais naturais do que as mulheres, mas em outros não.

Luiz Fernando Duarte — De novo, é significativo que retornemos à aporia universalista em várias questões. Afinal de contas, o Fernando Acosta levantou a questão de sermos nativos imersos; isso me chamou a atenção. Somos nativos imersos porque temos uma característica absolutamente singular no quadro comparado das culturas, que é a de tentarmos produzir um saber universal sobre todas as outras culturas. Essa é a nossa absolutamente espantosa proposta. Isso nos obriga a muitas situações delicadas, inclusive as deste debate. A oposição linear entre a maximização da vida/pessoa e a otimização do corpo/prazer é uma proposição, digamos, incipiente. Submetida à bateria de discussão, vejo que é preciso incorporar o fato de que é mais simples falar de uma otimização do corpo/prazer — porque não se trata apenas de otimização do corpo, mas também de uma maximização do prazer. A maximização do prazer tem uma história bem definida, mas existe essa maximização da vida/pessoa, que é mais complicada, porque não poderia deixar de envolver a questão da relação, e sobretudo da totalidade. Embora quem esteja treinado no linguajar antropológico saiba que *relação* implica necessariamente *totalidade*: os dois conceitos têm uma articulação necessária. Quando se pergunta como fazer uso dessa oposição para fins produtivos, numa sociedade com as crises que nos acometem, está-se de novo colocando o tema básico da dificuldade de produzir totalidade e relação no Ocidente, a dificuldade de conceber e institucionalizar a relação — que é o vínculo entre as partes dentro de um todo — em uma cultura marcada pela ideologia da individualização. O prazer não é senão uma das maneiras desse privilégio: cada sentido, cada experiência, cada núcleo específico de prazer é valorizado em relação ao portador individual do sistema nervoso que pode comportá-lo.

Uma das raras experiências de retotalização preservada entre nós é a da família, uma instituição criada como um recurso de retotalização dentro de um universo social marcado pela individualização. A chamada família moderna é uma novidade etnológica muito singular, criada justamente como uma das maneiras de resolver o dilema que se apresentou a partir do século XVIII de como continuar reproduzindo os vínculos sociais sob a hegemonia de um ideal individualista. O que estava em jogo era conceber como se iria produzir esses indivíduos socialmente, e não é à toa que naquele momento aparecem não só os primeiros discursos da igualdade feminina, mas também as primeiras grandes teorias da didática, da educação dos indivíduos, assim como as grandes fórmulas utópicas das sociedades artificiais, em que os vínculos familiares diferentes favoreceriam *naturalmente* a individualização. Há um texto de Foucault sobre a medicina no século XVIII, que está na *Microfísica do poder*, em que ele é muito claro sobre como as políticas modernas de saúde se ancoram sobre o ideal da família moderna que se constrói naquele momento. E qual é a chave desse ideal? É construir uma espécie de ninho relacional básico. E quem diz relacional diz complementar, e quem diz complementar evoca um sistema de diferenças. Assim, era preciso reconstruir as tradicionais diferenças entre homem/mulher — os parceiros do casal ideal — sobre um novo patamar fisicalista, cientificizado, que justificasse a preservação desse nicho hierárquico, desse ninho que tinha como novidade chocar indivíduos, os novos sujeitos da sociedade que se queria construir, cidadãos livres, iguais e autônomos. Sobretudo homens, inicialmente, e depois, paulatinamente, mulheres também. Essa espécie de solução veio produzir problemas permanentes. A chamada crise da família no Ocidente é justamente essa — estrutural —, decorrente da tensão entre o caráter holista, hierárquico, diferencial, complementar e relacional do modelo e a sua função individualizante. Uma função que era uma necessidade social recente. Antes não se precisava produzir indivíduos: produzia-se simplesmente outros seres relacionais, como ainda se reproduz até hoje nas classes populares.

Eis, então, a minha resposta para essa questão: mostrar que, em todos os momentos em que somos solicitados a lidar com os efeitos inconvenientes da desenfreada otimização do corpo/prazer, o que nós temos a oferecer são retotalizações. A psicanálise não faz senão propiciar algum tipo de retotalização em situações de descompasso entre o projeto individualizado e suas condições de sentido global, relacional, existencial. Toda a estratégia de manipulação simbólica da relação, do parental, dos vínculos emocionais, passa, em primeiro lugar, por um pressuposto individualista: trata-se de um sujeito que está no divã tendo uma relação consigo mesmo, através do espelho, da superfície de refração em que consiste o psicanalista. Mas essa ação no indivíduo se dá para reconstruir imaginariamente as relações nas quais ele foi criado e para propiciar as relações que ele ainda pode entretecer, se tiver uma boa experiência terapêutica. Os psicanalistas não gostam de se ver retratados dessa maneira, mas isso esteve muito presente nas terapias que pude observar pessoalmente, aquelas de que fui participante observador. Temos a psicanálise, assim como temos uma série de outros discursos, de estratégias mais diretivamente didáticas, que se dedicam a reproduzir o sentimento ou a experiência da relação em nossa cultura. Nós tendemos a não ver os vínculos que amarram essas diferentes funções porque, como portadores da ideologia individualista, menosprezamos essas estratégias reprodutivas da relação, que sempre nos parecem meio residuais, ou como próteses em situações de crise ou perturbação. Mas mesmo nesse ninho familiar que continua hierárquico/diferencial até hoje, apesar de todos os complicados processos da individualização, nós mantemos viva uma didática da relação, que vai ser contraditada a partir da adolescência, o momento em que vai ter que se opor à didática primeira da relação a didática segunda — no tempo, mas não no privilégio — da individualização. Mas, estranhamente, a didática da relação terá que ser reconstruída num segundo momento, quando, passada a adolescência, o sujeito for reconstruir o seu próprio ninho ativo, onde criará seus futuros indivíduos. Nós enfrentamos essa contradição na formação escolar, na formação profissional, na educação cívica. Nunca se é um ser isolado: tem-se direitos e deveres, tem-se obrigações; tem que haver respeito para com os pais, lealdade para com os colegas, obediência para com os professores, enfim, em todos os níveis impõe-se essa didática da relação. Ela tem que abarcar também as didáticas a posteriori, as terapêuticas da intervenção, incidentes sobre os deslizamentos da otimização do corpo/prazer — que podem levar, pela sua parcialidade e imediatismo, à destruição da vida/pessoa. E é com isso que trabalhamos em tantos momentos: na intervenção social. Agora, essa didática da relação é um desafio extremamente delicado porque é — em geral e em princípio — vista como algo de ilegítimo, uma vez que se choca de frente com a ideologia da individualidade. Não é verdade que sorrimos ao ouvir falar de respeito ou obediência? Então como produzir uma didática da relação que seja legítima? Esse é o grande desafio que enfrentamos em todas as nossas práticas, na educação, na psicanálise, em todas as áreas interventivas do humano. Essa é a fonte da delicadeza de tais tarefas.

A questão do tempo, que Ondina Leal levantou, é extremamente importante. Uma das características dessa grande transformação a que me referi é a produção do tempo linear cumulativo moderno. Alexandre Koyré tem um célebre trabalho sobre como o espaço e o tempo infinitos são criados nesse momento de emergência da cultura ocidental moderna. Não é à toa que o ideal da perfectibilidade vai se transfundir nas idéias de progresso e de vanguarda, que são fundamentalmente expressivas da nova temporalidade linear. A perfectibilidade é alguma coisa que só pode se verificar num processo cumulativo no tempo. Pierre Bourdieu tem uma bonita contribuição a esse respeito. Sempre me ocorre esse seu belo artigo — "Deux attitudes à l'égard du temps" — sobre dois tipos de temporalidade no campesinato cabila, no norte da África, que é extremamente sutil na demonstração dessa passagem do tempo reprodutivo, cíclico, tradicional — tempo da *prévision* —, para um tempo que avança indefinidamente à frente dos agentes sociais — o tempo da *prévoyance.* Sua proposta é absolutamente crucial: seria necessário acrescentar diretamente à reflexão sobre a construção social da pessoa e, particularmente, sobre essas diferenças entre a individualização do homem e da mulher uma certa relação com a temporalidade — e aí poderíamos revisitar todos os problemas, tão vastamente discutidos pelo feminismo e pela crítica antropológica, da relação com a natureza, a ciclicidade etc.

Só para apontar para uma das complicadas relações que essa questão da temporalidade pode ter no caso de uma construção social comparada de pessoa e tempo — pegando um fio do que o Fernando Acosta levantou a respeito do *homem forte* que ele reconheceu no seu material etnográfico —, isso me lembrou o tema do *homem expulso.* A Malu usou Marika Moisseieff para tratar disso na sua tese de doutoramento e é extremamente interessante. Trata-se do seguinte: o que está em jogo na produção da diferença da identidade masculina é que ela tem que ser produzida por uma expulsão. Há toda uma teoria a respeito das identidades possíveis na relação originária: uma vez que a mãe é inevitavelmente feminina, é sempre a partir de um feminino que se vai ter ou um outro feminino ou um masculino. O masculino tem que ser, assim, sempre o outro da mãe. Resumindo brutalmente o argumento, o masculino é aquele que tem que ser expulso; ele tem que ser afastado do feminino para poder se tornar um masculino. Não é à toa que, em boa parte das sociedades tribais, os rituais de marcação da masculinidade são muito mais violentos, muito mais nítidos do que os rituais de passagem femininos, pois haveria, em princípio — segundo essa hipótese um tanto essencialista —, uma estrutura inescapável em jogo. É um essencialismo sutil, porque é um essencialismo de relação; não é um essencialismo naturalista, biológico, é um essencialismo estrutural, de princípios de produção das identidades no quadro das relações de gênero e reprodução humanas.

Maria Andréa Loyola — Luiz Fernando, o que você está falando é tão estimulante que vou insistir nisso. Além daquela tensão entre prazer e continuidade, você adicionou uma nova tensão, que é entre relação e individualidade. Eu não sei se você poderia acrescentar ainda uma outra tensão, entre a produção de gêneros e a produção de indivíduos. Porque essa ligação entre os gêneros, sensibilidade e continuidade não é tão moderna assim. Voltando ao cristianismo, no episódio da Paixão de Cristo, quando ele está morto, na madrugada, depois que todo o mundo se retirou, quem estava chorando ali? Eram as mulheres. Se pegarmos a Última Ceia, que é o episódio em que Cristo já sabe que vai ser traído e que vai morrer, e está passando a sua missão civilizatória aos apóstolos, ali não há mulheres, só homens — ou seja, as mulheres sensíveis choram; os homens garantem a comunidade, civilizam. Então, eu diria que o problema da modernidade é conciliar e/ou separar as representações que produziram os gêneros, ou melhor, que produziram a dominação masculina, que produziram indivíduos homens, para produzir agora indivíduos mulheres. A produção de gêneros é muito anterior à de indivíduos, e seria importante você considerar, Luiz, também a tensão entre esses processos.

Luiz Fernando Duarte — Todos os sistemas de parentesco repousam em algum tipo de diferenciação das posições de gênero. Não sei se estou sendo excessivamente essencialista, mas eles parecem repousar em algum tipo de diferenciação. Se isso não é universal é, pelo menos, muito generalizado: algum tipo de atribuição de papéis diferenciais aos gêneros nas sociedades humanas. A menção que Andréa Loyola faz à associação entre emoção e mulher na sociedade judaica do tempo de Cristo não é um argumento necessário, em primeiro lugar, porque várias outras culturas a apresentam: temos carpideiras mulheres em várias sociedades, enquanto os papéis políticos preeminentes tendem a ser masculinos. Há, além disso, o problema do que é ocidental na sociedade judaica relida nos mitos cristãos. Toda a questão da historicidade dos evangelhos, da complexa reapropriação posterior desses sinais pelo Ocidente, é extremamente complicada. A própria produção da Virgem Maria, a modelização feminina da mãe de Cristo é um fenômeno bem posterior, tardio, ocidental no sentido estrito da palavra. Então eu tenderia a ficar preocupado com essa universalização da relação entre sensibilidade e gênero.

Eu me lembrei de alguma coisa bem específica a esse respeito, de um traço etnográfico específico da sensibilização no Ocidente, que é o livro *História das lágrimas,* da Anne Vincent-Buffault. Ela nos lembra que, em um primeiro momento, o romance sentimental produziu no Ocidente um lacrimejamento geral, uma sensibilização igual entre homens e mulheres. Era considerado absolutamente normal que os homens e as mulheres chorassem lendo os romances do sentimentalismo inglês do século XVIII ou os primeiros romances propriamente românticos alemães e franceses do final do século XVIII. Progressivamente é que o homem foi sendo instado a não chorar em função dessas experiências. É como se tivesse havido um primeiro momento equalizante de sensibilização generalizada e depois a produção diferencial de gênero, em que o homem vai sendo contido, investido de uma contenção, de uma relação primordial com a máscara pública, talvez com essa dimensão mais oficial dos papéis políticos etc. Na cultura ocidental, enquanto a mulher vai ser instada cada vez mais a chorar, a se expressar em relação a essas experiências sensibilizantes, o homem vai sendo investido de uma suposta couraça racional. Isso tudo é profundamente moderno.

Maria Luiza Heilborn — Apenas um esclarecimento: conversei recentemente com um especialista sobre a questão mencionada por Luiz Fernando — a necessidade dos sistemas de parentesco conterem uma diferença de gênero em sua estruturação. A discussão atual assevera que não há tal necessidade. Na verdade há determinados sistemas de parentesco em que o critério etário é mais fundamental do que a diferença de gênero. Houseman, por exemplo, sustenta que provavelmente não seria no plano propriamente do parentesco, mas da parentalidade, que a diferença de gênero seria estrutural. De qualquer maneira, em alguma instância dos elementos constituidores de dimensões do parentesco, nesse caso, a parentalidade, a divisão sexual do trabalho ou a necessidade da distinção de gênero é necessária.

PARTE II

SEXUALIDADE E JUVENTUDE

Sexualidade e juventude na França

Brigitte Lhomond

A sexualidade, enquadrada por um conjunto de leis, costumes, regras e normas variáveis no tempo e no espaço, é um fenômeno socialmente construído, mas muitas vezes considerado uma evidência "natural". Ora, as leis mudam, as normas se modificam e as pesquisas sobre comportamento sexual que vêm se desenvolvendo desde meados do século XX dão conta dessas transformações. Os valores e as normas de uma sociedade se refletem nessas pesquisas, que, em retorno, informam sobre a forma pela qual essa sociedade pensa, organiza e controla a sexualidade. Por meio de um mecanismo de ida e volta, as pesquisas visam responder a um problema social, ao mesmo tempo em que constroem aquilo que é legítimo que se saiba, definindo o que seria possível fazer. Suas questões constituem, de certa forma, uma grade de leitura de como a sexualidade pode ser considerada em um determinado momento (Feldman, 1975; Llhomond, 1991; Giami, 1991).

Elemento central sobre o qual incidem as análises, as definições da relação sexual variam segundo as pesquisas, e essa variabilidade está ligada às questões sociais que motivam tais pesquisas e tornam possível seu financiamento e realização. A primeira grande pesquisa quantitativa realizada na França sobre os comportamentos sexuais nesse país (Simon *et al.*, 1972) — motivada pelas questões da contracepção e do aborto — interessava-se quase exclusivamente pelas "relações sexuais completas", isto é, pela "união dos sexos" entre um homem e uma mulher. Já as diversas pesquisas ligadas à epidemia de HIV procuravam descrever comportamentos considerados de risco, interessando-se por práticas estigmatizadas, como a sodomia; por relações consideradas desviantes, como as relações sexuais entre homens; ou por aquelas que são objeto de um silêncio relativo, como é o caso das relações múltiplas.

Essa nova problemática, que envolve o conjunto das pesquisas realizadas desde fins da década de 80 em diferentes países, orienta fundamentalmente as ferramentas de coleta de dados aperfeiçoadas pelos pesquisadores.[1] Neste artigo apresentaremos o processo que orientou a realização da pesquisa sobre o comportamento sexual de jovens entre 15 e 18 anos na França, além de alguns resultados que ilustram os modos de entrada na sexualidade de moças e rapazes.[2]

Apresentação da Pesquisa

A população pesquisada é definida através de dois marcos de idade: 15 anos, a idade da maioridade sexual na França, e 18 anos, a idade da maioridade civil. A amostra é composta por 6.182 jovens, alunos de escolas secundárias de ensino geral e técnico, de centros de formação de aprendizes (CFA), de organismos de formação (OF) e de turmas de Ciclos de Inserção Pré-profissionais através da Alternância dos Colégios (CIPPA).

Para reduzir os custos de organização e de deslocamentos, limitamos a extensão geográfica da pesquisa a dezoito departamentos.[3] Tais departamentos não foram escolhidos aleatoriamente, mas sim com base em três zonas caracterizadas por índices de prevalência contrastados. A amostra é aleatória, com dois graus estratificados. Fizemos o sorteio a partir da lista fornecida pelo Ministério da Educação (Direction de l'Évaluation et de la Prospective), que compreende os estabelecimentos públicos e privados associados. Tais estabelecimentos foram classificados em função de seu porte e da zona de prevalência de Aids, de forma a obter estratos o mais homogêneos possível, do ponto de vista dos riscos.

Nesses estabelecimentos, os jovens a serem entrevistados foram sorteados a partir de uma lista geral dos alunos, e não a partir de uma seleção das turmas. As taxas de sondagem variaram segundo a idade dos jovens e a natureza dos estabelecimentos. O procedimento face a face pareceu-nos apropriado para reduzir as desigualdades que poderiam ocorrer nos questionários por escrito, bem como para adaptar as questões à experiência dos adolescentes (perguntas-filtro) e reduzir as respostas de "gozação" ou inventadas. Uma dupla orientação norteou a construção do questionário: estabelecer um quadro das práticas sexuais dos 15 aos 18 anos de forma a apreender as mudanças nos comportamentos sexuais, recolocando-os na sua cronologia; e descrever a rede de sociabilidade através da qual os adolescentes formam suas relações de amizade, amorosas e sexuais — rede que também desempenha um papel importante na elaboração de normas e valores.

O questionário baseia-se em uma definição ampla da atividade amorosa e sexual: são considerados beijos, carícias no corpo e sexuais, relações orogenitais e penetrações vaginais e anais. São definidos como tendo tido relações sexuais os jovens que praticaram atos envolvendo os órgãos genitais de pelo menos um dos parceiros (ou seja, 54,6% dos jovens entrevistados). Colhemos, assim, informações sobre o primeiro e o último parceiro sexual, além de informações sobre os tipos de atos sexuais praticados. Consideramos três relações sexuais: a primeira e a última relação, e também a primeira relação com o último parceiro, para os jovens que tiveram mais de um parceiro desde o início de sua vida sexual (ver Figura 1).

Figura 1 — Esquema do questionário

Para todos

Esta parte engloba as perguntas concernentes:

1) à vida escolar ou pré-profissional;
2) à sociabilidade;
3) ao primeiro parceiro beijado.

Filtro

- Você já teve relações sexuais?
- Você já praticou carícias sexuais?

4a) Flerte (para os adolescentes que não tiveram relações sexuais e não praticaram carícias sexuais)

- último parceiro beijado
- primeiro parceiro acariciado
- último parceiro acariciado

4b) Relações sexuais (para os adolescentes que tiveram relações sexuais ou praticaram carícias sexuais)

- primeiro parceiro e primeira relação sexual
- último parceiro: primeira e última relação sexual

5) uso de drogas;

6) percepções em relação à Aids e atitudes com relação aos soropositivos e aos doentes;

7) conhecimentos e atitudes frente à Aids;

(para o conjunto daqueles do módulo 4a e a metade daqueles do módulo 4b)

8) escalas de atitudes psicossociais;

(para o conjunto daqueles do módulo 4a e a outra metade daqueles do módulo 4b)

9) relações na família, falar de amor e de sexualidade;

(para todos)

10) sinalética.

Essa definição de relação sexual não deixa de levantar dúvidas.[4] Ela não corresponde à definição do senso comum, que supõe uma relação de penetração vaginal entre um homem e uma mulher, nem àquilo que a grande maioria dos jovens entrevistados considera uma relação sexual. Com efeito, entre os jovens que tiveram práticas sexuais genitais sem penetração (10% da amostra), a grande maioria (89%) declarou não ter tido relação sexual; para eles, "ter feito" implica um coito. Entretanto, na pesquisa eles são considerados como tendo tido relações sexuais.

Essa definição ampla, que de certa forma impusemos aos jovens entrevistados, está associada a perguntas precisas sobre os diferentes atos sexuais que eles praticaram, à idade em que os praticaram pela primeira e última vez, e às características de seu parceiro para cada um desses atos. Isso nos permite conhecer de forma precisa o repertório e a cronologia das práticas sexuais desses jovens, quais são as associações de atos, e definir aquilo que é, para a pesquisa, considerado a primeira relação sexual.

Para aqueles que praticaram o coito (vaginal ou anal), a primeira ocorrência dessa prática define sua primeira relação sexual. Para os demais, são as primeiras práticas orogenitais ou, se estas nunca foram praticadas, as primeiras carícias sexuais com uma pessoa que determinam sua primeira relação sexual. Essa definição, de contornos variáveis, permite levar em consideração as diversas experiências dos jovens, não reduzindo a relação sexual à penetração; além disso, considera no mesmo plano as práticas sexuais entre pessoas do mesmo sexo, raramente penetrativas no início da vida sexual, as quais muitas vezes não são, ou são pouco, analisadas nas pesquisas realizadas com os jovens.[5]

Os dados que serão apresentados a seguir dizem respeito quer a todos os jovens entrevistados (6.182), quer aos jovens sexualmente ativos que tenham tido relações sexuais no sentido definido anteriormente (3.827), quer aos que tenham praticado o coito (3.232). É preciso ter em mente que a iniciação sexual é heterossexual para a imensa maioria dos jovens. Na seqüência serão mencionados aqueles que têm atração pelo mesmo sexo, quaisquer que sejam suas práticas, e aqueles que tiveram relações homossexuais.

A EXPERIÊNCIA SEXUAL DOS JOVENS

Mais da metade dos jovens entrevistados teve práticas sexuais genitais. As moças que praticaram coito são um pouco menos numerosas do que os rapazes, e aquelas que trocaram beijos e carícias corporais (o que definimos como *flerte*) são um pouco mais numerosas.

Tabela 1 — Experiência sexual segundo o sexo

	Rapazes	Moças	Conjunto
Nenhum flerte	10,1	9,8	9,9
Beijar ou acariciar o corpo (flerte)	32,3	38,9	35,5
Relações sexuais genitais sem penetração	10,2	10,3	10,3
Penetração vaginal ou anal	47,4	41,0	44,3
	100%	100%	100%
Base	3.344	2.837	6.182

Moças e rapazes entre 15 e 18 anos têm, de maneira geral, calendários semelhantes. Se as moças passam mais tempo na fase do flerte, seu calendário não difere estruturalmente, de maneira marcante, daquele dos rapazes. A idade em que 50% dos jovens trocaram seu primeiro beijo é a mesma para os dois sexos: 14 anos. No que diz respeito às primeiras carícias (não-genitais), os rapazes se mostram ligeiramente mais precoces do que as moças (15 anos e 7 meses, contra 15 anos e 11 meses). De um grau escolar para outro, a precocidade dos primeiros beijos e das primeiras carícias não se altera muito; as aprendizes, entretanto, são mais tardias do que as alunas de escola secundária.

Cerca de três anos e meio separam a idade mediana do primeiro beijo da idade mediana do primeiro coito.[6] Para o primeiro coito, a idade mediana é de 17 anos e 3 meses, para os rapazes, e de 17 anos e 6 meses, para as moças. Quando se leva em conta a modalidade de formação escolar que os jovens seguem, verifica-se que os aprendizes de ambos os sexos são ligeiramente mais precoces do que os alunos das escolas secundárias. A origem social (com forte correlação com o tipo de escola) e a prática religiosa (que freia ligeiramente os jovens) desempenham papel muito reduzido na transição mais ou menos rápida em direção à sexualidade genital.

O elemento a ser salientado é a forte pressão da moral social e do controle familiar, que atrasa o início do exercício da sexualidade das moças de educação islâmica: aos 18 anos, mais de 30% dessas moças nunca trocaram beijos na boca, contra 7% das não-muçulmanas. Na mesma idade, menos de um terço delas praticou relações sexuais, contra cerca de 75% das outras moças da amostra. Em contrapartida, os rapazes de educação islâmica não têm comportamentos diferentes dos outros rapazes, no que tange ao seu calendário de entrada na sexualidade. Encontramos aqui uma forte persistência do duplo padrão, que autoriza os rapazes a ter uma atividade sexual e proíbe essa mesma atividade às moças. Esse duplo padrão, nesse plano, tende a desaparecer nos países ocidentais.

Teria havido uma evolução no calendário de iniciação sexual ao longo das últimas décadas? Segundo uma pesquisa realizada na França em 1992, a idade mediana da primeira relação, nas faixas nascidas em 1972-73, é de 17 anos para os rapazes e de 18 anos e um mês para as moças.[7] Os dados da pesquisa realizada por Bozon (1993) mostram que a precocidade sexual praticamente não vem aumentando de vinte anos para cá. O que é notável é a aproximação entre as idades medianas de ambos os sexos: observa-se um paralelismo entre os calendários de iniciação sexual das moças e dos rapazes no que diz respeito ao conjunto das práticas que analisamos: beijos, carícias no corpo e coito (incidências acumuladas[8] — ver Figura 2). Essa aproximação dos calendários de ambos os sexos deve-se essencialmente a uma redução da idade das primeiras relações sexuais das mulheres, fenômeno que pode ser observado em diversos países da Europa (Bozon & Kontula, 1997).

O período do flerte (de três anos, em média), que separa o primeiro beijo da primeira relação sexual, é quando os jovens experimentam beijos e carícias com parceiros diferentes, em sua grande maioria. Apenas 10% dos jovens têm o mesmo parceiro para o primeiro beijo e para a primeira relação sexual. Esse período de flerte caracteriza a entrada na sexualidade dos jovens dos países ocidentais na segunda metade do século XX e constitui aquilo que Lagrange (1998) chama de “sexo domesticado”. O flerte se apresenta como o aprendizado gradual das relações afetivas e físicas entre os sexos, um aprendizado da heterossexualidade.

Figura 2 — Incidência acumulada dos diferentes atos sexuais, por sexo

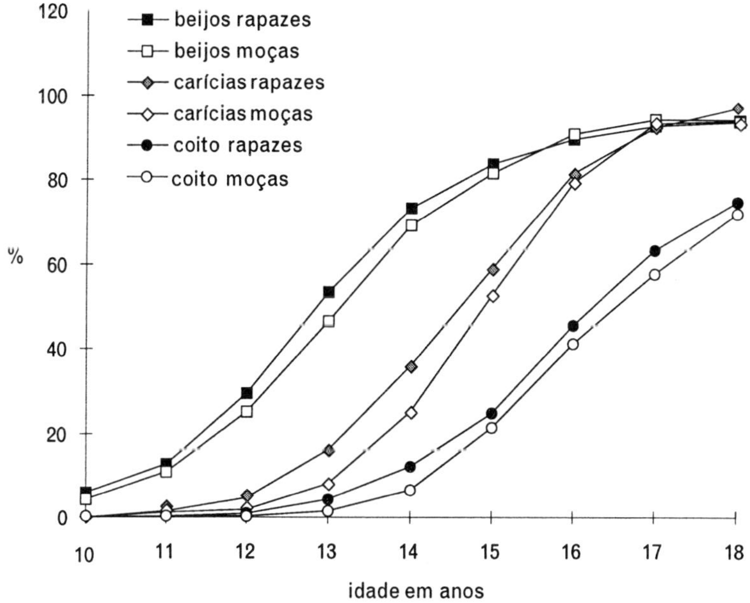

Sociabilidade e Rede Mista de Amizade

As primeiras relações amorosas e sexuais ocorrem quando os jovens estão inseridos em uma rede de vínculos de amizade, que constitui um espaço fundamental de socialização. As redes de amizades de rapazes e moças diferem principalmente quanto ao lugar que eles reservam às pessoas do outro sexo.[9]

As relações de amizade dos rapazes estão centradas em torno de um grupo de amigos do mesmo sexo. Com efeito, o tipo de rede citado com mais freqüência entre os rapazes — especialmente entre aqueles que não têm experiência de flerte — é composto unicamente por rapazes. Com a experiência sexual, o círculo de amigos se torna misto. Mais da metade dos rapazes cita então algumas amigas — contudo em número relativamente pequeno, que não ultrapassa um quinto do total dos amigos, em média.

Tabela 2 — Freqüência de certas configurações na esfera de amizade em função da experiência sexual

	Rapazes			Moças		
	Nenhuma experiência	Flerte	Relações genitais	Nenhuma experiência	Flerte	Relações genitais
Rede do mesmo sexo	57,2	46,2	44,8	42,3	28,7	23,6
Rede mista	41,9	52,8	53,7	55,7	69	69,9
Rede do sexo oposto	0,9	1	1,5	2	2,3	6,5
	100 %	100 %	100 %	100 %	100 %	100 %
Base	291	885	2.163	208	964	1.666

Leitura: Entre os rapazes que não tiveram relações sexuais, 57,2% só têm amigos, 0,9% só têm amigas e 41,9% têm relações de amizade com rapazes e moças.

No que diz respeito às mulheres, a configuração de rede mais freqüente é um grupo relativamente equilibrado. A diferença entre a proporção de rapazes e moças nunca é tão grande quanto no caso dos rapazes. Uma proporção mais ou menos grande de moças menciona um número maior de amigos do que de amigas. Elas são 19,3% entre aquelas que tiveram relações sexuais, 9,6% entre aquelas que flertaram e 3,2% entre as que não tiveram experiência. Os casos de simetria entre os rapazes são mais raros: somente um pequeno número cita mais amigas do que amigos (respectivamente 5,2%, 4,6% e 1,8%). Mesmo para os rapazes que tiveram relações sexuais e mantêm relacionamentos de amizade mais mistos do que aqueles que não têm experiência, a preferência por amigas permanece menor em comparação com a preferência relatada pelas moças.

Quando se analisa mais detalhadamente a estrutura do grupo de amigos dos rapazes, constata-se que esses jovens se conhecem há muito tempo, têm a mesma idade e estudam freqüentemente na mesma instituição escolar. Em contrapartida, as moças têm em geral um grupo de amigos menos homogêneo, com relações eletivas mais profundas, do qual pertencem pessoas com características mais diversas, no que diz respeito à idade, ao local de escolarização ou de trabalho.

Se, para todos, a entrada na sexualidade possibilita que a rede de amigos se torne mais mista, isso ocorre menos entre os rapazes. Para estes, o desenvolvimento de amizades com moças parece estar mais ligado à procura de parceira(s), enquanto as amizades das moças com os rapazes são anteriores à sexualização das relações, reforçando-se ainda mais com a iniciação sexual. Para as moças, é como se o reconhecimento social não pudesse existir independente do relacionamento com os rapazes.

Expectativas Divergentes

Os motivos que levam ao ato, como os sentimentos, distinguem progressivamente as moças e os rapazes. No momento do primeiro beijo, pouco mais da metade das moças e dos rapazes se diz apaixonado(a) por seu(sua) parceiro(a). No entanto, o motivo alegado com mais freqüência para o primeiro beijo é a curiosidade. Beijar é o ato iniciador do flerte, a primeira experiência física relacional e sexualizada para a maior parte deles, o ato obrigatório para selar o fato de estar "saindo com alguém". Ele é possível sem que haja um investimento afetivo forte.

Tabela 3 — Sentimentos e motivos que levam ao primeiro beijo e à primeira relação sexual, de acordo com o sexo

	PRIMEIRO BEIJO		PRIMEIRA RELAÇÃO SEXUAL	
	Rapazes	**Moças**	**Rapazes**	**Moças**
Apaixonado(a)? (% de sim)	57,4	52,3	68,8	86,6
Motivo:				
Amor/carinho	28,3	32,1	37,7	60,7
Atração, desejo físico	25,3	17,6	46,5	26,1
Curiosidade	33,6	38,6	12,6	7,8
Fazer como os amigos	11,4	9,3	2,9	0,7
Ter sido forçado(a)	1,4	2,5	0,3	4,7
Base	3.016	2.562	2.157	1.661

A primeira relação sexual marca uma etapa mais importante, pois pressupõe um compromisso físico mais profundo, que não é considerado sem temor, principalmente pelas moças.[10] É também motivo de preocupação para os pais, bem como de pressões variadas exercidas por amigos de maneira distinta em relação a moças e rapazes. As razões que levam à primeira relação sexual são um elemento dessa diferença de trajetórias: em sua maioria, as moças dizem que fazem amor por amor; quase a metade dos rapazes evoca a atração ou o desejo físico — o amor só é mencionado por 38% deles. No entanto, 87% das moças e 69% dos rapazes declaram-se apaixonados por seu (sua) primeiro(a) parceiro(a), o que poderia parecer contraditório, mas demonstra, na verdade, duas faces da mesma realidade. Confessar ter sido apaixonado por seu (sua) primeiro(a) parceiro(a) seria, de certa forma, uma norma interiorizada, mais forte entre as moças, mas relativamente partilhada entre os sexos.

Os fatores que levam à primeira relação sexual são mais matizados. As moças teriam necessidade de sentir amor em seu primeiro relacionamento, ou seria esse sentimento que permitiria a elas justificar e legitimar, para si mesmas e para o pesquisador, tal relacionamento, deixando em segundo plano o desejo sexual, o motivo mais freqüentemente citado pelos rapazes. Para eles, o amor, embora presente, não seria um motor exclusivo ou suficiente. Ressalte-se que cerca de 5% das moças afirmam ter sido coagidas na primeira relação, o que ocorre somente com um número bastante reduzido de rapazes. A coação exercida sobre as moças é um outro indicador de sua posição dominada, como veremos mais adiante.

Um outro elemento que distingue moças e rapazes é a diferença de idade entre os dois parceiros. As moças entrevistadas têm, em sua maioria, relações sexuais com rapazes mais velhos, dois anos e meio, em média. Já a maior parte dos rapazes tem relações sexuais com parceiras da mesma idade.[11] Assim, a iniciação sexual não é um processo simétrico para moças e rapazes: 70% das moças têm um primeiro parceiro sexual mais experiente do que elas, enquanto 63% dos rapazes têm sua primeira relação sexual com uma moça tão inexperiente quanto eles.

Número de Parceiros e Organização das Primeiras Relações[12]

Os rapazes declaram um número de parceiras sexuais maior do que as moças, e isso mesmo no início de suas vidas sexuais.

Tabela 4 — Número de parceiros(as) declarados(as) durante a vida dos jovens que tiveram uma relação sexual penetrativa

	Rapazes	Moças
1	34,3	54,7
2	19,4	18,0
3-4	20,2	15,3
5-9	15,5	8,7
10 e mais	10,7	3,3
Base	1.854	1.378
p	0,001	

Esse fenômeno já foi estudado entre os adultos (Lagrange, 1991; Bozon, 1993) e diferentes hipóteses foram propostas para explicar esse paradoxo estatístico: exagero na declaração (sobredeclaração) dos homens, uma forma de jactância da parte deles, e subdeclaração das mulheres; percepções diferentes, segundo o sexo, do que se considera um parceiro sexual. Em nossa pesquisa, com amostra limitada pela idade, essas questões ainda permanecem em aberto.

No entanto, é importante chamar a atenção para o fato de que a questão do número de parceiros se articula com uma estruturação temporal das primeiras relações sexuais, que varia segundo o sexo. Estas são normalmente curtas e espaçadas, principalmente para os rapazes. Cerca da metade deles tem uma primeira relação de menos de um mês de duração, enquanto mais da metade das moças permanece mais de cinco meses com seu primeiro parceiro.[13]

Tabela 5 — Duração da primeira relação penetrativa, de acordo com o sexo, para aqueles que terminaram esse relacionamento

	Rapazes	Moças
< 1 mês	45,8	19,4
1-4 meses	21,0	22,9
5-12 meses	20,2	30,2
> 12 meses	13,0	27,5
Base	1.456	1.258
p	0,001	

Além de a duração do primeiro relacionamento das moças ser mais longa, é preciso considerar um período menor entre as duas primeiras relações. Enquanto a maior parte das moças começa um segundo relacionamento em um prazo mais curto (menos de 5 meses), ou quase inexistente, os rapazes esperam, em sua maioria, vários meses antes de começar um novo relacionamento.[14]

Tabela 6 — Intervalo de tempo entre as duas primeiras relações sexuais segundo o sexo, para aqueles que tiveram pelo menos dois relacionamentos

	Rapazes	Moças
Sem intervalo	19,1	36,1
1-4 meses	24,7	26,2
5-12 meses	28,7	24,0
> 12 meses	27,5	13,7
Base	768	481
p	0,001	

Esses três elementos (número de parceiros, duração do primeiro relacionamento e intervalo entre os dois primeiros relacionamentos) são indicadores das diferenças de experiência entre rapazes e moças desde o início de sua vida sexual. Considerando que a vida sexual dos dois grupos tem duração igual, os rapazes têm mais parceiras, uma primeira relação mais curta e um maior espaço de tempo entre seus dois primeiros relacionamentos. Sua experiência se baseia na diversidade de parceiras, mas seus relacionamentos duram menos (30% passaram três quartos de sua vida sexual vivendo relacionamentos). As moças, ao contrário, tendo em média relacionamentos mais longos e próximos entre si (65% passaram três quartos de sua vida sexual vivendo relacionamentos), têm menos parceiros e uma experiência relacional mais longa (Levinson, 1997). Assim, a experiência das moças se baseia na continuidade e a dos rapazes, na diversidade.

Atração pelo Mesmo Sexo e Práticas Homossexuais

Tratamos até aqui de relações heterossexuais, a grande maioria em nossa amostra, mesmo para os jovens que declararam sentir-se atraídos por pessoas do mesmo sexo. Declarar atração pelo mesmo sexo implica ter, evidentemente, plena consciência dela para que possa ser exposta durante uma pesquisa. Qualquer que seja sua experiência da sexualidade, 5,8% dos rapazes e 6,4% das moças declararam-se atraídos, não importa o grau, por pessoas do mesmo sexo.[15]

Tabela 7 — Atração detalhada por um sexo ou outro, segundo o sexo

	Rapazes	Moças
Somente pelo mesmo sexo	1,1	0,4
Principalmente pelo mesmo sexo, mas também pelo outro	0,3	0,2
Igualmente pelos dois sexos	1,8	1,3
Principalmente pelo outro sexo, mas também pelo mesmo	2,6	4,5
Somente pelo outro sexo	93,7	93,5
Não sabe responder	0,5	0,1
	100%	100%
Base	3.318	2.831
p	< 0,0005	

Entre os entrevistados, 20% dos rapazes e 8% das moças se sentem atraídos apenas pelo mesmo sexo, e 45% do rapazes e 71% das moças sentem atração principalmente pelo outro sexo, mas também pelo mesmo. Embora moças e rapazes afirmem atração pelo mesmo sexo, sem levar em consideração o grau de atração, elas declaram com uma freqüência duas vezes menor essa atração como exclusiva ou majoritária. Isso está sem dúvida ligado à sociabilidade diferenciada de moças e rapazes durante a adolescência: as primeiras incluem mais facilmente os rapazes em seu círculo de amizade restrito, como se eles fossem necessários à sua inscrição social, enquanto os últimos vivem mais facilmente em um universo onde as moças estão ausentes ou mesmo excluídas.

A atração pelo mesmo sexo tem influência sobre a idade em que os jovens iniciam diferentes práticas. A incidência acumulada na idade do primeiro beijo (Figura 3)[16] mostra que rapazes atraídos por outros rapazes estão mais atrasados que o conjunto dos outros grupos, moças e rapazes, e agem como se sentissem um freio no início do flerte. As moças atraídas por outras moças mostram grande precocidade (com 13 anos, mais de 60% já beijaram alguém na boca), mas com 18 anos elas são proporcionalmente menos numerosas que as moças e os rapazes atraídos somente pelo sexo oposto que já tiveram relações sexuais.

O mesmo fenômeno é encontrado quando se examina a idade em que ocorrem as primeiras carícias não-genitais e as práticas genitais: os rapazes que declaram ter atração homossexual são os mais reservados em seu processo de iniciação sexual, enquanto as moças no mesmo caso são mais ativas. A atração pelo mesmo sexo se expressa por comportamentos inversos entre as moças e os rapazes: de certa forma, elas se precipitam nas diferentes etapas da entrada na sexualidade, majoritariamente heterossexual, enquanto os últimos esperam antes de abordar práticas diferentes.

Não temos elementos suficientes para explicar claramente a forma pela qual rapazes e moças atraídos pelo mesmo sexo divergem, em suas práticas heterossexuais, dos jovens que sentem atração exclusivamente pelo outro sexo. O fato é que essa atração homossexual tem conseqüências práticas, inscrevendo-se nas biografias. Para esses jovens, a atração pelo mesmo sexo corresponde a uma menor conformidade com os estereótipos de sexo, como seus comportamentos demonstram. Assim, moças atraídas por moças masturbam-se com maior freqüência, consomem mais tabaco, álcool ou maconha do que as outras. Tudo isso faz parte de um processo de emancipação das injunções paternais, escolares ou de saúde pública, como uma espécie de atitude "rebelde". Esse fenômeno não é verificado entre os rapazes atraídos pelo mesmo sexo, cujo comportamento em relação a essas questões não é diferente daquele de seus amigos.

Figura 3 — Curva de incidência acumulada na idade do primeiro beijo, de acordo com o sexo e o tipo de atração

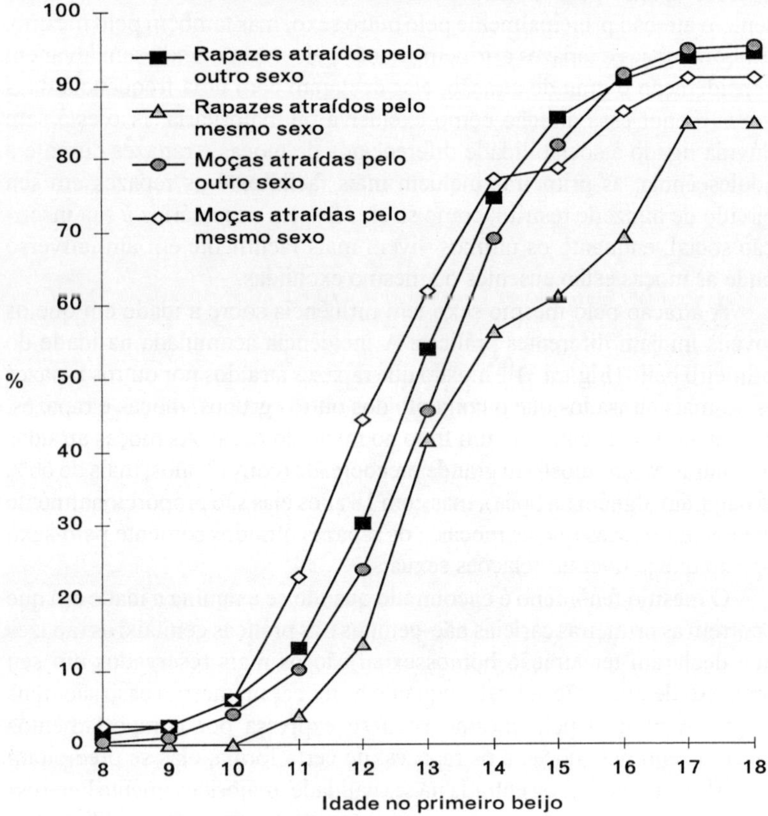

As relações homossexuais são bastante raras em nossa amostra, correspondendo a 1,4% dos rapazes e 1,3% das moças, a maioria tendo tido também relações heterossexuais (0,3% dos rapazes e 0,1% das moças tiveram apenas relações homossexuais). Esse pequeno número torna difícil uma análise mais profunda.[17] Assinalamos, no entanto, que a vida sexual dos jovens que tiveram relações homossexuais é muito diversa. Para alguns, trata-se de uma única relação, às vezes uma simples experiência na qual parecem não ter investido; para outros, a homossexualidade parece ser um modo de vida claramente escolhido.

Ressaltamos o fato de que os rapazes que mantêm relações homossexuais há muitos anos podem ter um número elevado de parceiros homens. Não encontramos nenhuma moça que se enquadrasse nesse caso.

Para elas, quando a primeira relação sexual é homossexual, isso acontece mais tarde, comparativamente aos rapazes incluídos nesse caso. No entanto, as jovens que se relacionam com pessoas de ambos os sexos tendem a ter mais parceiros rapazes do que aquelas que mantêm relacionamentos exclusivamente heterossexuais, seja porque suas relações com os rapazes durem pouco, seja porque elas têm uma atitude em face da sexualidade que lhes possibilita experiências com pessoas diferentes. Isso poderia estar ligado à utilização mais restrita do preservativo durante suas relações heterossexuais, o que as coloca em situação de maior risco.

Relações Sexuais Forçadas

A entrada na sexualidade está longe de ser sempre uma decisão pessoal ou uma escolha: 15% das moças e 2% dos rapazes declararam que foram obrigados a ter relações sexuais no decurso de suas vidas.[18] Todas as moças que foram forçadas sexualmente sofreram a coação por parte de homens; os rapazes o foram em 72% dos casos por uma mulher e em 28% por um homem. Convém observar que, em 45% dos casos para as moças e 44% para os rapazes, as relações forçadas são anteriores ao que eles consideram ser sua primeira relação sexual. Quando indagados sobre essa primeira relação, os jovens não citaram as situações anteriores de relação sob pressão.

Tabela 8 — Relações sexuais forçadas, de acordo com o sexo e o autor das coações sexuais

	Moças	**Rapazes**	
Relações forçadas	15,4	2,3	
Autor das coações:	**homem**	**homem**	**mulher**
Adulto da família	4,5	14,2	0,7
Jovem da família	3,3	0	0
Adulto conhecido	11,8	6,4	5,2
Jovem conhecido	64,4	20,2	66,5
Adulto desconhecido	2,5	58,0	4,5
Jovem desconhecido	9,3	1,2	19,1
Várias pessoas	4,2	0	4,0
	100%	100%	100%
Base	252	10	41

Os autores dessas relações forçadas pertencem a diferentes esferas da vida dos jovens e sua proximidade é um dos elementos centrais da análise. Para as moças, as relações forçadas foram impostas por jovens em mais de três quartos dos casos e, mais freqüentemente, por jovens que elas conheciam. Os rapazes foram forçados, em sua maioria, por moças que eles conheciam. Quando o foram por um homem, tratava-se, na maior parte dos casos, de um adulto desconhecido.

As moças são as principais vítimas de coações: seis vezes mais que os rapazes. As situações de incesto com um adulto da família correspondem a 4,5% dos casos. Em três quartos das vezes, os abusos começaram quando tinham menos de 15 anos e, na metade dos casos, repetiram-se. Em 3,3% dos casos, o autor foi um jovem da família, muitas vezes um irmão; nessa situação, 90% das moças tinham menos de 12 anos e as coações persistiram quase que sistematicamente. Quando se tratou de um jovem conhecido, as relações forçadas ocorreram, em sua grande maioria, após os 15 anos de idade.

Do total, 84% das relações forçadas foram perpetradas por homens conhecidos, jovens ou adultos, pertencendo ou não à sua família. Para as moças, portanto, o risco de serem forçadas sexualmente está relacionado a homens que lhes estão próximos, e não a desconhecidos.

A coação é exercida ainda mais fortemente sobre aquelas que não estão integradas no sistema escolar, em organizações de treinamento ou na CIPPA — estruturas que auxiliam jovens com problemas escolares (31% entre elas foram submetidas a relações sexuais forçadas) —, assim como sobre aquelas que possuem pelo menos um dos pais originários da África ou do Caribe (28%). Nota-se, assim, um aumento da vulnerabilidade das moças em situação escolar e social subordinada, reforçando a subordinação mais global que pesa sobre as mulheres.

A entrada de moças e rapazes na sexualidade se mostra muito próxima no que diz respeito a atos e datas, porém muito mais divergente no que concerne a expectativas, representações e estruturação tanto do núcleo de amizades quanto no das relações com os parceiros sexuais. Seria então possível afirmar que moças e rapazes fariam mais ou menos a mesma coisa na mesma idade, organizando-se, concomitantemente, de forma diferente e não desejando a mesma coisa?

Outras pesquisas quantitativas (Schmidt *et al.*, 1994) e qualitativas (Bozon & Heilborn, 1996; Holland *et al.*, 1996) sobre jovens evidenciaram essas divergências. A evolução das relações sociais entre os sexos — impulsionada, entre outros fatores, pelos movimentos feministas — permitiu que houvesse transformações reais no início da vida sexual de algumas décadas para cá, mas estamos, de certa forma, no meio do caminho. A coexistência de semelhanças nas práticas de ambos os sexos, por um lado, e a manutenção de sérias divergências no que diz respeito ao que é desejado (a coação sexual sendo seu aspecto mais violento), por outro, assim como profundas diferenças sobre o que é socialmente possível para cada sexo, nos indicam a extensão do caminho que ainda deve ser trilhado para alcançarmos uma real igualdade entre os sexos, tanto no âmbito da sexualidade quanto para além dela.

Notas

1. Ver, por exemplo, as pesquisas sobre amostras representativas realizadas na Inglaterra (Wellings *et al.*, 1994), nos Estados Unidos (Lauman *et al.*, 1994) e na França (Spira, Bajos *et al.*, 1993; e Lagrange & Lhomond, 1997).

2. Essa pesquisa, financiada pela Agence Nationale de Recherche sur le Sida (ANRS), foi efetuada por Hughes Lagrange (CNRS, Paris) e Brigitte Lhomond (CNRS, Lyon), responsáveis científicos, e Marcel Calvez (UHB-CNRS, Rennes), Chantal Darsch (CEFI, Paris), Carinne Favier (MFPF, Montpellier), François Fierro (PRISM, Toulouse), Sharman Levinson (EHESS, Paris), Florence Maillochon (EHESS, Paris), Andréi Mogoutof (ANRS, Paris), Sebastian Roché (CNRS, Grenoble), Josiane Warszawski (INSERM, Paris). Os resultados foram publicados em Lagrange e Lhomond, 1997. O presente artigo se apóia nos resultados desse trabalho coletivo.

3. Os departamentos são divisões administrativas, de território variado. A França metropolitana possui 95 departamentos.

4. Para uma análise mais detalhada das diversas definições utilizadas em pesquisas recentes e das escolhas feitas pela pesquisa francesa sobre os jovens, ver Lhomond, 1996.

5. A quase totalidade dos jovens (moças e rapazes) que praticaram apenas relações homossexuais considera que teve relações sexuais, tendo ou não praticado a penetração.

6. É difícil estabelecer, com uma amostra como a nossa, a idade precisa na qual as novas gerações tiveram suas primeiras relações sexuais. Alguns jovens ainda não tiveram relações sexuais, o que impede um cálculo direto da idade média da primeira relação. Eis porque nós preferimos a noção de *idade mediana*, na qual 50% dos jovens de uma determinada faixa etária pratica tal ou tal ato.

7. Trata-se de uma pesquisa realizada junto à população de 18 a 59 anos, a pedido da ANRS, sob o título de ACSF (Análise do Comportamento Sexual na França). Ver Spira, Bajos *et al.*, 1993.

8. A incidência acumulada de beijos, carícias e coito é a probabilidade de rapazes e moças terem praticado esses atos em uma determinada idade. Diversamente das médias, esse indicador não supõe hipótese sobre uma parte não conhecida da distribuição e independe das faixas etárias escolhidas na amostra. Assim, quando se afirma que a incidência do coito aos 15 anos é de 10%, indica-se que a probabilidade de que o coito tenha sido praticado pelo menos uma vez por jovens dessa faixa etária é de 10%, qualquer que seja o momento em que esse ato tenha ocorrido em suas vidas.

9. Para uma análise mais profunda das redes de sociabilidade dos jovens, ver Maillochon, 1977 e 1998.

10. Elas podem também temer, em certas circunstâncias, o risco de gravidez.

11. Essa diferença de idade faz com que os parceiros das moças entrevistadas, em sua maioria, não estejam contemplados no limite de idade da nossa amostra; essa ocorrência é mínima no caso das parceiras dos rapazes.

12. Apresentaremos, nessa parte, dados sobre jovens que tiveram relações sexuais penetrativas, para não aumentar o número de parceiros e não diminuir a duração da primeira relação, mais curta para aqueles que não praticaram o coito.

13. Lembramos que a grande maioria dos jovens entrevistados tem relações sexuais sucessivas no tempo. Notamos alguns raros casos de relações paralelas.

14. Na Tabela 6, a coluna "sem intervalo" inclui os casos em que as duas primeiras relações se sobrepõem e aqueles em que uma ruptura com o primeiro parceiro e o início de um relacionamento com um segundo ocorrem no mesmo mês.

15. A atração por um sexo ou por outro, em graus variáveis, foi medida em uma escala de cinco posições que se inspira, reduzindo-a, na escala HH proposta por Kinsey. Este pesquisador utiliza uma escala de 0 a 7 para classificar um indivíduo, escala esta que "leva em consideração sua experiência sexual manifesta e/ou suas reações psicossexuais" (1948: 807). Procuramos aqui medir a percepção que a pessoa tinha de sua própria atração, independentemente de suas práticas.

16. Os dados, para o conjunto das curvas apresentadas, foram ajustados pelo modelo de Kaplan-Meier, para que fosse possível levar em consideração as truncaturas.

17. Para maiores detalhes, ver Lagrange e Lhomond, 1997, p.183-226.

18. Em razão das compreensíveis dificuldades de abordar tais atos, decidimos entrevistar sobre essa questão apenas aqueles(as) que já entraram no período de sexualidade genital. Pelas mesmas razões, não indagamos sobre a natureza exata dos atos sexuais praticados.

Referências Bibliográficas

BOZON, M. (1993) "L'entrée dans la sexualité adulte: le premier rapport et ses suites". *Population*, nº 5, p.1317-52.

BOZON, M. & HEILBORN, M.L. (1996) "Les caresses e les mots. Initiations amoureuses à Rio de Janeiro e à Paris". *Terrain*, nº 27, p.37-58.

BOZON, M. & KONTULA, O. (1997) "Initiation sexuelle et genre". *Population*, nº 6, p.1367-400.

FELDMANN, J. (1975) "Les rapports nationaux sur les comportements sexuels: un exemple de deux types d'interaction sciences-société". *Archives Européennes de Sociologie*, XVI, p. 95-110.

GIAMI, A. (1991) "De Kinsey au Sida: l'évolution de la construction du comportement sexuel dans les enquêtes quantitatives". *Sciences Sociales et Santé*, vol.9, nº 4, p.23-56.

HOLLAND, J., RAMAZANOGLU, C., SHARPE, S. & THOMSON R. (1996) "Reputations: journeying into gendered power relations". In: WEEKS, J. & HOLLAND, J. (orgs.) *Sexual Cultures: Communities, Values and Intimacy*. Londres, McMillan, p.239-60.

KINSEY, A.C., POMEROY, W.B. & MARTIN, C.E. (1948) *Le comportement sexuel de l'homme*. Paris, Ed. du Pavois.

KINSEY, A.C., POMEROY, W.B., MARTIN, C.E. & GEBHARD, P.H. (1954[1953]) *Le comportement sexuel de la femme.* Paris, Amiot Dumont.

LAGRANGE, H. (1991) "Le numéro de partenaires sexuels: les hommes en ont-ils plus que les femmes?". *Population*, nº 2, p.249-78.

———— (1998) "Le sexe apprivoisé ou l'invention du flirt". *Revue Française de Sociologie*, vol.XXXIX, nº 1, p.139-75.

LAGRANGE, H. & LHOMOND, B. (orgs.) (1997) *L'entrée dans la sexualité. Le comportement des jeunes dans le contexte du Sida.* Paris, La Découverte.

LAUMANN, E.O., GAGNON, J.H., MICHAEL, R.T. & MICHAELS, S. (1994) *The Social Organization of Sexuality, Sexual Practices in United States.* Chicago: Londres, The University of Chicago Press.

LEVINSON, S. (1997) "L'organisation des premières relations sexuelles". In: LAGRANGE, H. & LHOMOND, B. (orgs.) *L'entrée dans la sexualité. Le comportement des jeunes dans le contexte du Sida.* Op. cit., p.227-54.

LHOMOND, B. (1991) "Les enquêtes sur les comportements sexuels, de Kinsey au Rapport Gai". In: POLLAK, M., MENDES LEITE, R., VAN DEM BORGHE, J. (orgs.) *Homosexualités et Sida.* Lille, Cahiers G.K.C., Université 4, p.41-51. Republicado em *Sociétés*, nº 39, 1993, p.29-35.

———— (1996) "Qu'est ce qu'un rapport sexuel? Remarques à propos des enquêtes sur les comportements sexuels". *Mots*, nº 49, p.106-15.

MAILLOCHON, F. (1997) "Sociabilité e sexualité". In: LAGRANGE, H. & LHOMOND, B. (orgs.) *L'entrée dans la sexualité. Le comportement des jeunes dans le contexte du Sida.* Op. cit., p.81-118.

———— (1998) Election des partenaires au temps du Sida. Une approche configurationnelle des relations des jeunes. Tese de doutorado em sociologia, Paris, École des Hautes Études en Sciences Sociales (mimeo).

SCHMIDT, G., KLUSMANN, D., ZEITZSCHEL, U. & LANGE, C. (1994) "Changes in adolescents' sexuality between 1970 and 1990 in West Germany". *Archives of Sexual Behavior*, vol.23, nº 5, p.489-513.

SIMON, P., GONDONNEAU, J., MIRONIER, L., DOURLEN-ROLLIER, A. (1972) *Rapport sur le comportement sexuel des Français.* Paris, Julliard: Charron.

SPIRA, A., BAJOS, N. *et al.* (1993) *Les comportements sexuels en France.* Paris, La Documentation Française.

WELLINGS, K., FIELD, J., JOHNSON, A.M. & WADSWORTH, J. (1994) *Sexual Behavior in Britain.* Londres, Penguin.

Jovens, sexualidade e estratégias matrimoniais

Ondina Fachel Leal
Jandyra M.G. Fachel

Os dados aqui apresentados fazem parte de uma investigação mais ampla sobre sexualidade, realizada em vilas periféricas de baixa renda da cidade de Porto Alegre, Rio Grande do Sul, junto a 202 pessoas em idade reprodutiva (de 13 a 60 anos), sendo 99 mulheres e 103 homens.[1] Neste artigo focalizaremos os dados específicos relativos a adolescentes, cientes da dificuldade da definição dos limites do que seja esse grupo. Tais dados referem-se, portanto, a dois tipos de material: jovens que tinham entre 13 e 19 anos no momento da entrevista e pessoas "adultas" que relataram sua experiência sobre a época em que eram adolescentes.

A emergência de um *objeto* e de um *campo* — nomeado nas ciências sociais e áreas afins como *saúde reprodutiva,* englobando práticas sexuais, reprodução, contracepção e doenças sexualmente transmissíveis — faz-nos pensar em novos aportes metodológicos que dêem conta da especificidade desse objeto. Entre os vários aspectos que poderiam ser aqui abordados constam a constituição de um campo a partir da demanda de fontes financiadoras; a ênfase em um conhecimento voltado para a aplicação; questões éticas que envolvem o procedimento de pesquisa e manipulação de dados. Parece-nos que nenhuma dessas questões foi suficientemente discutida em um fórum nacional das ciências sociais propriamente ditas. Outras áreas — como a medicina, a demografia e a epidemiologia — possivelmente se debruçaram sobre tais questões, mas com parâmetros que dizem respeito às suas áreas de conhecimento.

A discussão preliminar que deve ser mencionada aqui são os procedimentos metodológicos a que recorremos para essa investigação. O desenho proposto visou dar conta de uma questão fundamental, e por que não paradoxal, que a saúde reprodutiva nos impõe. Está-se lidando com *sexualidade*, tema que em nossa tradição cultural é da ordem do íntimo, da subjetividade, da individualidade, enfim, do *privado* — valores que deveriam permanecer aquém do escrutínio das ciências sociais objetivantes. A antropologia, em sua tradição etnográfica, esmiúça por vezes o privado dos *outros* (mesmo quando não é convidada a fazê-lo) e tem um procedimento de investigação concreto a oferecer para o desvendamento desse *privado*.[2] Além disso, no escopo da teoria antropológica, existe uma discussão relevante sobre corpo, corporalidade, técnicas corporais, eventos corporais elementares (como nascimento e morte, prazer e sofrimento), enfim, o próprio corpo em sua capacidade de significar e processos biológicos enquanto construtos sociais.[3]

Ao mesmo tempo, a virtude do método etnográfico — que nos proporciona um conhecimento denso, íntimo, que prioriza a qualidade do dado, e nesse sentido é ali que repousa sua "veracidade" — é também a sua limitação: a não-preocupação com a representatividade, no sentido estatístico. E é exatamente aí que todo nosso esforço em desvendar o "indesvendável" — a sexualidade do outro — torna-se, por vezes, um tanto inútil, à medida que nossa interlocução com outras áreas, mais comprometidas com a positividade do dado, vêem com desconfiança aquilo que tomamos como *evidências* na construção do argumento antropológico: nossos "troféus" do trabalho de campo extensivo, longos depoimentos, uma piada, um provérbio, uma canção, um desenho feito pelo informante, um mapa. De fato, não estaremos nunca discutindo *subjetividades* (isto é o ofício da psicologia), mas sociabilidades, relações sociais, práticas sociais. E, se assim é, como passamos do evento à regra, do fato individual ao padrão de comportamento?

O limite do procedimento antropológico está também naquilo que é o eixo de sua riqueza: o *fazer etnográfico,* centrado na pessoa do etnógrafo — para sermos mais exatos, de *um* antropólogo — que vai a campo: olhar treinado e atento, convive, observa, descreve, faz perguntas, ouve histórias, familiariza-se, busca sentido e reconstrói uma totalidade mais ou menos coerente em seu texto etnográfico. A síntese a ser feita por esse sujeito que etnografa exige tempo. Por outro lado, áreas como a epidemiologia, a demografia e a própria sociologia têm abordado a sexualidade com as ferramentas que lhes são familiares: procedimento amostral e aleatoriedade, que, no entendimento desses campos, garantem representatividade e significância estatística. Temos, assim, o *survey* em sua forma tradicional, questões fechadas, pré-codificadas, neutralidade na aplicação do "instrumento" — em resumo, a possibilidade de poder lidar com um número (quantitativamente) representativo de casos.

Não se trata aqui de nos alongarmos em apontar as limitações e as vantagens dos diferentes procedimentos, já por demais conhecidas; trata-se, antes, de esclarecer que em nossa pesquisa optamos por manter uma abordagem antropológica do objeto, por meio de um procedimento etnográfico na coleta dos dados, no recolhimento de material denso, textual, “qualitativo”. No entanto, ampliamos numericamente o universo a ser estudado de forma a nos permitir também análises estatísticas. Trata-se, portanto, de um modelo de pesquisa preocupado com a interface entre dados qualitativos, sistematização dos dados, quantificação e análise, em uma perspectiva que contemple tanto as minúcias e sutilezas dos dados, quanto sua possibilidade de generalização.[4]

Partimos de uma proposta antropológica, o que significa, grosso modo, ter como perspectiva a apreensão da vida social enquanto totalidade na qual representações e práticas relativas à *sexualidade* — que é domínio específico e foco dessa análise — inserem-se em um sistema de crenças, valores, representações sociais, organização familiar e de subsistência, entre outros, e só fazem sentido quando referidas a essa globalidade de *disposições sociais*. Nosso intento é o desvelamento de significados (no sentido semiológico), e não apenas a correlação quantitativa de eventos empíricos.

Da pesquisa mais ampla, podemos traçar um quadro no qual os tópicos relativos à sexualidade ou com implicações para o entendimento do comportamento sexual dos jovens ganhem maior significação. Primeiro: embora a população estudada seja socioeconomicamente homogênea, a especificidade de gênero orienta diferenças importantes, ou até mesmo radicais, no que se refere a práticas e valores relativos à sexualidade. Há, sobretudo, diferenças marcantes quanto às formas de prazer sexual e aos modos de sexualidade. Essas diferenças entre masculino e feminino, de expectativas ou práticas, acentuam-se com a idade: quanto mais velhos(as), maiores as diferenças.

Segundo: a organização familiar predominante é a de família extensa, de orientação matrifocal. O fenômeno de *circulação de crianças* — ou seja, adoção informal de crianças, na qual estas permanecem na parentela consangüínea ou afim — marca a organização da unidade doméstica nesse grupo. Isso significa que um filho é extremamente importante, um elemento facilitador de alianças sociais nesse contexto.[5]

Tais dados chamam a atenção para o fato de que as famílias de classes populares vivendo em situação extremamente precária mantêm uma organização familiar sólida, isto é, as relações de parentesco são um elemento fundamental para esse tipo de organização social. As trajetórias e opções dos jovens que iniciam sua vida sexual e/ou reprodutiva se dão nesse contexto e marcam o papel que o exercício da sexualidade terá na construção de possíveis estratégias matrimoniais que os levarão a entrar no mundo adulto.

Terceiro: encontramos um alto índice de práticas abortivas nessa população: 34% de aborto induzido. Acrescente-se aqui uma grande ambigüidade sobre a própria definição do aborto; muitas vezes a prática abortiva é tomada como um procedimento regulador da menstruação.[6]

Passaremos agora a focalizar especificamente as questões relativas à sexualidade adolescente e, sobretudo, os dados referentes à iniciação sexual. A seguir é apresentada uma seqüência de relatos que consideramos representativos desse universo. Tais narrativas estão na voz do antropólogo e foram extraídas do relatório de campo.[7] Os nomes dos informantes são fictícios.

Tornar-se Mulher: Violência, Contingência e Prazer

- Maria tem 15 anos e fala muito em *carinho*: "tudo dá prazer, mas tem que ser com carinho". Ela diz que o gozo é diferente para o homem e para a mulher, porque o homem "como se diz, assim, ele se acaba, e a mulher não". Diz que sente "um friozinho na barriga". A ênfase em uma noção de carinho relaciona-se com experiências anteriores que envolveram violência e, sobretudo, sua primeira experiência sexual. Ela contrapõe carinho com aquilo que entende que não teve. Maria conta como se deu sua primeira relação sexual, "como me perdi", indicando com isso a *perda da virgindade*. Em uma visita a parentes no interior do estado, ela conheceu um rapaz e num dos encontros "ele tentou me agarrar, mas eu resisti". Havia um riacho, ela se atirou e conseguiu escapar. Mas ele a beijou. Ela disse que nunca tinha sentido um beijo assim. Depois de uns tempos, esse rapaz veio visitá-la em Porto Alegre, eles foram para a casa de uns amigos e *transaram*. Ela diz que a relação foi muito violenta, que ela ficou sem nem poder caminhar no dia seguinte. Maria tinha então 11 anos. Disse que sua mãe perguntava por que ela estava andando daquele jeito, "toda dura", mas ela não contou nada. Maria relata outras experiências anteriores como *violentas*, quando ainda tinha 10 anos. Foi visitar um parente da mãe que morava na área rural, com um tio, muito mais velho do que ela. À noite, quando desceram do ônibus e caminhavam por um campo, o tio tentou agarrá-la, "me pegar à força". Ela, primeiro, caiu, mas depois conseguiu correr até a casa de sua parente. O tio "estava bêbado, e sempre que ficava bêbado ele queria agarrar as gurias".

- Lúcia, 16 anos, teve a primeira relação sexual, ou, em suas palavras, "me perdi", com 13 anos. Sentiu uma "fincada" na vagina, mas diz que não fez "fiasco". Quando viu o sangue ficou com "nojo". Às vezes pensa que teria sido melhor seguir o conselho da mãe: "não me entregar e casar de véu e grinalda", como suas irmãs. Isso, ela avalia, possibilitaria que tivesse um marido e uma casa, agora. Seu atual namorado mora em outra vila. Ela vai para a casa dele duas vezes por semana e nos fins-de-semana, quando mantêm relações sexuais. Lúcia diz que as relações lhe dão vergonha e por isso *transa* no escuro, na casa dos pais do namorado. Considera o prazer sexual diferente para o homem e para a mulher: "acho o homem mais ansioso, muito apressado." Quando a relação "esquenta", ele começa a lhe apertar muito e a falar "de tudo", emitindo sons e grunhidos, o que a assusta um pouco. Ela acha que não fica grávida porque "ele sempre acaba antes". Lúcia também comenta sobre uma interação homossexual, referindo-se a uma "machorra" que atualmente é companheira de sua prima. Elas dançaram juntas em uma festa, mas essa mulher começou a apertá-la e "dizer coisas" em seu ouvido. Ela não gostou e tudo acabou ali mesmo. Lúcia deixa claro que essa pessoa possui um espaço no grupo de amigas. Comentou também uma experiência em que um rapaz acabou "ficando" com ela e outra amiga, "transando com as duas". Embora isso tenha acontecido com ela, ela não acha certo.

- Júlia tem 12 anos; Jacinta, sua irmã, tem 14. Júlia diz: "Eu sabia o que eu queria desde 11 anos, mas eu não tenho mais esperança porque o cara que eu gosto vai casar. Eu agora vou namorar, depois noivar, depois casar, e só depois do casamento vou ter relações. Todo mundo diz que eu não agüento, mas eu agüento, sim." Júlia é vista na família como "inteligente" e "responsável". Jacinta, no entanto, é vista como "fraca da cabeça". Essa fraqueza é percebida como relacionada com sua sexualidade; isso vem acompanhado do comentário: "ela deixou acontecer o pior". Jacinta conta que foi "violentada" pela "primeira vez" em um baile; o rapaz explicou a ela que não tinha acontecido nada, mas ela não tinha certeza disso. Ela conta então que resolveu ir à outro baile e que foi "de novo violentada"; diz que dessa vez ela foi "desvirginada mesmo". Jacinta, ao dizer isso, cruzou as pernas, ergueu os ombros, arrumou-se na cadeira e, do alto de seus 14 anos, olhou para a irmã que estava sentada no chão e comentou: "já sou mulher".

- Eliana tem 14 anos e namora um rapaz do interior; eles são primos distantes. Ele foi seu primeiro namorado e com quem teve a primeira relação sexual; ela acha que está grávida e resolveram que ela vai morar com o namorado na casa dos pais dele. Acha ruim a idéia de ficar longe da mãe: "Sinto falta dos dois, do pai e da mãe."

- Rosa, hoje com 15 anos, iniciou-se sexualmente "com violência". Ela conta que sofreu agressões do primeiro namorado, na sala de sua casa, quando tinha 12 anos: todos estavam em casa, perguntaram se estava havendo alguma coisa e ela respondeu que não, só sentia "cócegas". Ela conta ter sido então, nessa situação, esbofeteada e violentada.

- Helena, 16 anos, conta que suas primeiras experiências sexuais foram com violência, porque foi "pega à força", mas, segundo ela, "nada aconteceu", referindo-se ao fato de não ter perdido a virgindade naquele momento. O segundo namorado, aos 14 anos, também quis pegá-la à força, mas ela acabou "deixando" e resolveu fugir com ele. O relacionamento durou três meses, até que ouviu os apelos da mãe em um programa de rádio e resolveu voltar para casa. O atual namorado "tem casa pronta, profissão, agora está bom".

- Marion, 16 anos, diz que "os guris aqui começam a incomodar as mulheres" aos 11 anos. "Meu pai, coitado, achava que eu era moça, mas eu já tinha 12 anos e, quando ele ia trabalhar, eu namorava um rapaz do quartel, que pulava o muro."

- A primeira relação sexual de Luciana foi aos 13 anos, sem preocupação com contracepção, pois ela diz que não sabia nada sobre isso. Queixa-se que a mãe nunca lhe deu informações a esse respeito. Na primeira relação sexual, diz que sentiu muita dor, que foi "traumático" para ela e para o namorado, pois ambos eram virgens e inexperientes. Ele não sabia o que fazer. Luciana diz que desconhecia que o homem ejaculava dentro da mulher. Ela queria saber o que era aquilo, ele ficou envergonhado e não respondeu. Luciana, agora com 15 anos, tem outro namorado, mas diz que acha "chato" começar a prática sexual: "Talvez seja um bloqueio". Mas, depois que começa, diz gostar. Acha os homens muito diretos e rápidos: "Agarram e apertam rapidamente, é demais." Os homens insistem no sexo, quando ela às vezes não está "a fim de fazer". "Isto é bastante desagradável. Quando digo não, eles ficam emburrados, homens têm sempre um fogo! É impressionante!"

- Ângela tem 20 anos e disse que sua atividade sexual nunca foi muito freqüente. Teve sua primeira relação sexual aos 19 anos; aos 18 anos teve uma relação que não considera "válida" porque não sentiu prazer. Sua primeira relação de "verdade" foi com seu primo do Rio de Janeiro, quando ficou grávida. Ângela acha que o prazer para o homem e para a mulher são semelhantes, porém a mulher é mais sensível e o prazer mais complicado, enquanto para os homens é mais fácil, pois parecem ser capazes "de sentir prazer com qualquer mulher".

A Iniciação Masculina: Conquista, Desejo, Desempenho

- João, 20 anos, diz que pode considerar que se iniciou sexualmente aos 9 anos, quando uma vizinha "mamou" nele. Lembra da surra que tomou da mãe por isso.

- José, 15 anos, teve sua primeira prática sexual "pra valer" com sua primeira namorada, uma amiga de infância. Disse que em relação ao sexo descobriram e aprenderam tudo juntos. Quiseram experimentar tudo e assim o fizeram. Sua primeira relação sexual, com uma prostituta, "não foi grande coisa". Insiste que em uma relação sexual se pode fazer tudo quando se gosta: "vale tudo, até por trás, desde que a gente se goste." No momento está sem namorada, então não está tendo relações sexuais. "Dá muito trabalho e toma tempo essa coisa de conquistar uma guria."

- Diogo, 20 anos, disse que sua primeira relação sexual aconteceu aos 15 anos com uma mulher casada, "uma coroa", e foi "apavorante". Aconteceu num sábado, na saída de uma festa: "eu tinha moto e ela me pediu carona pra casa, após uns papos ela me abriu um sorriso (...) a mulher me convidou pra entrar em casa e começou a tirar minha roupa, eu fiquei envergonhado, lembrei que minha roupa de baixo estava rasgada, pedi pra ela que apagasse a luz. Foi tudo rápido (...) fiquei assustado com os gritos da mulher, logo tive que sair da casa porque o marido ia chegar. (...) Depois, fui umas três vezes comer essa mulher, ela me ensinou bastante. (...) Agora eu transo quando pinta, tô amarrando o bode, faço mais ou menos uma vez por mês, mas já faz uns três meses que não consigo nada, tô na espera. Nesses momentos a gente precisa ter dinheiro para caçar bem, geralmente trepo uma vez por mês."

- Antônio, 20 anos, teve sua primeira relação sexual aos 15 anos. Na época trabalhava em um supermercado como empacotador e foi assediado por uma auxiliar de caixa: "a cabeça de um guri do interior é completamente diferente; com 15 anos eu não sabia muito, a gurizada aqui já tá na punheta com 6, 7 anos." Afirma ter aprendido tudo com essa primeira relação, que durou vários meses. Ela tinha 23 anos e era mãe. Diz que em sua primeira relação ele sentiu muito medo, dor e sangrou bastante durante a transa. Queria ter ido morar com ela na época, mas quando falou para sua mãe ela não admitiu. Afirma que atualmente não tem uma parceira fixa: "final de semana fico com uma, no outro, já fico com outra; transo quando pinta."

- Carlos, 19 anos, teve sua primeira experiência sexual em uma boate, para onde foi levado por seu pai. Conta que escolheu uma mulher "bonitinha", mas o pai fez com que ele mantivesse relações com uma mulher mais "madura e gorda": "ela teve até que ficar sentada em cima."

- Pedro, 19 anos, conta que começou sua atividade sexual aos 10 anos "com as meninas que eram comidas pelo pessoal" na vila. Contou que fazia chantagem com uma menina: se "ela não desse", ele contaria para seus pais. Depois ficou tudo mais difícil [escassez de parceiras]. Uma vez seu primo convidou-o para ir mexer com os "putos da [rua] Farrapos". "Mexer" era fazer com que os "putos chupassem" e "dessem o rabo". Pedro acha melhor transar com mulher, mas que "têm uns travestis que são bons no mexe". Certa vez teve uma relação com uma menina que "dava para todos"; soube depois que ela estava grávida e afirmava que o filho era dele, por isso bateu na menina a ponto de ela ir para o hospital, onde "perdeu a criança". Agora se diz "arrependido": "já fui na Igreja e isso me alivia."

- Fernando, 20 anos, conta que sua iniciação sexual se deu quando tinha cerca de 13 anos, com dois primos que moravam no mesmo terreno. Com o primeiro primo "se comia de a meio",[8] e o segundo "é o amor da minha vida: ele me deu um beijo." Fernando afirma que, depois da morte de sua mãe, teve "que levar muita tijolada para criar minha identidade de homossexual". Diz que aos 15 anos foi estuprado por um marginal na vila: "foi uma violência, fiquei com medo de tudo".

- Luiz, 20 anos, teve a primeira relação com uma namorada; ele tinha 16 anos e ela também. Acha a fidelidade fundamental e diz que em matéria de sexo só gosta do "normal": "boca com boca, seios com os peitos, vagina com o pau".

- Alex, 17 anos, teve sua primeira relação sexual com uma prima, aos 12 anos. Diz que se "transar" todos os dias fica com dor de cabeça. Atualmente, afirma ter duas namoradas e conseguir "satisfazer as duas": "elas não reclamam", mas ele desconfia que elas possam ter outro. Conta que suas relações não duram mais de um ou dois meses, "senão elas acabam agarrando a gente".

- Rafael tem 18 anos e aos 16 teve a primeira relação sexual com aquela que é hoje sua esposa. Ela tinha a mesma idade que ele, engravidou naquela primeira relação e decidiram casar-se [ir morar juntos]. Demonstra um certo embaraço ao abordar o tema sexo, mas diz que "em sexo vale tudo, desde que não seja oral, anal ou durante o período menstrual da mulher".

- Raimundo, 20 anos, afirma que sua primeira relação sexual "livre" foi aos 17 anos, sem ter que "comprar o prazer". Seu pai era pastor, pregava para converter as prostitutas e ele cresceu em meio a elas, iniciando-se aos 13 ou 14 anos, mas "pagando". Raimundo lembrou que a gurizada diz que quando fica muito tempo sem transar a "porra sobe para a cabeça"; ele acha que isso tem cabimento, mas não exatamente o sêmen: "a energia sobe para a cabeça e tira a pessoa de outras atividades." Diz que gostaria de ter uma companheira fixa, para não ter que ser tão "promíscuo".

- Guilherme, 18 anos, conta que sua primeira relação foi aos 12 anos com outros garotos: "se vale meia, foi com 12, sabe como é, sempre tem um guri que gosta de dar mais que os outros, então daí a gente ficava pegando mais ele. (...) Isso foi ainda antes de vir pra Porto Alegre, lá no interior." Diz que às vezes costuma transar mais, mas outras nem se interessa por mulher; acha que isso tem a ver com sua fertilidade.

- Leandro, 21 anos, conta que sua primeira relação sexual foi aos 12 anos, com uma guria, na casa da tia dele. Afirma que a menina gostava dele e que namoraram três anos. Considera que os homens sempre gostam de ter relações sexuais, muito mais do que as mulheres. Diz que o homem deve fazer o "normal" com a mulher dentro de casa e outras coisas na rua. Na rua "vale tudo": "curtição e zoeira"; em casa é lugar de "confiança e carinho".

Com Afeto ou com Violência

As narrativas indicam distintas modalidades de iniciação sexual e diferenciam-se em dois níveis: primeiro, entre os gêneros, indicando também diversidade de masculinidades e feminilidades. Segundo, em cada uma das variantes mais abrangentes de gênero (masculino e feminino), podemos pensar em tipos de iniciação e de projetos reprodutivos, em sua dimensão de relações sociais. Nesse caso, ainda que a iniciação sexual masculina e a feminina sigam padrões semelhantes — que poderíamos classificar em "igualitários" e "violentos" —, o conteúdo de cada uma dessas modalidades é diverso.

Temos então, em primeiro lugar, a iniciação sexual de tipo *igualitária*, entre jovens da mesma idade e com a mesma bagagem de experiência, isto é, praticamente sem experiência sexual anterior, cujo envolvimento afetivo entre os parceiros e a sedução mútua são descritos como o elemento-chave da relação. São os casos de Eliana, Ângela, José e Luiz, que parecem seguir o padrão de uma gravidez não planejada, à qual se seguirá uma aliança demarcada como tal pela coabitação. A menina vai viver na casa dos pais do rapaz, pelo menos por um determinado período. Percebe-se claramente, com base na totalidade dos dados da pesquisa, que esse movimento de *virilocalidade* é provisório. Mesmo no caso de iniciação sexual entre jovens mais ou menos da mesma idade que não implique gravidez, há a alternativa de "fugir de casa"; nesse caso, referindo-se à menina. Ela sai de casa e vai morar na casa dos "sogros". Ambos os movimentos, por sua recorrência, parecem ser formas legítimas e aceitáveis de demarcação de uma nova união.

Esse tipo de iniciação está muito associado a uma idéia de liberdade de escolha do parceiro: a iniciação toma uma forma que poderíamos chamar de "romântica". Trata-se da iniciação, para cada um dos jovens, de sua vida sexual ativa, da vida reprodutiva, do casamento e da "adultez", tudo isso mais ou menos encadeado de forma a aparentemente não haver possibilidade social de escolher apenas um desses eventos: eles vêm em "pacote". Esse padrão de iniciação sexual poderia ser denominado também de "por amor", tendo este *por amor* a conotação de "livre escolha" de parceiros, bem como a de desejo (ou "tesão") naturalizado como a forma corporal do afeto: "aquilo que não se pode evitar", "mais forte" do que a vontade dos parceiros envolvidos. Não se pode deixar de observar o número de relatos, masculinos e femininos, em que há relação de parentesco entre os parceiros. Trata-se de parentesco horizontal, uma relação entre primos, até mesmo na relação sexual entre meninos. Quando laços de parentesco se sobrepõem aos de afetividade, há maior ênfase na noção de que a relação se dá entre *iguais*.

A iniciação de tipo *violenta* (ou ao menos descrita como tal) envolve exatamente o oposto da "livre escolha": "foi à força" ou "foi forçado". É interessante notar que ela se dá tanto com meninas quanto com meninos, mas de forma muito diferenciada. No caso das meninas, ela ocorre pelo uso da força ou em uma situação forçada geralmente por parceiros mais velhos. A identificação de *violação*, em vários casos, é ambígua e parece acompanhar uma ambigüidade mais ampla do momento de iniciação na vida sexual ativa de cada jovem, quando se fazer disponível em um possível mercado matrimonial torna-se necessário; o modo prescrito ao feminino para fazê-lo, porém, é com recato.

No caso dos meninos, a violência pode ser identificada quando se trata da iniciação sexual com mulheres mais velhas ou profissionais do sexo; nesses casos, eles se percebem como não tendo escolhas e, nesse sentido, seria um *abuso que gera medo* ("apavorante", diz Diogo). A idéia é de coerção, mas não de uso de força. Para meninas e meninos, a idéia de falta de prazer ou mesmo de dor física aparece associada à de violência.

É interessante notar que o "abuso" sofrido pelo homem, no caso de uma relação imposta, é percebido por este como contingência, ou seja, a sedução da qual ele é objeto é percebida como *desafio* e *enfrentamento* no sentido de que ele, como homem, não pode "deixar de encarar". Já à mulher, quando é vítima do assédio e abuso sexual, cabe resistir e, se ela resiste, o desfecho é o ato de violência. Ou seja, um e outro movimento estão encompassados pelas modalidades prescritivas de construções do significado do *ser homem* e do *ser mulher*.

Em alguns casos, como o de Jacinta, o relato de violentação pode ser lido como uma ritualização, parecendo haver uma confusão entre o defloramento e a dor do defloramento, entre violação e violentação. De qualquer maneira, o que fica claro é que a iniciação sexual nesses casos é percebida pelas meninas como atos masculinos que envolvem coerção ou violência. Para ambos, meninos e meninas, a desinformação no momento da iniciação sexual prematura assume, por vezes, uma dimensão dramática: este é o caso tanto de Antônio, que parece confundir um problema de fimose com o equivalente a um hímen feminino, quanto o de Maria, menina de 11 anos para quem a dor da penetração é percebida como violência, ainda que no contexto de uma relação sexual desejada. Quando a violência sexual é impingida por um homem a outro homem, porém, não resta dúvida de que se trata de um ato de violação, como relata Fernando.

Nas narrativas sobre iniciação sexual são acionados valores diferenciados para explicar aquilo que para o feminino é tido como "entrega" e aquilo que para o masculino é "fazer o trabalho". Em outro estudo, considerando o contexto mais amplo da sexualidade (Leal & Boff, 1996), indicamos que as falas das mulheres sobre sexo, em geral, são pontuadas com operadores discursivos de recato, mesmo que o conteúdo expresso seja revelador, ousado, explícito. Já as falas masculinas, ainda que com exceções, organizam-se em torno da idéia de força, virilidade, ser capaz de "dar conta do recado", de "fazer o trabalho". Tais noções, ricas de significações, apontam fundamentalmente para expectativas diferenciadas no que se refere à intimidade e ao desempenho sexual, sugerindo uma certa tensão na própria constituição relacional dos gêneros. Apontam, sem dúvida, para modalidades de passividade e atividade no eixo de gênero.[9]

Observe-se ainda que, considerando todos os casos analisados nessa pesquisa, a iniciação sexual masculina através de uma relação homossexual, tal como é definida nesse caso — isto é, de meninos da mesma idade que consensualmente estabelecem uma relação sexual em que faz parte do pacto se alternarem em papéis que identificam como de "ativos" e "passivos" —, comporia um terceiro padrão de iniciação, que poderíamos chamar de *igualitário-homossexual*. No caso feminino, ainda que haja eventual referência à homossexualidade, em nossos dados não aparece como um padrão recorrente de iniciação sexual feminina.

Iniciação Sexual, Estratégias Matrimonais e Passagem para a "Adultez"

A definição de que faixa etária corresponde à adolescência, ou o que significa ser adolescente na especificidade dos grupos populares, merece uma observação. Ainda que toda a literatura médica e de orientação psicológica refira-se ao fenômeno do alargamento dos limites etários para esse período da vida — ou ao da prorrogação da adolescência, do adiamento da entrada no "mundo adulto" no qual o sujeito assumiria uma série de responsabilidades em sua vida, entre elas a reprodução —, tal postergação certamente não se verifica nos grupos populares estudados.

Nessa pesquisa, para não trabalhar com um intervalo arbitrário de idade, buscamos demarcar fases na *trajetória de vida*. Do ponto de vista feminino, trata-se do que as próprias mulheres percebem como indicadores (biológicos) de mudança de status — a menarca, a primeira relação, a maternidade —, cada um deles demarcando fases no processo de "tornar-se mulher".[10] Já em relação ao masculino, as mulheres indicam que um homem passa a ser adulto *com o casamento*. No entanto, para os próprios homens, eles "amadurecem", no sentido de amadurecer física, emocional e moralmente, e então, como conseqüência desse amadurecimento, se casam. Para eles, a acumulação de experiências sexuais faz parte desse processo de *amadurecimento*. Sem dúvida, *elas* e *eles* estão dizendo coisas essencialmente diferentes, e aqui, uma vez mais, identifica-se uma tensão de gênero.

Nessa mesma perspectiva, para fins analíticos, construímos variáveis categóricas levando em conta a noção de *fase de vida*, classificando os entrevistados em: "jovem", se o entrevistado ainda é filho(a), solteiro(a) e dependente em uma unidade doméstica ascendente; "dependente", se casado mas dependente, inclusive morando ainda na unidade doméstica de origem ou do progenitor do esposo; e "independente", quando mora só, com o cônjuge ou com sua própria família descendente. Para o total da população estudada, apenas 52% estariam na posição de "adultos plenos".

Como já foi mencionado anteriormente, a organização do parentesco e das unidades domésticas obedece a um padrão, tomando o(a) entrevistado(a) como referência, prioritariamente *matrilocal* e *matrifocal*, isto é, as unidades domésticas estão localizadas preferencialmente na casa da esposa ou no terreno da família da esposa (cerca de 50% dos casos). Como é comum, não se trata apenas dos pais da esposa, mas também de avós maternos ou parentela materna da esposa.

Um dado extremamente importante, no contexto da reprodução biológica e social, é que há um movimento de *virilocalidade*, inclusive como estratégia de constituição e legitimação social da aliança. Isto é, ao constituir a aliança, é comum que o local de residência seja a casa (ou terreno) da família do esposo, para só mais tarde o casal ir estabelecer-se tendencialmente junto à unidade doméstica da esposa (matrilocalidade/uxorilocalidade). As alianças que constituem um padrão de coabitação *neolocal* estão claramente associadas a um projeto de vida em que há as seguintes etapas: namoro; às vezes noivado; depois casamento; o estabelecimento da coabitação; e, finalmente, a iniciação sexual e a gravidez. Tais etapas ocorrem em 20% do total da população estudada.

Vale a pena chamar a atenção para essa associação clara entre modalidades de estratégias matrimoniais. A *análise fatorial de correspondência*[11] (Figura 1) evidencia essa associação entre a variável *neolocalidade* e aquilo que chamamos, como uma das possíveis estratégias matrimoniais, "não casou grávida(o)". Além disso, no gráfico, há uma associação clara entre *virilocalidade* e "casar grávida(o)" e entre *matrilocalidade* e "fugir de casa". Esse entrecruzamento entre variáveis que correspondem a *estratégias de aliança* e ao *lugar atual* de residência nos parece extremamente revelador da imbricação *sexualidade, reprodução* e *organização social*.

Esse é um corte temporal que se refere ao momento da pesquisa; portanto, em qualquer momento dado, o local de residência se distribuirá mais ou menos dessa forma. No entanto, se acompanharmos, através das histórias de vida, o dinamismo dos projetos ou eventos reprodutivos e dos arranjos sociais, "ficar grávida antes do casamento" e "assumir a gravidez" (e as modalidades do assumir são muitas) significa constituir uma união, casar-se, coabitar, geralmente passando a morar na casa da mulher. O "fugir de casa" acaba funcionando como tornar público o início da atividade sexual, uma união que, se não conjugar todos os imperativos morais ou expectativas dos pais da moça, deve ser demarcada com a "fuga". A "fuga" é um padrão estabelecido, uma estratégia tácita para legitimar a união a partir do estabelecimento da residência do novo casal na casa do homem (dos pais do rapaz).

A gravidez aparece como uma estratégia de aliança especialmente entre as adolescentes, o que não é tão claro no grupo masculino. Cabe notar que, nesse contexto, a gravidez na adolescência não é percebida como um "problema", ao contrário do que a medicina clínica concebe. Ocorrida a gravidez, estabelece-se uma intensa negociação em torno de quem irá potencial e socialmente "assumir" ou "reconhecer" a criança/gravidez: essa pessoa pode ser qualquer parente da criança que se responsabilize por ela; pode ser o próprio pai ou mãe da criança, ou ainda seus avós maternos.

Encontra-se nesse grupo uma enorme valorização cultural da gravidez, e isso independe de nuances nos depoimentos masculinos ou femininos. Toda a literatura antropológica aponta para esse fato. No entanto, essa valorização é de tal ordem (sobretudo a primeira gravidez) que nos permite levantar a hipótese de que, para as classes populares urbanas, imersas no contexto da modernidade (mesmo que a comunhão desses valores se dê de forma desigual e ambígua), também há muito a "virgindade" deixou de ser um valor (inclusive no mercado matrimonial), passando a gravidez a ocupar esse espaço como indicador concreto de compromisso afetivo. Melhor dito, a valorização da gravidez é redimensionada ou ressignificada, não funcionando mais em termos de essencialidade identitária do feminino, mas sim em termos de elemento fundamental em uma rede de arranjos domésticos, de consangüinidade, de afinidades, papéis e prestígios sociais.[12]

Tanto na perspectiva masculina quanto na feminina, a gravidez ou sua possibilidade é um elemento fundamental no contexto cultural e no modo de organização familiar desse grupo. Isso torna também o seu inverso (a interrupção da gravidez) uma possibilidade igualmente legítima, ou melhor, diferencialmente legitimável, segundo a circunstância e a avaliação estratégica das contingências empíricas da situação.

O aborto — a interrupção do processo de concepção — é sempre o resultado de uma discussão social, estabelecida em termos de uma negociação de gênero entre o masculino e o feminino. A negociação envolve a noção de "assumir", necessariamente correlata à noção de concepção. Dito de outro modo, o contexto social ampliado — que envolve ou pode envolver a reprodução biológica — é um fator determinante no modo com que se reconhece inicialmente a existência de um ser humano no útero materno. Esse fator é o mais importante porque se sobrepõe até mesmo à leitura dos diferentes sinais espalhados pelo corpo da mulher no momento em que se define se ela está ou não grávida. Em um universo em que a maternidade é tão valorizada, a gravidez se apresenta como um momento crucial do ponto de vista sociológico. A gravidez, quando reconhecida, envolve a produção social de pelo menos duas pessoas: a criança e a mãe. Não menos importante, mas com menos freqüência, envolve também a produção social de um pai — o que tem conseqüências intensas com relação à reprodução social.[13]

Modos de Sociabilidade e Modos de Sexualidade

Para pensarmos as questões relativas a jovens e gênero, uma análise interessante é a do mapeamento das redes sociais, ou seja, verificou-se em que rede cada sujeito se situava em termos de atividades de lazer e espaço de sociabilidade prioritário. A Figura 2 nos mostra uma associação clara entre *mulher adulta* e atividades de lazer dentro de casa ou em torno de casa, restrita a redes vicinais de relações e de parentela. Acompanhando o gráfico, o *homem adulto* está associado ao bar como espaço privilegiado de sua sociabilidade. O mais interessante, porém, é que *mulher adulta, mulher jovem, homem jovem, homem adulto* e novamente *mulher adulta* conformam topograficamente um círculo de variáveis que são eqüidistantes entre si, indicando uma associação clara entre cada espaço de lazer e um desses segmentos específicos. O espaço que está igualmente associado a *mulheres jovens* e *homens jovens* é a atividade da festa, da dança, do baile. Percebe-se ainda a associação entre o *mais jovem* e o *mais velho,* tanto no caso feminino quanto no masculino, o que garante um espaço de sociabilidade de gênero (aglutinando o masculino de um lado e o feminino de outro), reproduzindo, ao mesmo tempo, uma segregação espacial de gênero.

Estamos tomando como variável discriminatória *gênero* — aqui pensada em termos analíticos (e não necessariamente no sentido sociológico), ainda que demograficamente essa variável se sobreponha à informação *sexo* — para esboçar um mapeamento de práticas e preferências sexuais (e foi possível visualizar isso a partir dos recursos estatísticos empregados), evidenciando-se uma tensão que se configura a partir das diferenças enunciadas pelo masculino e pelo feminino. Quando se acrescenta o recorte etário, tentando diferenciar *masculino*, *feminino*, *jovens* e *mais velhos,* as análises nos oferecem uma riqueza de associações possíveis.

A partir de dados qualitativos, construíram-se diversas variáveis sobre comportamento e expectativas sexuais. Ainda que algumas variáveis se sobreponham, essa foi a forma de testar a validade ou coerência das próprias categorias. Apenas para citar um exemplo, na variável designada "práticas sexuais possíveis" (Figura 3), classificamos as práticas, expectativas ou possibilidades de práticas sexuais em: *tradicionais* (quando o informante só pratica coito genital com parceiro do sexo oposto); *permissivas* (quando é declarado que "tudo" é permitido e claramente há uma conduta não-restritiva em relação a práticas sexuais); e *restritivas* (onde foram agrupados aqueles que fazem restrição a alguma modalidade de práticas sexuais, como as homossexuais ou posições do tipo "só não pode coito oral" etc.). Essas preferências têm um recorte agudo de sexo-gênero: os depoimentos dos homens associam-se a um ideal de práticas sexuais "permissivas" e os das mulheres, às práticas "restritivas". Acrescente-se a isso o recorte entre "jovens" e "adultos", onde o homem jovem se apresenta mais "conservador" em termos de possibilidades de exercício da sexualidade do que a mulher jovem.

Os dados mais gerais sobre sexualidade dessa investigação foram analisados em outro trabalho (Leal, 1998). Nosso desafio aqui foi o de pensar o exercício adolescente da sexualidade. Muito há ainda a ser dito, sobretudo quando começam a acumular-se, no Brasil, dados etnográficos que nos permitiriam realizar uma comparação entre regiões e entre classes, bem como uma frutífera discussão conceitual e metodológica. Entre esses trabalhos, cito especialmente o de Heilborn (1998) e o de Bozon e Heilborn (1996), que nos instigaram a organizar este texto, a retomar nossos dados e a perceber que o processo de iniciação sexual cumpre um roteiro de gênero.

Figura 1 — Estratégia para constituir aliança por localidade atual da unidade doméstica n = 202 (99 mulheres, 103 homens) (a superfície dos quadrados é proporcional à freqüência das categorias)

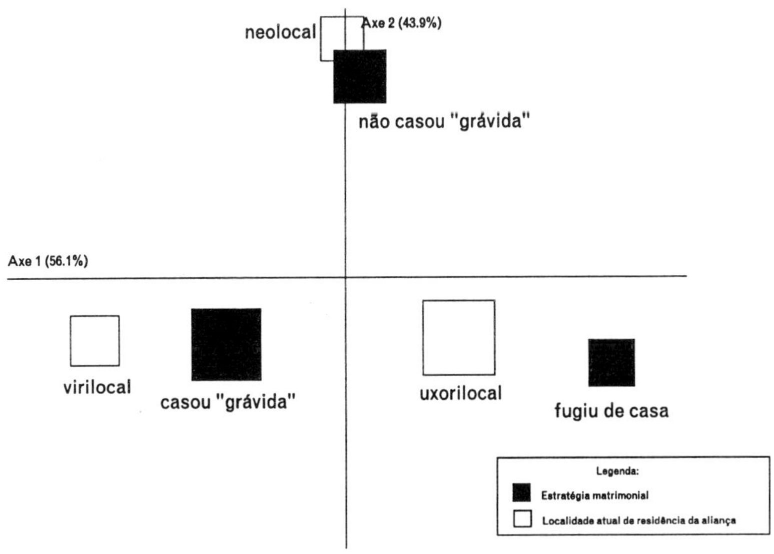

Tabela da Figura 1

Estratégia matrimonial	Localidade atual de residência da aliança		
	Uxorilocal	Virilocal	Neolocal
Casou grávida	25	17	8
Não casou grávida	12	5	9
Fugiu de casa	16	2	3
TOTAL	53	24	20

Figura 2 — Redes de sociabilidade por sexo e grupo etário
n = 202 (99 mulheres, 103 homens)
(a superfície dos quadrados é proporcional à freqüência da categoria)

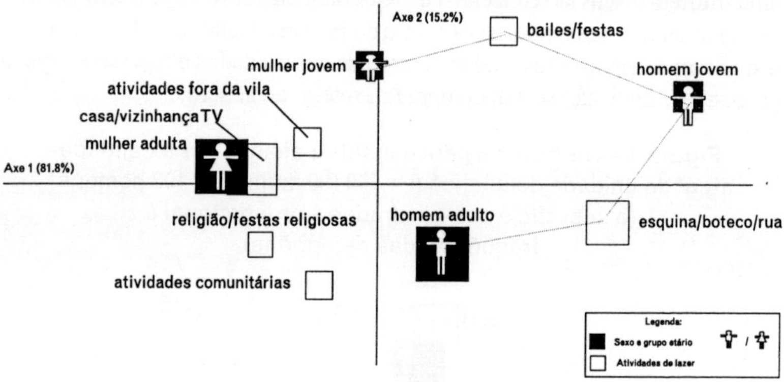

Tabela da Figura 2

Sexo e Grupo etário	Redes de sociabilidade					
	Casa/vizinhança/TV	Esquina/boteco	Bailes/festas	Religião/festas	Atividades comunitárias	Atividades fora da vila
Homem jovem	1	13	6	0	1	2
Homem adulto	23	29	5	7	10	6
Mulher jovem	9	4	3	1	0	2
Mulher adulta	39	3	6	9	10	11
TOTAL	72	49	20	17	21	21

Figura 3 — Práticas sexuais possíveis por sexo e grupo etário
n = 202 (99 mulheres, 103 homens)
(a superfície dos quadrados é proporcional à freqüência da categoria)

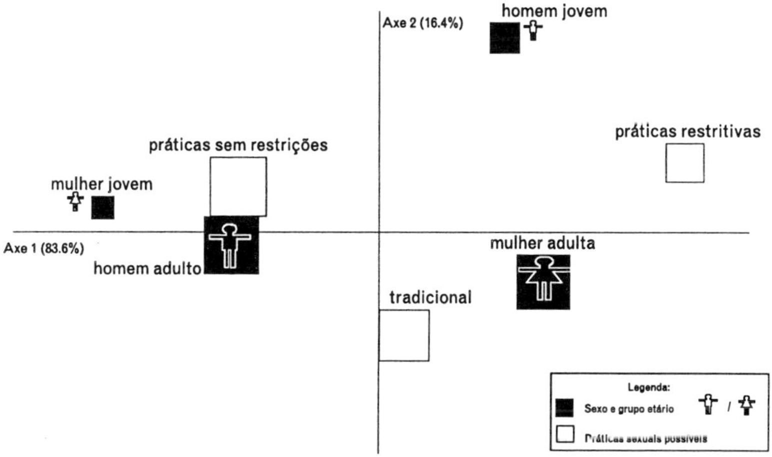

Tabela da Figura 3

Sexo/Idade	Práticas sexuais possíveis		
	Sem restrições	**Restritivas**	**Tradicional**
Homem jovem	11	8	4
Homem adulto	45	6	26
Mulher jovem	10	0	4
Mulher adulta	23	22	31
TOTAL	89	36	65

Notas

1. A pesquisa, intitulada "Body, Sexuality and Reproduction: A Study of Social Representation", recebeu o suporte financeiro do Special Programme of Research, Development and Research Training in Human Reproduction, da Organização Mundial de Saúde (1993-1996). Para maior detalhamento dos dados dessa pesquisa, ver Leal, 1998.

2. Referimos aqui textos clássicos da antropologia, como, por exemplo, *Sex and repression in savage society*, de Malinowski (1927), *Sex and Temperament in Three Primitive Societies*, de Margareth Mead (1950), entre outros.

3. A noção de "forma elementar do evento", referindo-se a eventos corporais, é de Augé, 1986. A bibliografia sobre o corpo enquanto elemento de significação, ou o corpo tomado de uma perspectiva cultural, é muito ampla.

4. Como já foi exposto, essa pesquisa foi uma tentativa de resolver metodologicamente essa questão. Nesse sentido, desenvolveu-se toda uma sistemática que pode ser resumida em: 1) forma de coleta de dados, priorizando a abordagem antropológica; 2) treinamento de pesquisadores para essa sistemática de observação e entrevista; 3) programa de recepção de dados que permitisse a organização de um banco de dados e seu gerenciamento informatizado; 4) sistemática de fechamento e análise dos conteúdos discursivos e fechamento de questões abertas, transformando-as em variáveis categóricas; 5) análise estatística dos dados; 6) análise antropológica dos dados. Para a análise estatística dos dados, usou-se fundamentalmente a técnica de Análise Fatorial de Correspondência Múltipla, além de análise de tabela de contingência e descrição multivariada dos dados. Para uma explicação detalhada desse procedimento, ver Leal e Fachel, 1995.

5. Sobre a circulação de crianças entre grupos populares, ver Fonseca, 1994.

6. Nesse estudo, 34% da população em idade reprodutiva fez um ou mais abortos. Chegou-se a esse índice considerando tanto as declarações femininas quanto as masculinas (o que não é um procedimento demográfico usual, em se tratando de questões sobre saúde reprodutiva). A questão colocada aos entrevistados referia-se a "ter tido um (ou mais) aborto(s) induzido(s)" em sua história reprodutiva; no caso dos homens, buscou-se igualmente essa retrospectiva cumulativa, mas, é claro, o evento aborto pode ter ocorrido a mais de uma mulher de suas relações. Se considerássemos apenas os depoimentos das mulheres, o índice para a incidência de aborto seria ainda maior: 43% das mulheres em idade reprodutiva teriam recorrido, pelo menos uma vez, a esse procedimento. Optou-se por manter o índice mais conservador e a amostra mais ampla, trabalhando com esse número como uma estimativa. No entanto, considerando declarações masculinas e femininas, é necessário explicitar que apenas 15% disseram que já tinham feito um aborto; nos outros 19% dos casos ficou claro, a partir de suas narrativas, que um aborto foi feito (entendido aqui como a interrupção voluntária de uma gravidez), embora a pessoa entrevistada não identificasse uma determinada prática abortiva como tal (ou o seu estado como sendo o de gravidez).

7. Os relatos das entrevistas estão organizados em um banco de dados informatizado. Essa pesquisa envolveu uma equipe de cerca de quinze antropólogos ou cientistas sociais com treinamento em antropologia. As entrevistas de orientação etnográfica foram de longa duração (em média, quatro encontros para concluir cada entrevista, com um total de até vinte horas). Por uma questão de controle dos dados, mantivemos o padrão de pesquisadoras mulheres para investigar o universo feminino e pesquisadores homens para o universo masculino. O desafio foi, sem dúvida, padronizar o olhar de diversos investigadores para um mesmo tópico, a fim de que fossem gerados relatos comparáveis entre si. Isso foi obtido através da constante interação entre os diversos pesquisadores.

8. "Se comia de a meio" é uma expressão utilizada no Rio Grande do Sul que indica um trato de reciprocidade nos usos sexuais entre adolescentes homossexuais

masculinos: "eu te como, depois tu me comes". Uma expressão equivalente na região Sudeste seria "troca-troca".

9. Ver ainda, a esse respeito, Leal e Boff, 1996; e Duarte, 1987, 1988.

10. Ver, a esse respeito, Victora, 1991.

11. Técnica estatística que permite medir e visualizar, de modo gráfico, o grau de associação entre um conjunto de variáveis qualitativas para uma determinada população. Trata-se de um método estatístico descritivo que nos permite perceber se há ou não correlações significativas entre variáveis categóricas. Essa técnica busca uma medida que nos indica se há tendências para determinadas associações. Além disso, variáveis que em uma tabela de contingência estão situadas como *variáveis-linha* podem ser tomadas, em outro momento de análise, como *variáveis-coluna*. O gráfico gerado pela técnica da análise fatorial de correspondência *não* indica uma relação de causa e efeito. Tal técnica é própria para explorar graficamente tabelas de contingências, levando o investigador a perceber associações possíveis e interpretá-las. Para exemplos de uso dessa abordagem, ver Bourdieu, 1984.

12. Trata-se, possivelmente, de um fenômeno mais global, e não peculiar apenas às classes populares brasileiras. Em geral, todos os dados, no Brasil ou em países desenvolvidos, apontam para o aumento (relativo) da gravidez na adolescência.

13. Ver nota 6. Para aprofundar essa discussão, ver ainda Leal e Lewgoy, 1998.

Referências Bibliográficas

AUGÉ, M. (1986) "Ordre biologique, ordre social: la maladie, forme elementaire d'évènement". In: AUGÉ & HERZLICH (orgs.) *Le sens du mal: anthropologie, histoire, sociologie de la maladie*. Paris, Archives.

BOURDIEU, P. (1984) *Distinction: A Social Critique of the Judgement of Taste*. Cambridge, Harvard UP.

BOZON, M. & HEILBORN, M.L. (1996) "Les caresses et les mots: l'initiation amoureuse à Rio de Janeiro e à Paris". *Terrain*, nº 27, Paris.

DUARTE, L.F.D. (1987) "Pouca vergonha, muita vergonha: sexo e moralidade entre as classes trabalhadoras urbanas". In: LOPES, J.L. (org.) *Cultura e identidade operária: aspectos da cultura da classe trabalhadora*. Rio de Janeiro, Museu Nacional/UFRJ.

———— (1988) *Da vida nervosa nas classes trabalhadoras urbanas*. Rio de Janeiro, Jorge Zahar.

FONSECA, C. (1994) "Children and social inequality in Brazil: a look at children circulation in the working class". In: RIZZINI (org.) *Children in Brazil Today: a Challenge for the Third Millenium*. Rio de Janeiro, Editora Universitária Santa Úrsula.

HEILBORN, M.L. (1998) "A primeira vez nunca se esquece". *Estudos Feministas*, vol. 6, nº 2. Rio de Janeiro, IFCS-UFRJ.

LEAL, O. F. (1998) "Cultura reprodutiva e sexualidade". *Estudos Feministas*, vol.6, nº 2. Rio de Janeiro, IFCS-UFRJ.

LEAL, O. F. & FACHEL, J.G. (1995) Antropologia do corpo e pesquisa sobre sexualidade: Dados qualitativos e tratamento estatístico, uma proposta metodológica. Trabalho apresentado no Grupo de Trabalho Pessoa, Corpo e

Doença, XVIII Encontro Anual da ANPOCS. Caxambu, Minas Gerais, novembro.

LEAL, O.F. & BOFF, A. (1996) "Insultos, queixas, sedução e sexualidade: fragmentos de identidade masculina em uma perspectiva relacional". In: PARKER, R. & BARBOSA, R. (orgs.) *Sexualidades brasileiras*. Rio de Janeiro, Relume-Dumará.

LEAL, O.F. & LEWGOY, B. (1998) "Aborto: uma contribuição antropológica à discussão". *Filosofia Política*, Nova Série, vol.2. Porto Alegre, LP&M.

VICTORA, C. (1991) Mulher, sexualidade e reprodução: Representações de corpo em uma vila de classes populares em Porto Alegre. Dissertação de Mestrado em Antropologia, PPGAS-UFRGS.

Gênero, sexualidade e juventude numa favela carioca[1]

Simone Monteiro

Este trabalho descreve as trajetórias e as experiências sociais de gênero e sexualidade de rapazes e moças moradores da favela de Vigário Geral, no Rio de Janeiro. Por meio dessa análise pretende-se contribuir para a discussão do alcance de propostas de prevenção centradas na alteração das práticas sociais.

A produção acadêmica sobre os modelos de prevenção adotados na primeira década da Aids, iniciada nos anos 80, tem revelado as restrições das políticas preventivas, centradas na transmissão de informações, na responsabilidade individual e no enfoque epidemiológico do risco. Entre as limitações dessas abordagens, salienta-se a presunção de uma homogeneidade de representações e práticas dos grupos sociais referentes à sexualidade e ao uso de drogas. Identifica-se ainda a pouca problematização das dificuldades de adesão às práticas preventivas e do acesso aos serviços de assistência. Isso significa dizer que tal visão não leva em conta a complexa dinâmica de fatores sociais, históricos e econômicos envolvidos na definição e mudança das práticas do cotidiano e, em conseqüência, daquelas relacionadas à saúde (Daniel & Parker, 1991; Bolton, 1992; Santos, 1992; Ingham *et al.*, 1992; Farmer, 1993; Patton, 1996).

Ao fazer um balanço das respostas sociais à Aids, Parker (1996, 1998) identifica, a partir dos anos 90, alterações nos paradigmas das pesquisas sociais e comportamentais voltadas para o controle da epidemia, como a ênfase nas dimensões social, política, econômica e cultural na análise das causas relacionadas à transmissão do HIV. Segundo o autor, as abordagens educativas centradas na informação e na responsabilidade individual foram sendo gradualmente substituídas por modelos multidimensionais, indicando uma mudança de paradigma na área das "pesquisas de intervenção".

De acordo com essas visões, os esforços para conter a disseminação da epidemia estão relacionados à busca da superação das desigualdades e injustiças sociais, por meio de ações globais integradas. Apenas mudanças na estrutura social, visando à conquista dos direitos básicos de cidadania e à eqüidade de oportunidade dos variados segmentos sociais e de gênero, podem diminuir a exposição ao HIV.[2] O aumento significativo do número de casos de Aids entre as populações de menor poder aquisitivo demonstra que as políticas de prevenção precisam considerar as conexões entre saúde pública, direitos humanos e transformações na estrutura social.[3]

Ressalta-se, todavia, que não basta apenas admitir as diferenças socioculturais entre as classes. Considerando a coexistência, nas sociedades modernas, de sistemas culturais diversos, que se apresentam como subculturas contrastantes, destaca-se a necessidade do reconhecimento das limitações da universalização da ideologia individualista que fundamenta os programas de prevenção hegemônicos. Compreende-se, assim, que a elaboração de abordagens educativas e as discussões sobre sua eficácia também dependem do reconhecimento da natureza simbólica das práticas dos sujeitos sociais. Tal ênfase nos remete à dificuldade de se compatibilizar o intuito do discurso preventivo de alterar, num curto período de tempo, práticas sociais internalizadas, reproduzidas e naturalizadas, que nem sempre são percebidas pelo sujeito como uma ameaça à saúde. Mesmo nos casos em que um determinado comportamento é percebido como de risco, não se pode esperar uma mudança imediata do mesmo, haja vista os vários fatores envolvidos na definição de uma prática que escapam ao âmbito da decisão racional individual decorrente do acesso à informação. Uma comparação que pode ser feita diz respeito às campanhas antifumo.

Considerando esse eixo de análise, este texto objetiva refletir sobre a experiência social do gênero e da sexualidade de jovens moradores de uma comunidade popular urbana, a favela de Vigário Geral, no Rio de Janeiro.[4] A metodologia utilizada, embora incorpore elementos da abordagem antropológica, não se identifica com um estudo clássico de etnografia. Foram privilegiadas entrevistas individuais aprofundadas, ao estilo história de vida, complementadas com três reuniões em grupo (uma só com moças, outra só com rapazes e uma com ambos os sexos)[5] e observações do contexto de sociabilidade, por meio de visitas à comunidade e manutenção de diário de campo.

A opção por realizar o estudo nessa localidade deveu-se à possibilidade de ampliar os contatos estabelecidos com um líder comunitário local durante a realização do vídeo *Formou o Bonde*,[6] em 1994. Cabe informar que Vigário Geral é considerado um local violento e perigoso devido à antiga rivalidade com a favela vizinha (Parada de Lucas), aos conflitos entre membros do tráfico de drogas e a polícia e às notícias sobre a chacina de 1993, quando 21 moradores sem envolvimento com o tráfico foram executados por policiais militares.[7] Desde outubro de 1996 a favela está ocupada pela polícia.

Universo do Estudo

Dos 32 entrevistados, dezoito são mulheres (a maioria entre 14 e 18 anos) e catorze são homens (prevalece a faixa de 15 a 19 anos). Criados na própria favela ou em outros subúrbios cariocas, com origem familiar no Rio de Janeiro, na região Norte ou Nordeste do país, esses jovens são filhos de donas de casa ou prestadoras de serviços domésticos. Seus pais trabalham na construção civil, transporte de cargas, segurança, manutenção, ou ainda como açougueiro, mecânico, metalúrgico e gráfico; alguns já se aposentaram. Com remuneração baixa, tais atividades sugerem pouca escolarização e falta de perspectivas de mudança no padrão de vida. No caso das mulheres é marcante a presença do universo doméstico; mesmo aquelas que trabalham fora exercem funções relacionadas ao mundo da casa, como faxineira, copeira ou passadeira.

Grupo doméstico

Em termos gerais, o tamanho da família é relativamente grande, em torno de cinco ou seis filhos. Há variações das combinações do núcleo familiar: pai (ou padrasto), mãe e filhos(as), ou apenas mãe e filhos(as), sendo que há situações nas quais a avó, sobrinhos(as), tios(as) e cunhados(as) são agregados a esse núcleo. Entre as moças que já experimentaram uma vida conjugal, três vivem na própria casa com o marido e uma divide o lar com outros membros da família. Outra voltou para a casa da mãe após se separar do marido. Há duas grávidas que não moram com os pais da criança.

A importância da mãe como núcleo de orientação de valores morais fica evidente nas respostas sobre as pessoas de confiança, capazes de influenciar o comportamento e ajudar nas situações de dúvida. A função da mãe como referência moral nos remete à predominância dos papéis sociais tradicionais femininos e masculinos nas expectativas e práticas de grupos populares. O compromisso social do pai (homem) está relacionado ao papel de provedor e articulador com o mundo público; a mãe (mulher), por sua vez, representa a força moral e a referência do mundo privado (a casa). Tal perspectiva tem sido assinalada em vários estudos antropológicos voltados para segmentos populares (Salem, 1981; Duarte, 1988; Guimarães, 1996; Heilborn, 1997; Gouveia, 1997).

Escolaridade

Ainda que todos tenham entrado no ensino formal por volta dos 6 anos, apenas a metade, quinze entre os 32 entrevistados, mantinha-se na escola. A maior permanência das meninas no sistema de ensino (onze moças e quatro rapazes) reflete os indicadores educacionais de um melhor desempenho escolar feminino. Madeira (1997) argumenta que esse sucesso é relativo, pois se insere na problemática mais ampla referente ao fracasso do ensino público junto a ambos os sexos, decorrente do caráter autoritário e homogeneizador do ensino, centrado em modelos de alunos idealizados.[8]

Madeira salienta ainda que a evasão escolar não pode ser entendida apenas do ponto de vista da sua relação com a pobreza e o trabalho infanto-juvenil. Segundo a literatura, entre crianças de camadas populares o trabalho não é contraposto ao estudo, relacionando-se à socialização e à "expectativa de reciprocidade e solidariedade na dinâmica familiar" (1997: 103). No caso do adolescente, a motivação para o trabalho está associada às ofertas do mercado, ao sentido de liberdade, à autonomia e à mobilização para o "consumo de símbolos juvenis". Justificar a incidência da evasão escolar entre camadas populares apenas pela necessidade de contribuir para a subsistência familiar é adotar uma visão reducionista.

Tal perspectiva vem ao encontro dos depoimentos dos(as) entrevistados(as). Todos foram unânimes em afirmar a importância dos estudos para aprender a ler e escrever, "ser alguém na vida", ter um emprego mais qualificado e obter reconhecimento social. As interrupções e o abandono do ensino formal ocorrem devido ao desestímulo (ausência de professores ou de vagas nos cursos noturnos), sendo que entre os homens predominou o "desejo" ou "necessidade" de trabalhar (para ajudar em casa, se divertir e adquirir roupas e tênis "de marca"); entre as mulheres prevaleceu a ocupação com tarefas domésticas, problemas familiares e gravidez.

Constata-se que a importância do investimento na educação formal não exclui o valor do trabalho para aquisição de bens de consumo e autonomia. Busca-se combinar a freqüência à escola com uma atividade remunerada. Os cursos noturnos podem facilitar essa conjugação. Entretanto, o cansaço e o desestímulo com o sistema de ensino levam à definição de uma escolha. Entre os rapazes prevalece a opção por uma função capaz de gerar recurso financeiro. A maioria das meninas solteiras tende a compatibilizar o estudo com as tarefas domésticas; contudo, aquelas com vida conjugal não se mantiveram na escola.

A percepção e a trajetória escolar do grupo pesquisado revelam que o fracasso do ensino formal entre setores populares não pode ser reduzido aos "problemas" individuais dos alunos. É preciso considerar as conseqüências das deficiências das políticas públicas no campo da educação e aspectos relacionados aos valores culturais, como as diferenças assinaladas entre a experiência social feminina e masculina. Visando avançar nessa ampla discussão, será realizada uma análise cotejada das trajetórias de gênero dos jovens.

Trajetória Feminina

A presença feminina no mundo privado foi observada nas atividades do cotidiano. A maioria das entrevistadas revelou assumir, total ou parcialmente, as tarefas do lar (cozinhar, lavar, arrumar) e os cuidados com irmãos/filhos, mesmo no caso daquelas que estudam. Grande parte já esteve envolvida em atividades remuneradas em período integral (operária, vendedora, costureira, doméstica), mas foi demitida ou abandonou o emprego: "Parei porque eles adoram explorar gente de menor." Todas as três que saíram da escola para trabalhar não continuaram nos empregos e retomaram os estudos. No momento da entrevista, nenhuma das meninas estava empregada.

Tais fatos ganham relevância quando articulados com a recorrência do casamento e da maternidade em idade precoce. A vida conjugal e os filhos parecem viabilizar o projeto de (re)constituição de uma vida familiar harmoniosa e feliz, capaz de fornecer apoio, segurança e companhia.[9] Casamento e maternidade aparecem como valores centrais em seus projetos de vida. Sandra,[10] 15 anos, recorda que quando sua mãe tem filhos, mesmo em situações adversas (sem marido e com gêmeos), "ela fica feliz". Letícia, 18 anos, afirma que se perder o marido, que "é uma pessoa de valor, muito importante", tudo acaba para ela. O relato de Júlia, 15 anos, também é ilustrativo:

> Agora [o filho] vai representar um pouco de alegria na minha vida, mas eu ainda fico pensando muito em tirar e agora eu penso em ter para ter alegrias e não me sentir sozinha.

A interrupção de um investimento continuado na formação escolar, no universo feminino em foco, relaciona-se às inadequações e problemas do ensino público, assim como à ausência de um ambiente que favoreça a dedicação aos estudos. As condições objetivas e o ideal tradicional de identidade feminina fazem com que as perspectivas de construção de uma carreira profissional, capaz de gerar ascensão social e satisfação pessoal, sejam limitadas na população investigada. Assim, não obstante a maior participação da mulher no mercado de trabalho e o crescente número de mulheres chefes de família, suas funções tendem a ser vinculadas ao mundo doméstico.

Entre as entrevistadas com vida conjugal, os homens assumiam a subsistência da casa. Todas as casadas (quatro, no total) eram sustentadas pelos maridos, jovens entre 19 e 23 anos. Há uma tendência de o casamento legal ou união consensual ocorrer entre moças mais novas e homens mais velhos, confirmada nos estudos demográficos.[11] Segundo Berquó (1998: 94-100), na faixa de 15 a 19 anos, 15,6% das moças e 3,1% dos rapazes declaram-se casados. Nesse mesmo período etário, 50% das garotas casam-se com homens de cinco a dez anos mais velhos. A diferença de idade na formação do par demonstra a expectativa social de que o homem usufrua de uma posição mais estabilizada como provedor (Bozon, 1995; Bourdieu, 1995).

O baixo nível de escolarização do grupo contrasta com o ideal profissional relatado pelas entrevistadas. A maioria citou carreiras que demandam longos investimentos na educação formal, como direito, medicina e informática. O valor social da escolarização como bem simbólico e as dificuldades de realização de projetos escolares e profissionais permitem a compreensão desse aparente paradoxo. As representações sociais do feminino relativas ao significado da situação marital e da maternidade também colaboram para a interrupção dos estudos. Tais elementos ilustram as inter-relações entre as condições de existência, representações, estilos e trajetórias de vida, auxiliando o entendimento da manutenção de mulheres de grupos populares no espaço privado, conforme indica o processo de formação do núcleo doméstico do grupo de moças de Vigário Geral.

Foi observado que a saída da casa dos pais tende a definir a entrada da moça na vida adulta. Essa suposição tem como base a aquisição da independência do controle familiar pela garota e as novas funções que ela passa a ocupar na "sua" própria casa. A despeito de as atividades guardarem semelhanças, haja vista que as tarefas exercidas na casa dos pais não são diferentes daquelas realizadas no seu lar — lavar, cozinhar, arrumar, cuidar das crianças —, tais compromissos adquirem um novo significado. Como esposa e/ou mãe, a jovem altera o seu status social de filha e põe em prática o ideal do casamento e da maternidade. As funções assumidas estimulam o abandono da escola com mínimas perspectivas de retorno e inibem atividades de lazer, como idas a bailes, restringindo, dessa forma, a circulação da mulher no âmbito público.

Para as jovens, a saída do lar devido ao casamento e/ou à maternidade permite a independência do grupo familiar, a realização de um ideal e a aquisição de novas funções sociais, quais sejam, mãe e/ou esposa. Essa passagem não está associada à autonomia financeira resultante da profissionalização, comum na realidade feminina das camadas médias e altas (Lavinas, 1997), e sim à reprodução do papel feminino tradicional.

Um segundo padrão observado nesse segmento social refere-se aos casos em que a gestação e/ou maternidade não é/são acompanhada(s) da convivência marital e da independência dos pais, ou seja, a menina se mantém na casa de seus familiares, que compartilham ou assumem a criação do bebê. Nessa circunstância, a passagem para a vida adulta não é tão nítida. O filho tende a se tornar meio-irmão. O mais provável é que os estudos sejam interrompidos, mas há possibilidade de retorno. As mudanças no cotidiano, no lazer e nas funções sociais, dentro e fora do lar, tendem a ser menos significativas. Ainda nesse padrão, há aqueles casos em que a vida conjugal se inicia na casa dos familiares, mas, com base no relato de informantes, a expectativa de o marido (homem) assumir o papel de provedor se mantém. Quando esse papel não é cumprido, os familiares se sentem no direito de cobrar e podem até mandar o rapaz ir embora da casa.

Relações com o comércio ilegal de drogas

A saída do lar em decorrência de problemas com os pais (agressão doméstica, alcoolismo) também configura uma terceira maneira de marcar a independência do grupo familiar das meninas.[12] A partir da biografia de seis, entre as dezoito, entrevistadas, foi possível notar um nexo entre as situações de desorganização do grupo doméstico — agressões, abuso sexual e abandono — e uma tendência à aproximação com o comércio ilegal de drogas. A inserção nessa atividade gera autonomia financeira, independência do grupo familiar e formas de defesa (acesso a armas e respeito), apresentando-se como uma aventura e/ou saída diante das dificuldades da vida. Os depoimentos são reveladores:

> Fui morar com umas amigas (...) me divertia bastante (...) eu era meio doida, aí eu levava a carga e todo final de semana eu recebia cem reais[13] (...) Um dia, quando eu voltei daqui, aí fui pra lá e encontrei os irmãos das minhas colegas morto. Aí eu fiquei com medo e pedi pra minha mãe pra voltar. (Valéria, 17 anos)

> Teve hora na minha vida que eu passei muitas dificuldades, entrei para o tráfico, depois eu vi que não estava dando certo, que ia acabar morrendo. Aí eu saí e coloquei a minha cabeça no lugar (...) muitas vezes eu estava dentro do carro e o carro foi metralhado, de eu rezar e nenhuma bala pegar em mim, de ver o cara que tava do meu lado morrer. (Letícia, 18 anos)

No universo do tráfico, onde predomina o *ethos* masculino (Zaluar, 1985, 1994), as mulheres ocupam diferentes papéis: consumidora, esposa de traficante ou profissional. Como consumidoras dependentes submetem-se a favores que incluem sexo, carregamento de armas e drogas ilícitas, perdem os vínculos familiares, morrem ou acabam presas. No papel de namorada/esposa "oficial" ("menina de fé") dos líderes, as moças desfrutam do acesso aos bens de consumo valorizados socialmente (vestuário, perfumes), ganham status, respeito e uma certa proteção na comunidade. O uso do prestígio da posição de "viúva de bandido" no jogo de sedução com os rapazes ilustra esse ponto de vista. O vínculo amoroso com pessoas "envolvidas no movimento"[14] tem seu preço, como a morte ou prisão do companheiro e o risco de vingança de policiais e de traficantes inimigos. No entanto, os benefícios materiais e simbólicos, combinados com a assimetria de gênero que caracteriza a cultura viril do comércio ilegal das drogas, dificultam o rompimento dessas meninas com o universo do tráfico.

É interessante comentar que os casos amorosos com pessoas "envolvidas" citados pelas jovens entrevistadas, mesmo resultando em morte ou prisão do namorado, são lembrados como grandes paixões que não foram esquecidas. Ainda que de forma vaga, esse dado aponta para uma possível romantização do papel de bandido que faz justiça com as próprias mãos, é capaz de impor respeito e realizar o sonho de consumo de "suas" mulheres. Apesar de a grande maioria do grupo pesquisado condenar as atividades dos traficantes devido à violência, à busca de dinheiro fácil e ao acesso à "mulé", frente à visão negativa da polícia, à ineficácia das instituições judiciárias e ao descaso do poder público, o bandido assume o papel de benfeitor e protetor.

Como profissionais do tráfico, na maioria dos casos as garotas ocupam posições inferiores: fogueteira (solta fogos quando a polícia chega) e avião (leva a droga). Entretanto, as estatísticas policiais divulgadas na mídia têm atestado o aumento da profissionalização feminina no comércio ilegal e a existência de mulheres em posições hierárquicas com cargos de gerência.[15] Diante da identidade social feminina associada à noção de fragilidade, as meninas que se profissionalizam tendem a acionar o modelo masculino, agressivo e heróico, vestindo-se e falando como homens para serem respeitadas e aceitas naquele grupo.[16]

Ao adotar um comportamento masculino, visando ao respeito e à proteção, a menina nega a identidade feminina tradicional. Desenfatizando a condição de mulher, ela não deixa de afirmar que a feminilidade deve ser exercida no âmbito doméstico. É possível supor que a entrada das meninas no mercado "profissional" do poder ilegal não permite mudanças na visão tradicional do papel feminino, tendo em vista o fenômeno da masculinização, a não-permanência (transitoriedade) das mulheres nessa atividade e os limites da ascensão feminina a determinados postos hierárquicos nessa área. Exemplificando, todas as seis entrevistadas que afirmaram ter trabalhado para o tráfico exerciam funções periféricas. Diante dos riscos de morte, prisão e perda de amigos e namorados, elas decidiram sair e constituir uma família. Assim como a posição de mulher de traficante, tal movimento sugere a atualização e reprodução dos papéis sociais de gênero em uma perspectiva assimétrica. O universo masculino se conecta com a força física, o sustento econômico pela atividade remunerada e o domínio do espaço público, enquanto a mulher ocupa o mundo doméstico: no lugar de esposa, organiza o lar e cuida da prole; na posição de mãe, fornece esteio moral.

Trajetória Masculina

A trajetória masculina é distinta da feminina e a ela complementar. Entre os rapazes, a saída da infância não corresponde à limitação da ocupação do mundo público, e sim a alterações na percepção desse espaço, devido às pressões sociais para assumir atos e compromissos e à entrada no mercado de trabalho. O início da vida adulta masculina guarda, assim, uma relação com a mudança de sentido da rua; mesmo mantendo o significado de lazer (futebol, baile), o espaço público passa a representar a concepção de local de trabalho, responsabilidade e busca da atividade remunerada ("quando a gente começa a trabalhar deixa de ser criança").

A expressão "pegar responsabilidade" sugere a internalização da expectativa social da função masculina de compromisso pela subsistência da família, assim como o termo "ser mais cabeça" — registrado em estudos sobre grupos populares — incorpora "uma forte conotação moral positiva, abrigando os significados de responsabilidade, inteligência e conduta moral" (Heilborn, 1997: 308). Tais qualidades são requisitos importantes para o papel social de provedor e protetor da mulher e se opõem ao descompromisso ("ficar zoando") dos tempos de criança. Isso significa dizer que a falta de investimento na educação formal e a não-participação nas tarefas domésticas são percebidas pelo grupo como tendências "naturais" da trajetória masculina, reproduzidas e atualizadas (Bourdieu, 1995).

No momento da entrevista, além de estarem mais ausentes da escola do que as garotas, vários rapazes recebiam remuneração em função da participação nas organizações comunitárias locais, do auxílio desemprego ou da atuação no comércio ilegal de drogas. As experiências profissionais se diferenciam daquelas das meninas pela função, mas se aproximam pela variedade (mecânico, engraxate, gráfico, feirante). Realizadas em tempo integral, não geram vínculos, qualificações ou estímulo, com exceção da profissionalização em informática, proporcionada pela organização comunitária local. Entre aqueles que assumiram funções de coordenação nessas organizações, foi enfatizado o papel do trabalho na transformação social; eles acreditam que suas atividades podem mudar a imagem da favela e melhorar a vida dos moradores.

> Eu sou o coordenador desse Centro Cultural, é um trabalho social, é uma responsabilidade muito grande fazer projetos para trazer pra aqui. (...) Acho que [a organização] está conscientizando um pouco a galera, tem meninos que andavam descalços agora andam de chinelo, *passam a se cuidar mais.* (Rodrigo, 18 anos)

Novaes (1997) reflete sobre os efeitos da ação de mediadores — como organizações civis e igreja, entre outros — na trajetória social de jovens de camadas populares urbanas, argumentando que movimentos e organizações[17] orientados pela idéia de cidadania e solidariedade têm contribuído para a ampliação de alternativas de vida de alguns jovens moradores em termos de "ressocialização, reconversão e reafirmação de valores", reduzindo os efeitos perversos da "cultura do medo".[18] Conquanto reconheça as restrições, a autora conclui:

> Podemos dizer que esses jovens aportam um capital simbólico para toda a comunidade (...) e, em conseqüência, são questionados os limites que interiorizam (e tornam naturais) os mecanismos de exclusão e segmentação social. Parte deles se torna "profissionais dos Projetos", adquire uma competência específica para um outro tipo de mediação entre os jovens das áreas pobres e as instituições externas. (1997: 152-3)

Duarte *et al.* (1993), contudo, apresentam uma visão menos otimista sobre a intervenção de organizações voltadas para a promoção social de classes populares, devido ao fato de que elas se comprometem com um projeto de conversão à cidadania pela via da racionalização. Segundo os autores, a ordem *liberal individualista não pode prescindir da "disciplinarização"* dos indivíduos (p.17).

As análises de Novaes e Duarte *et al.* estimulam uma discussão acerca do papel de mediação das organizações comunitárias na trajetória de jovens de camadas populares. Tal empreendimento demandaria um exame dos fundamentos das propostas e de suas repercussões na realidade em questão, a partir da caracterização de seus desdobramentos futuros e dos diferentes impactos entre os gêneros. Todavia, essa tarefa está além do escopo deste estudo.

A sedução do tráfico

Ainda no campo da remuneração, é preciso considerar os apelos do comércio ilegal de drogas. Num universo de baixo nível socioeconômico, a participação nessa atividade pode significar poder de consumo, acesso às estratégias de defesa pessoal e aquisição de status social. Quer dizer, o garoto de família pobre, sem recursos e perspectivas de mudança de padrão de vida torna-se uma pessoa temida e respeitada, com condições de consumir os produtos das classes abastadas, conquistar o objeto de desejo feminino, enfrentar a polícia e presentear e apoiar a sua comunidade.

A adesão de parte do grupo ao tráfico de drogas sugere portanto que, em termos de profissionalização e mobilidade social, a geração adulta não representa um modelo positivo a ser seguido.[19] Zaluar (1997) sustenta que nesse universo há uma interpenetração de lógicas culturais, na qual a matriz holista vem sendo confrontada com a matriz moderna. Informada por uma reflexão crítica das teorias sobre violência urbana, destaca que o crescimento do mercado ilegal de drogas expressa o rompimento dos laços sociais. Nas suas palavras:

> A fragmentação das organizações vicinais e familiares facilitou o domínio dos grupos de traficantes no poder local, que, por sua vez, aprofundou a ruptura dos laços sociais dentro da família e entre as famílias da vizinhança, acentuando o isolamento, a atomização, o individualismo. (1997: 41)

Em uma abordagem similar, Velho (1996) argumenta que as desigualdades sociais do mundo moderno associadas à massificação de costumes; a incapacidade das instâncias governamentais para mediar e promover o bem-estar da população; e a crise de valores que orientam as relações sociais, em especial as expectativas de reciprocidade, têm influenciado a combinação de lógicas diversas. A participação de jovens de classes trabalhadoras urbanas no tráfico ilustra esse ponto de vista. Nas suas palavras:

> Certamente, o crescimento e a difusão de valores individualistas na sociedade brasileira não significaram o fim da hierarquia. Encontramos coexistência e combinações das duas visões de mundo, com matizes e nuanças. (...) No próprio mundo do crime registram-se atitudes e comportamentos que podem

> estar reproduzindo mecanismos de patronagem, ao lado de manifestações de um individualismo frenético. (1996: 18)

A questão da interpenetração de lógicas culturais, ou melhor, a apropriação do ideário moderno pelos segmentos populares urbanos está presente na reflexão de Vaitsman (1997) sobre as alterações na família e nas relações de gênero entre mulheres de baixa renda a partir do processo de modernização. Em seu ponto de vista, as mudanças na esfera da cultura — decorrentes de transformações no âmbito econômico, institucional e político — produzem impactos diferenciados nos variados grupos sociais. Entretanto, simultaneamente, geram similaridades na medida em que os novos contextos são, mesmo que em parte, compartilhados pelos diversos segmentos.

As reflexões em torno da interpenetração das lógicas culturais revelam o caráter dinâmico, plural, produtor de (re)arranjos diversos da vida em sociedade, principalmente no espaço urbano contemporâneo, permeado pela coexistência de discursos e práticas de segmentos variados que se renovam continuamente.[20] Para Giddens (1991), uma das características das "condições de modernidade" refere-se às implicações da reflexividade da vida social, haja vista a dimensão de renovação, instabilidade e revisão do conhecimento e das práticas sociais, contraposta ao sentido de permanência e de resistência à mudança das sociedades tradicionais. Ao buscar elos de conexão entre tal pressuposto e os dados das trajetórias de rapazes e moças de Vigário Geral, observa-se a presença, pouco expressiva, de relatos identificados com o ideário moderno. Prevalecem nas falas e nos dados das biografias evidências da atualização de traços do ideário tradicional, como o valor da rede de parentesco, vizinhança e localidade, e a assimetria dos gêneros na construção da identidade social desses jovens.

Nesse sentido, existe uma tendência em concordar com o argumento da predominância de um caráter holista na população investigada, conforme proposição de Duarte (1988) — o que não significa negar as repercussões do ideário moderno entre as camadas populares, já que a noção de predomínio não implica exclusão ou impossibilidade de convivência entre lógicas diversas, nem desconsiderar indicações de mudança no valor do trabalho entre a população investigada, particularmente entre os jovens envolvidos no tráfico.

Casamento e paternidade: um projeto adiado

A paternidade e a criação de um núcleo familiar harmônico também integram o projeto de vida dos rapazes, mas, em comparação com as meninas, são mais tardios. Os casos de gravidez não planejada não aceleram, necessariamente, o convívio conjugal:

> Eu tenho um filho, eu engravidei uma menina. (...) Ela resolveu ter o filho, eu preferia que ela tivesse tirado. [Você já viveu situações com outras pessoas que engravidaram?] Já e as pessoas tiraram ou perdeu o filho. (Álvaro, 18 anos)

> Rolou, aí ela tomou remédio e tentou tirar, ficou tudo resolvido, tiraram e nunca tive filhos. (Rodrigo, 18 anos)

Quando a gestação é mantida e não há vínculo amoroso, na visão masculina a mulher tenderá a assumir sozinha a criação do(a) filho(a). Alguns rapazes citaram o compromisso com a criança: "Vou tá ali cumprindo com a minha obrigação, mas ela vai pra um lado e eu pro meu, né?" (Pedro, 18 anos) Não foi notado qualquer tipo de constrangimento social provocado pela gravidez não planejada. Deve-se considerar que a concepção é um sinal de afirmação da virilidade frente a si mesmo e aos pares, bem como de realização do papel de reprodutor no grupo doméstico.[21] No universo feminino, a interrupção da gravidez significou tristeza, sofrimento, abandono e medo da infertilidade:

> Ele me largou eu tinha 4 meses de gravidez, eu sofri muito com ele, ele me batia, eu grávida apanhava muito. (Maria, 15 anos)

> A pessoa vai tirando uma porção de vezes, o útero vai ficando fraco, aí quando quiser ter filho mesmo não vai ter. (Helena, 19 anos)

Ambos os sexos admitem que uma criança pode unir o casal, mas observam que ela não garante a continuidade do vínculo conjugal se não houver interesse dos dois: "Acho que gravidez não prende o homem, não" (Teresa, 18 anos); "tem uns que gostam, outros ficam duvidando se o filho é seu" (José, 15 anos). Leal e Lewgoy (1995) enriquecem essa discussão ao concluírem que garotas de grupos populares, diante de um sinal como atraso da menstruação, tendem a tomar chás ou remédios abortivos para a regra descer, caso não identifiquem condições familiares, morais e materiais favoráveis à geração de uma criança. As medidas adotadas não são percebidas como abortivas, pois não se chega a reconhecer a gravidez, mas um tipo de desordem: isto é, "sem o reconhecimento social da gestação não há embrião, nem feto e nem ao menos gravidez" (1995: 70). O reconhecimento social da gravidez geralmente ocorre quando se avalia a viabilidade de assumir o projeto de formação de uma nova família.

Roteiros Sexuais: O Contraste entre os Gêneros

Gagnon (1990) analisa as fontes sociais do processo de aprendizagem da conduta sexual, introduzindo a concepção de *cenário sexual*. Com base nessa visão, salienta a importância da identificação e compreensão das regras culturais implícitas e explícitas que estruturam as práticas sexuais, bem como dos elementos objetivos e subjetivos que integram a experiência sexual, como gênero, faixa etária, espaço (localidade), expectativas, sentimentos, relações de poder (dominação), entre outros. A apreensão de tais aspectos, no entanto, impõe uma série de desafios, assinalados por Giami (1994), Parker *et al.* (1995) e Lhomond (1996).

Com vistas a minimizar as dificuldades impostas pela temática e pelo fato de a entrevista ter sido conduzida por uma pessoa "de fora" da favela, a aproximação com o universo investigado foi feita através de mediadores da própria comunidade. Os encontros foram realizados nos locais definidos por eles/elas e complementados com observações de contextos de sociabilidade e reuniões com jovens moradores. Conquanto os(as) entrevistados(as) tenham manifestado cooperação e interesse — a maioria assinalou a oportunidade de aprender e falar de assuntos da vida os quais eles/elas não têm com quem compartilhar —, é interessante registrar algumas reações de surpresa e constrangimento em relação a questões sobre sexo. Tal fato sugere que a ênfase no diálogo e na problematização da sexualidade — presente no discurso moderno sobre direitos sexuais e reprodutivos e (des)igualdade dos gêneros — não é comum nessa realidade.

Iniciação sexual

Das dezoito entrevistadas (a maioria entre 14 e 18 anos), oito declararam ser virgens. Nos namoros prevalecem beijos, abraços e passeios; carícias nos órgãos genitais, seios e sexo oral não foram citados. Todavia, nos encontros em grupo os rapazes afirmaram que com a namorada virgem "rolam" carícias e "sexo nas coxas". Na visão deles isso não é sexo; sexo é penetração. A preocupação das garotas com os riscos do "sexo na coxa", com os efeitos do "remédio pra tirar o neném" e com a perda da virgindade ("Pode transar e continuar com a pelinha?") sugere a presença desses comportamentos.

Ao buscar indicadores que diferenciam o grupo das moças sem e com experiência sexual, nota-se que entre as virgens há maior controle e preocupação das mães, tendência à permanência na escola, não-envolvimento com o tráfico de drogas, menor freqüência aos bailes e maior participação em atividades recreativas ligadas ao mundo infantil e ao esporte — como pique, queimado, bicicleta e futebol. Não foram observadas diferenças importantes na faixa etária e no desenvolvimento físico do grupo sem e com iniciação sexual.

Chama a atenção que a idade da iniciação sexual do grupo pesquisado (prevalece a faixa de 13 a 15 anos) está abaixo da média do país: 16,7 entre os homens e 19,5 entre as mulheres, sugerindo estudos subseqüentes capazes de identificar a idade do início da vida sexual nos diferentes grupos sociais.[22] Tais investigações devem enfocar a inter-relação entre adiamento do início da vida sexual, estrutura e controle do grupo familiar, local de moradia, escolaridade e espaços de interação social.

Com base na literatura (Vianna, 1988; Cecchetto, 1997; Souto, 1997; Cunha, 1997), é possível sugerir que o baile,[23] enquanto espaço de convivência e sociabilidade — caracterizado pela ausência da vigilância familiar e da comunidade, pela exposição de coreografias e estéticas corporais e pela grande concentração de jovens —, favorece o relacionamento entre os pares e a experimentação sexual. Vale dizer que o baile foi a atividade de lazer mais citada entre meninos e meninas com experiência sexual.

Dessa forma, sugere-se que a interação limitada com outros espaços sociais da cidade — potencializada pela geografia da favela[24] e pela vigilância da rede familiar e de vizinhança — integra os fatores de controle do comportamento feminino que colaboram para o adiamento da iniciação sexual. Tal pressuposto poderia ser enriquecido por investigações posteriores, em uma abordagem comparativa, acerca da experiência sexual e de gênero de jovens que não estão sujeitos a redes pessoais de controle e socialização, como é o caso daqueles que sobrevivem a maior parte do tempo na rua e/ou moram em abrigos. Caberia ainda um estudo no campo da sexualidade e das relações de gênero entre jovens de camadas populares que ingressaram no mercado de trabalho da indústria do lazer, tendo em vista que essas atividades têm possibilitado o aumento do padrão de vida e um maior acesso e interação com realidades diferenciadas.[25]

Cabe acrescentar outros aspectos que perpassam a iniciação sexual feminina. Por um lado há valorização do vínculo conjugal e da maternidade, jogo de sedução, desejo e curiosidade ("Pode acontecer de durante o beijo ficar molhada? Qual o prazer do homem no sexo?") e uma cultura de exibição de corpos (garotas passeiam de short colante e bustiê e garotos, com o torso nu; adolescentes grávidas exibem suas barrigas). Por outro lado existem pouco diálogo, dúvidas, controle familiar, medo da gravidez não planejada e da perda de um bem (a virgindade) que mantém um valor no mercado matrimonial nessa realidade.

Ao analisar a iniciação sexual e amorosa no Brasil e na França, Bozon e Heilborn (1996) destacam que a expressividade corporal brasileira, contraposta à valorização da troca verbal na realidade francesa, insere-se num universo social controlador que tem origem na herança de uma organização relacional e hierárquica da vida social, na qual os papéis de gênero são claramente delimitados. Considerando que os contatos físicos conjugais movimentam-se em um sistema social potencialmente rígido, compreende-se por que tais práticas não aceleram a passagem para o ato sexual. Esse ponto de vista oferece uma explicação para a permanência (ainda que tenha havido uma redução) do valor moral e social da virgindade feminina, enquanto uma passagem essencial que leva à mudança no status social feminino. Exemplificando essa perspectiva, duas meninas responderam que a virgindade era o que elas tinham de maior valor na vida.

Na trajetória dos rapazes, ao invés da virgindade, valoriza-se a experiência sexual. De acordo com o argumento proposto por Bozon e Heilborn (1996), nota-se que a iniciação sexual está relacionada à aquisição da masculinidade, isto é, a constituição da identidade masculina se dá através da afirmação da virilidade. Nesse universo, a iniciação amorosa conjugal e a aprendizagem sexual são fenômenos distintos, não fazem parte do mesmo calendário, conforme expressa a diferenciação entre a namorada (moça direita, de família) e a "outra" ("safada", "vadia", "fácil"). No grupo em estudo, apenas dois declararam ser virgens, o mais novo e outro com forte adesão ao discurso religioso católico. A despeito dessa evidência sugerir uma vinculação entre o adiamento da iniciação sexual e a prática religiosa, tal associação não foi observada entre as meninas.

Masturbação

De certa forma, não é surpreendente registrar que a masturbação é mais recorrente e aceita entre os homens; seis garotos declararam que a praticaram; dois deles, além de duas meninas, continuavam a fazê-lo. Alguns disseram que era uma questão de escolha pessoal ("quem quer faz"). Entretanto, prevaleceram as visões críticas, nas quais as práticas auto-eróticas eram associadas à necessidade devido à falta ou problema de parceiro(a). Para algumas meninas "é estranho"; "não é legal, por que fazer sozinho se tem uma pessoa que você pode fazer o mesmo?". Os comentários masculinos também apontam nessa direção: "O cara que faz isso tá com falta de mulher mesmo, ou meio tarado, ou a mulher dele não está satisfazendo ele dentro de casa, não é uma coisa legal" (Álvaro, 18 anos). Durante uma das reuniões em grupo, a masturbação foi definida como um "recurso" diante da dificuldade de transar com a namorada, devido à repressão da mãe da menina e/ou receio da moça de ficar com "fama negativa".

Com base nos comentários dos rapazes, observa-se que a prática auto-erótica é percebida como uma etapa da trajetória masculina de experimentação do sexo — "hoje não tem nada a ver, quando era pequeno fazia" (Antônio, 16 anos); "normalmente com 13, 15 anos, depois que arruma parceira não faz mais" (Otávio,19 anos) —, mas não está relacionada a uma afirmação da virilidade. A maior familiaridade dos rapazes com a masturbação reflete a aceitação social do exercício sexual masculino de forma mais autônoma, isto é, desvinculada da reprodução e das relações estáveis. As restrições à masturbação indicam que a visão moderna de valorização da descoberta e exploração do prazer sexual individual ou compartilhado para além da penetração — presente no discurso preventivo sobre sexo mais seguro — não tem repercussão nesse universo.

Sexo vaginal, anal e oral

A primeira relação sexual das meninas — associada por elas ao coito vaginal, ou melhor, à perda da virgindade — ocorreu em torno dos 14 anos, em geral, com o namorado de uma faixa etária mais alta (por volta dos 20 anos), indicando a relação entre sexo e vínculo amoroso. As motivações inserem-se em contextos diversos (desejo, curiosidade, afirmação, conflitos familiares). Contudo, parecem ter em comum o valor simbólico de uma passagem para uma nova condição:

> Ele falava que eu não tinha nada a perder, que eu tinha que tirar minha virgindade. Na hora eu fiquei com medo, mas depois o medo passou. (Valéria, 17 anos)

> Foi uma situação de revoltamento que eu era moça e minha mãe falava que eu era mulher, aí eu peguei e pratiquei. (Letícia, 18 anos)

Grande parte sentiu dor ou medo; das dez garotas com experiência sexual, três (duas com 13 e uma com 15 anos) engravidaram na primeira relação, mas "perderam" os bebês.[26] A maioria sabia dos riscos ("nem pensei", "confiava nele"); no entanto, apenas uma usou preservativo. Na iniciação sexual dos meninos prevaleceu o ocasional e o inesperado ("rolou um clima", desejo, convite, "salada mista",[27] curiosidade), ocorrendo por volta dos 13 anos com a namorada, colega ou caso. Em contraste com a realidade feminina, nesse universo o vínculo amoroso foi menos relevante. Nenhum deles usou qualquer método.

As respostas às questões "O que é sexo?" "Você já fez sexo?" "Como e quando foi a sua primeira vez?" revelam que para ambos a iniciação sexual está relacionada ao primeiro coito vaginal e que o conceito de sexo está associado à penetração. A pergunta "Que tipo de sexo você faz?" indica o predomínio do sexo vaginal denominado de "comum", "normal",[28] "pela frente", "cobra com aranha", "vaginal", "na vagina". A expressão "vaginal" ou "na vagina" e as denominações dos órgãos genitais (vagina e pênis foram os mais citados) indicam a presença da terminologia científica (médica).[29] Além disso, sugerem uma diferenciação em relação às demais práticas sexuais (sexo oral e anal), seja para negá-las, seja para ampliar as opções nesse campo.

Os meninos admitem um repertório sexual mais amplo do que as meninas. Entre as variações aparece o sexo oral (apontado por alguns como a prática sexual preferida) e combinações de ações diversas. Diante da não-caracterização das mesmas — "pratico todos os tipos" (Letícia, 18 anos); "faço tudo com mulé" (João, 19 anos); "tudo, não tenho preferência" (Vítor, 16 anos) —, não foi possível averiguar quais as práticas sexuais referidas. O sexo anal foi citado por uma minoria. Uma menina (Teresa, 18 anos) disse que tentou mas não gostou. Para um rapaz "depende da mulé (...) a vontade tem que ser dela, ela que tem que falar" (Maurício, 15 anos). Com base nessa afirmação pode-se supor que o sexo anal é um sexo especial, que depende de uma negociação com a mulher. Os demais relatos o associam à "nojeira" e sexo com mulher "vadia":

> Pro homem não é muito bom, não, agora pra mulher é bom (...) a mulher fazer no homem, né? (...) O contrário é nojento. (Pedro, 18 anos)[30]

Todos afirmaram que tiveram experiências heterossexuais, não havendo relatos de homoerotismo. As opiniões acerca da homossexualidade apontam para duas vertentes opostas: uma, contrária à discriminação, é centrada no direito das escolhas e gostos pessoais: "cada um sabe de si", "faz o que quer da vida", "tem seu gosto"; na outra, crítica e mais comum entre as mulheres, predomina a concepção de desvio e pecado: "nojento"; "sem vergonhice"; "errado, Deus fez o homem para a mulher". Há registros de menor tolerância do sexo entre mulheres. Tais opiniões revelam visões ambíguas da homossexualidade: está longe da experiência pessoal dos jovens, mas presente em seu cotidiano através do contato com conhecidos, amigos ou familiares; é algo estranho, mas, ao mesmo tempo, deve ser tolerado em respeito às escolhas individuais. Segundo um líder comunitário de 29 anos, na sua época era comum os meninos se iniciarem sexualmente com gays e profissionais do sexo, apesar de seus amigos muitas vezes não admitirem. A ausência dessa situação nas entrevistas pode ter ocorrido pelo constrangimento decorrente do preconceito social em torno do tema e/ou pelo aumento da aceitação social do sexo entre adolescentes e da forte associação entre homossexualidade e transmissão do vírus da Aids.[31]

Ainda que grande parte do grupo pesquisado tenha ressaltado a importância da camisinha na prevenção de doenças e da gravidez não planejada, e que praticamente todos soubessem onde consegui-la gratuitamente, apenas uma minoria afirmou usá-la com regularidade.[32]

As diferenças entre os gêneros ficam evidenciadas no maior repertório sexual dos homens e no maior número de parcerias. As meninas afirmam que fazem sexo com o namorado/marido em média duas vezes por semana (há práticas quase diárias, principalmente entre as casadas); os meninos comentam que transam com parceiras diversas (namorada, "outras", "biscate") com freqüências variadas, de um a todos os dias da semana. A iniciativa, em geral, é do homem. Não obstante a grande maioria afirmar que os(as) meninos(as) têm o direito de dizer não na prática sexual, os relatos confirmam o papel do homem como protagonista, sempre disposto e interessado em sexo. Para algumas moças, os homens não têm controle, são instintivos e têm mais apetite sexual. No universo masculino há concordâncias quanto a esse ponto de vista, condenação da expressão do desejo sexual feminino e afirmação da dominação masculina (o homem é visto como o provedor, aquele que "banca", o dono, o que tem poder). O relato de Pedro, 18 anos, é ilustrativo:

> Pô, mentalidade de homem é botar filho no mundo e sempre tá ali com a obrigação dele trabalhando pra poder sustentar. A mentalidade da mulher não, a mentalidade da mulher é ficar em casa né, tomando conta do filho, fazendo comida, lavando, passando (...) tem mulher que tenta fazer o que o homem faz, aí acaba virando sapatão. (...) Quando eu falo quero, tem que ser o que eu quero, né. Porque se for a pessoa que eu tô ali, que eu sempre *tô bancando*, então *tem que ser o que eu quero*, né? (...) Então se aquilo é nosso, aquilo tem que continuar sendo nosso.

Contudo, um deles argumentou que "mulher tem mais vontade" (João, 19 anos); outro questionou o peso do reconhecimento do apetite sexual masculino devido às cobranças de desempenho e disponibilidade constante.

As descrições das características dos gêneros ilustram a presença da perspectiva hierárquica na percepção do grupo. Para as garotas, os homens são "safados", "imediatistas", gostam de briga, têm mais liberdade e devem trabalhar. Em contraposição, as mulheres são definidas como "sofredoras", "esforçadas", "possessivas", "medrosas", "lentas" e pertencentes ao mundo doméstico. A classificação dos garotos reafirma essa visão. Essas opiniões se refletem na educação familiar; ambos os sexos admitem que a menina é mais controlada e "presa", enquanto os meninos são mais livres e "soltos". A gravidez precoce dissociada da vida conjugal é uma das razões para o controle feminino. Um rapaz declarou:

> [Com] os meninos os pais não têm tanta dor de cabeça de pegar barriga, já as meninas podem arrumar namorado que não presta. (Álvaro, 18 anos)

Em seu estudo com mulheres de baixo poder aquisitivo, Guimarães (1996) oferece um ponto de vista complementar, argumentando que a sexualidade nesse universo se insere no modelo da hierarquia e reciprocidade do meio familiar. Dessa forma, diferencia-se dos valores do modelo individualista moderno, que informam a sexualidade das camadas sociais médias. Nas suas palavras:

> É o valor atribuído à família que constitui a referência axial da identidade da mulher, bem como norteia a ética e moralidade que lhe é própria. (1996: 296)[33]

No ideário moderno, a sexualidade não está subordinada ao sistema de gênero; ela possui um valor em si, fenômeno conectado com a concepção moderna de indivíduo, que sustenta a igualdade e a simetria dos sexos (Fry, 1982).

Considerações Finais

A ênfase na experiência social do gênero e da sexualidade do grupo pesquisado permitiu a identificação de valores culturais predominantes nesse contexto, favorecendo a compreensão dos sentidos atribuídos pelo grupo aos comportamentos do dia-a-dia que interferem na prevenção do HIV. A trajetória dos rapazes revela a internalização de expectativas sociais em relação à função masculina tradicional de provedor mediante a ocupação do espaço público. Verificou-se uma naturalização da não-participação dos homens nas tarefas domésticas e da importância do trabalho, em detrimento do investimento no ensino formal. A maioria dos entrevistados realizava atividades remuneradas — incluídos aqui os casos de envolvimento com o tráfico de drogas — e, em comparação com as meninas, sentia-se mais atraída pelas perspectivas de profissionalização oferecidas pelas organizações comunitárias locais.

Na trajetória feminina, a manutenção das mulheres no espaço doméstico, em função das expectativas sociais do papel feminino de filha, esposa e/ou mãe, se contrapõe à ocupação masculina do espaço público, expressa no valor do trabalho e no adiamento da constituição do núcleo familiar. Mesmo aquelas que devido aos conflitos domésticos saíram da casa dos pais e buscaram independência financeira e "respeito" — através da participação no comércio ilegal de drogas — abandonaram essa atividade em função dos riscos e procuraram constituir uma família.

Os relatos dos(as) jovens sobre a importância do ensino formal indicam o valor simbólico da formação escolar enquanto garantia da não-exclusão social. No entanto, os problemas do ensino público, articulados com traços simbólicos referentes ao gênero, colaboram para a evasão escolar. As trajetórias do grupo investigado revelam uma confluência entre geração e gênero de perfil tradicional. Grosso modo, pode-se dizer que rapazes e moças saem da casa para o mundo público por meio da escolarização, atividade remunerada e/ou violência doméstica. Devido à conjugação de valores sociais e condições materiais, as meninas retornam ao mundo da casa, enquanto a atribuição de provedor contribui para a manutenção e dominação dos homens no universo público.

A experiência sexual do grupo pesquisado revelou diferenças entre valores e práticas femininas e masculinas, apontando para as inter-relações entre gênero e sexualidade. As percepções dos(as) entrevistados(as) referentes ao universo feminino indicam mecanismos de controle da conduta sexual feminina, valorização da virgindade e um nexo significativo entre sexo e vínculo amoroso. Em contrapartida, as visões acerca do mundo dos homens falam de como a sexualidade está conectada à virilidade — manifesta na tomada de iniciativa, na sedução e dominação, assim como numa distinção entre relação amorosa e aprendizagem sexual. Verificou-se que a ordenação de gênero se arma em termos hierárquicos e que os roteiros sexuais para rapazes e moças estão profundamente marcados por tais concepções.

A descrição da experiência social do gênero e da sexualidade do grupo em foco pode iluminar as avaliações da repercussão das campanhas de prevenção das DSTs/Aids entre jovens de segmentos populares urbanos. Nesse eixo de reflexão, vale salientar os contrastes entre o discurso preventivo moderno e os dados do contexto em foco. As campanhas educativas dominantes são centradas na concepção de igualdade de direitos individuais, conforme indicam as propostas de planejamento e negociação com o(a) parceiro(a) sobre a prática do sexo seguro, visando ao uso da camisinha e/ou ao sexo sem penetração. No entanto, no universo investigado registrou-se que no contexto da primeira transa, em vez de um acordo prévio, prevaleceram motivações de naturezas diversas (confiança, vínculo amoroso, oportunidade, curiosidade), bem como a não-utilização de métodos preventivos. Na experiência sexual predominam relações heterossexuais genitalizadas desprotegidas. As críticas do grupo às práticas auto-eróticas como forma de satisfação individual, a recorrência dos casos de gravidez entre as jovens, a maternidade enquanto um bem simbólico e a assimetria de gênero complementam as diferenças entre o discurso preventivo e a realidade da população investigada.

Nota-se, assim, o quão distante tal realidade está das propostas preventivas no campo do HIV/Aids, informadas pela concepção moderna de sexualidade e pela perspectiva racional e normativa das práticas. A falta de convergência entre o referencial cultural da população-alvo da ação educativa e o do discurso preventivo indica que a maioria dos programas de prevenção da Aids não considera os resultados e os mecanismos de apreensão das informações transmitidas. Talvez essa seja uma das razões de tais ações, em geral, não alcançarem as metas esperadas.

Conclui-se que as condições materiais e simbólicas dos(as) jovens pesquisados(as) tendem a atualizar os valores tradicionais de gênero, isto é, elas demarcam de maneira exclusiva as esferas masculina e feminina e supõem uma supremacia da primeira sobre a segunda. A coexistência de diferentes sistemas simbólicos (de feição individualista ou hierárquica) no interior de uma mesma sociedade complexa aponta para o fato de que, apesar de alguns deles serem dominantes, existe uma multiplicidade de códigos de leituras para os fenômenos sociais. Assim, mesmo com as mudanças introduzidas por tecnologias de comunicação de massa mais eficientes, as campanhas educativas portadoras de discursos mais ou menos comprometidos com o ideário moderno individualista são interpretadas e incorporadas de forma distinta pelos segmentos que compartilham o espaço social datado.

As reflexões sobre práticas e visões de mundo — tanto numa perspectiva sincrônica quanto numa abordagem diacrônica — permitem a identificação da persistência ou mudança de representações organizadoras da percepção de mundo dos diversos grupos sociais. As conexões entre as modificações sociais decorrentes da modernidade e as representações dos grupos sociais são ilustradas no estudo de Bozon (1995). O autor reconhece mudanças importantes no comportamento sexual feminino, relacionando-as às transformações do papel e do lugar da mulher na sociedade, à liberação dos costumes e ao controle do ciclo reprodutivo. Todavia, chama a atenção para a persistência de determinadas representações sobre o papel social feminino e masculino. Embora tenham ocorrido alterações significativas no comportamento, as novas condições não alteraram "de modo profundo nem as representações, nem os lugares desiguais de homens e mulheres nesse domínio. Dependentes de um desejo masculino dominante, as mulheres são um objeto que se procura possuir. Os homens são vistos como sujeitos desejantes independentes" (1995: 132).

Esse ponto de vista assinala uma significativa resistência do plano simbólico mais profundo: o das representações alterando-se em ritmo similar àquele em que operam os comportamentos. Isso indica as dificuldades de se adotar novas práticas, tendo em vista as visões de mundo construídas e internalizadas ao longo do tempo. Tal discussão é fundamental para avaliar as limitações das propostas no campo da prevenção centradas na decisão racional individual, que não levam em conta a dificuldade de se modificar representações e práticas internalizadas e naturalizadas.

Diante dos argumentos apresentados sugere-se que os caminhos da prevenção devem ser variados e complementares. As ações não devem ser isoladas, e sim integradas, no sentido de melhorar as condições de vida dos setores socialmente excluídos. Estado e sociedade civil devem fazer parcerias e assumir responsabilidades na implementação de políticas sociais na área da educação, do emprego, da cultura e da saúde.[34] Alterar comportamentos arraigados é um tarefa longa, árdua e delicada, mas a confluência de ações individuais e sociopolíticas poderá favorecer a (re)construção e/ou adequação das práticas dos atores sociais, visando à adoção de ações preventivas.

Notas

1. Este trabalho corresponde a um capítulo de minha tese de doutorado (Monteiro, 1999). Gostaria de agradecer o apoio do Programa Interinstitucional de Treinamento em Metodologia de Pesquisa em Gênero, Sexualidade e Saúde Reprodutiva (IMS/UERJ), da Fundação Ford e do CNPq, a disponibilidade da comunidade de Vigário Geral e os comentários das professoras Maria Luiza Heilborn (IMS/UERJ) e Elizabeth Moreira dos Santos (ENSP/FIOCRUZ).

2. O conceito de vulnerabilidade, desenvolvido por Mann *et al.* (1993), forneceu a base de sustentação dessa perspectiva.

3. De acordo com o recente relatório da UNAIDS e da OMS, durante o ano de 1998 mais de 5,8 milhões de pessoas foram contaminadas pelo HIV no mundo (cerca de onze homens, mulheres e crianças por minuto), correspondendo a um aumento de 10% em relação ao ano anterior. Metade dos novos casos ocorre entre jovens de 15 a 24 anos. A África Subsaariana concentra o maior número de contaminações (34 milhões) e quase 12 milhões de mortes. Devido aos avanços no campo da assistência, o número de mortes tem diminuído nos países desenvolvidos (América do Norte e Europa Ocidental), mas o de novos casos mantém-se estável. Em suma, o crescimento da epidemia, em termos globais, revela os limites das políticas preventivas (Pan American Health Organization, 1998).

4. Na definição da população do estudo foram privilegiados a faixa etária (13 a 19 anos), o gênero (ambos os sexos) e o local de moradia (diferentes regiões da favela

de Vigário Geral). Levou-se em conta a rede de sociabilidade dos entrevistados, a participação nas organizações comunitárias locais e a convivência com o tráfico de drogas e estigmas sociais, como pobreza e marginalidade.

5. Nessa ocasião foram debatidas questões sobre iniciação sexual e amorosa e relações de gênero. O grupo de homens foi conduzido por um assistente de pesquisa do LEAS/Biologia/IOC/FIOCRUZ, Renato Quemmel.

6. *Formou o Bonde* é um documentário, produzido pela ABIA e pela TV Zero, que utiliza a linguagem funk para abordar práticas sexuais e a prevenção do HIV/Aids.

7. Conhecido como a Chacina de Vigário Geral, esse fato foi muito divulgado pela mídia e marcou, de forma significativa, a história da comunidade. A casa da família de evangélicos assassinada foi transformada na organização comunitária Casa da Paz.

8. Segundo Madeira (1997), a compreensão dessa problemática precisa levar em conta também as inter-relações entre os roteiros de gênero e as diferenças de desempenho escolar entre rapazes e moças; o ambiente escolar pode ser um espaço de interesse principalmente para as meninas devido à maior liberdade social dos homens.

9. Os filhos ocupam um importante papel para o grupo pesquisado, tal como revela o estudo de Salem (1981) sobre a expectativa de mulheres de camadas populares em relação à retribuição dos filhos, particularmente os "filhos eleitos", em termos de amparo e assistência econômica e afetiva.

10. Os nomes dos entrevistados são fictícios.

11. Esse fenômeno é mais comum no grupo com menor nível de escolaridade: na faixa de 15 a 19 anos, o percentual de mulheres casadas sem instrução é de 23,9%, enquanto o percentual daquelas com escolaridade superior (incompleto ou mais) é de 4,4% (Berquó, 1998: 98).

12. Esses problemas não estão restritos aos setores populares urbanos, acontecendo em todas as classes sociais. Todavia, as análises acerca da violência doméstica (Heilborn, 1996; Soares *et. al.*, 1996a; Brandão, 1998) chamam a atenção para as singularidades do seu significado entre os diferentes segmentos sociais.

13. O valor do salário mínimo no Brasil em março de 1999 era de R$ 130,00, correspondente a cerca de U$ 65,00.

14. Expressão para se referir à participação ilegal de drogas.

15. Segundo o *Jornal do Brasil* (16/8/98:29), dos 5.353 casos de registro de menores infratores no Rio de Janeiro, 10% envolviam garotas. De acordo com a *Folha de S. Paulo* (Revista da Folha 28.7.98), atualmente 65% das detentas da Casa de Detenção Feminina de Taubaté foram presas por envolvimento com drogas ilícitas. Em 1996, esse percentual era inferior a 40%.

16. As descrições apresentadas revelam semelhanças com a análise de Zaluar (1994: 224-33) sobre o papel feminino em um cenário ordenado pelo tráfico. A autora destaca: a função secundária da mulher na atividade profissional; a exposição ao estupro daquelas próximas ao ambiente dos bandidos e com grande número de parceiros e/ou com práticas homoeróticas; a cumplicidade da esposa oficial do bandido; a força moral da mãe; a reprodução do papel tradicional (dona de casa, esposa e mãe); a incorporação dos atributos masculinos por uma minoria que ingressa nesse universo viril.

17. Os movimentos citados são Viva Rio e GerAção; as organizações comunitárias mencionadas são Casa da Paz e Grupo Afro Reggae, localizadas em Vigário Geral.

18. Informada por Soares et al. (1996b), Novaes descreve a "cultura do medo" como "uma certa 'estrutura simbólica de articulação entre representações', no interior da qual fenômenos diferentes (...) (indisciplina do trânsito, briga de galeras) (...) tendem

a ser homogeneizados e definidos como manifestações tópicas de um fenômeno comum: 'a violência carioca'." (1997: 153)

19. Zaluar (1994, 1997) ressalta o conflito entre a valorização de uma ética do trabalhador que é moralmente superior à do bandido, percebido como vagabundo, e a visão negativa do trabalho, concebido como escravidão ou coisa de "otário", devido à intensa carga horária, baixos salários e à submissão aos mandos dos patrões.

20. Para analisar a dinâmica entre as singularidades individuais e o contexto sócio-histórico, Velho utiliza os conceitos de *projeto* ("conduta organizada para atingir finalidades específicas"); *campo de possibilidades* ("dimensão sociocultural, espaço para formulação e implementação de *projetos*") e *potencial de metamorfose* ("capacidade de circulação entre os diferentes domínios e situações, sem maiores danos ou custos psicológicos-sociais") (1994: 40-82).

21. Com base numa pesquisa qualitativa com homens de baixo poder aquisitivo, de 17 a 45 anos, Villa (1998) analisa dilemas na construção da identidade masculina. Destaca-se a contradição entre o incentivo ao exercício de sexualidade autônoma, que motiva a regulação da fecundidade no momento de constituição da união conjugal, e o valor social e cultural da paternidade (papel de reprodutor) no âmbito doméstico. O controle da sexualidade e da reprodução por parte dos homens também entra em conflito com a percepção do poder feminino em relação ao controle da gravidez.

22. No grupo feminino, a análise por coorte aponta para uma diminuição pequena na idade mediana da iniciação sexual: 18,8, no grupo de 20-24, e 20,7, no grupo de 45-49. Na faixa de 20-24, a idade média da primeira relação do grupo sem nenhuma instrução foi de 15,6 e, no grupo com 1 a 3 anos de instrução, de 17,9 (BENFAM, 1996: 77).

23. Os(as) autores(as) tendem a destacar as diferenças entre os bailes. Na definição de Ceccheto (1997: 99-100), no baile de "embate" há menor controle das brigas; no baile normal a briga é organizada; e no baile da comunidade não existe confronto.

24. Ver trabalho de Cunha (1997) sobre a visão de moradores de uma favela do subúrbio e outra da zona sul carioca.

25. Para uma análise do papel dos movimentos musicais, como os bailes funk, na criação de oportunidades de trabalho e ampliação de alternativas de vida para jovens de comunidades carentes, ver Souto, 1997. Com relação à realidade de Vigário Geral, vale citar que os jovens integrantes da banda musical local (Banda Afro Reggae) se profissionalizaram e têm feito apresentações no país e no exterior.

26. Segundo Camarano, "uma das conseqüências da gravidez na adolescência constantemente apontada na literatura é a mortalidade infantil" (1998: 125).

27. *Salada mista* é uma brincadeira de sorteio na qual cada fruta (pêra, uva, maçã) corresponde a uma situação (beijo no rosto, abraço e aperto de mão), sendo que a salada mista é o beijo na boca.

28. Para um menino, "normal é quando a menina aceita fazer o que os dois querem", sugerindo referências ou experiências relacionadas à imposição do parceiro masculino.

29. Em menor proporção apareceram "xereca", "xoxota", "xana", "cocota", "urina", "caixinha", "Bráulio", "peru"; duas meninas não quiseram falar e um menino afirmou "como dizem os livros".

30. Tal frase sugere que, para alguns, o sexo pode significar a penetração ou a felação. Complementando, de acordo com os dados do estudo de Paiva (1996), 81% dos estudantes do 1º grau da rede pública do sexo feminino nunca tinham praticado

sexo anal; entre as universitárias da USP, o percentual caía para 52,1%. No universo dos homens tal diferença inverte-se: o sexo anal não foi praticado por 59,1% dos universitários e por 39,6% dos alunos do 1º grau. Tais dados podem indicar que o sexo anal é menos praticado por mulheres de camadas populares.

31. Um levantamento com 602 estudantes (a maioria do 1º grau) da rede pública de quatro municípios brasileiros revelou que os adjetivos mais citados para caracterizar pessoas que preferem ter relações com pessoas do mesmo sexo foram "corajosas" (45%), "infelizes" (37,5%) e "loucas" (35,1%) (Monteiro, 1995). Tais dados sugerem que as práticas homossexuais são vistas como um enfrentamento da ordem social e sinal de descontentamento e desequilíbrio, refletindo a noção de desvio. Os trabalhos de Costa (1992) e Parker (1989) fornecem contribuições relevantes sobre a compreensão das concepções e práticas homoeróticas.

32. Pesquisas no campo da prevenção da Aids dirigidas a jovens brasileiros (Santos, 1992; Merchan-Hamann, 1996; Paiva, 1996), somadas ao número de casos de Aids e de gravidez precoce, sugerem a baixa freqüência do uso regular de camisinha entre adolescentes. O Ministério da Saúde (1996) divulgou que 23,44% dos 2.821.211 partos realizados pelo Sistema Único de Saúde (SUS) em 1995 foram feitos em gestantes na faixa de 15-19 anos.

33. A autora identifica a influência do modelo hierárquico assimétrico, no qual os atributos masculinos são associados à noção de positividade/atividade e os femininos à negatividade/passividade; contudo, salienta que as representações sobre práticas sexuais e doenças da população investigada devem ser interpretadas de forma integrada a outros sistemas culturais, como o modelo médico higiênico.

34. Sobre políticas sociais na área da educação, ver Madeira, 1998; sobre as diretrizes de políticas e programas de saúde dirigidas para adolescentes e seus entraves, ver Arilha e Calazans, 1998.

Referências Bibliográficas

ARILHA, M. & CALAZANS, G. (1998) "Sexualidade na adolescência: o que há de novo". In: BERQUÓ, E. (org.) *Jovens acontecendo na trilha das políticas*, vol.2. Brasília, Comissão Nacional de População e Desenvolvimento, p. 687-708.

BENFAM (1996) Pesquisa Nacional sobre Demografia e Saúde. Rio de Janeiro.

BERQUÓ, E. (1998) "Quando, como e com quem se casam os jovens brasileiros". In: BERQUÓ, E. (org.) *Jovens acontecendo na trilha das políticas*, vol.2. op. cit., p.93-108.

BOLTON, R. (1992) "Aids and promiscuity: muddles in the models of HIV prevention". *Medical Anthropology*, 14(2-4): 145-223.

BOURDIEU, P. (1995) "A dominação masculina". *Educação e Realidade*, 20(2): 133-84.

BOZON, M. (1995) "Amor, sexualidade e relações sociais de sexo na França contemporânea". *Estudos Feministas*, nº1, ano 3, p.122-35.

BOZON, M. & HEILBORN, M.L. (1996) "Les caresses et les mots: initiations amoureuses à Rio de Janeiro et à Paris". *Terrain*, 27, p.37-58.

BRANDÃO, E. (1998) "Violência conjugal e o recurso feminino à polícia". In: BRUSCHINI, C. & BUARQUE DE HOLLANDA, H. (orgs.) *Horizontes plurais, novos estudos de gênero no Brasil.* São Paulo, Fundação Carlos Chagas: Editora 34, p.51-84.

CAMARANO, A. (1998) "Fecundidade e contracepção da população jovem". In: BERQUÓ, E. (org.) *Jovens acontecendo na trilha das políticas*, vol.1. op. cit., p. 109-34.

CECCHETTO, F. (1997) "As galeras funk cariocas: entre o lúdico e o violento". In: VIANNA, H. (org.) *Galeras cariocas.* Rio de Janeiro, UFRJ, p. 95-118.

COSTA, J. (1992) *A inocência e o vício: estudos sobre homoerotismo.* Rio de Janeiro, Relume-Dumará.

CUNHA, O. (1997) "Conversando com Ice-T: violência e criminalização do funk". In: HERSCHMANN, M. (org.) *Abalando os anos 90, funk e hip-hop: globalização, violência e estilo cultural.* Rio de Janeiro, Rocco, p.86-111.

DANIEL, H. & R. PARKER (1991) *Aids: a terceira epidemia.* São Paulo, Iglu.

DUARTE, L.F. (1988[1986]) *Da vida nervosa nas classes trabalhadoras urbanas.* Rio de Janeiro, Jorge Zahar: CNPq.

DUARTE, L.F., BARSTED, L., TAULOIS, M.R. & GARCIA, M.H. (1993) "Vicissitudes e limites da conversão à cidadania das classes populares brasileiras". *Revista Brasileira de Ciências Sociais*, nº 22, ano 8, p.5-19.

FARMER, P. (1993) *Aids and accusation: Haiti and the geography of blame.* Berkeley, University of California Press.

FOLHA de S. PAULO (1998) "Droga de amor". *Revista da Folha*, 28 de junho.

FRY, P. (1992) "Da hierarquia à igualdade: a construção histórica da homossexualidade no Brasil". In: FRY, P. (org.) *Para inglês ver: identidade política na cultura brasileira.* Rio de Janeiro, Jorge Zahar, p. 87-115.

GAGNON, J. (1990) "The explicit and implicit use of the scripting perspective in sex research". *Annual Review of Sex Research,* vol.1, p.1-43.

GIAMI, A. (1994) "De Kinsey à Aids: a evolução da construção do comportamento sexual em pesquisas quantitativas. In: LOYOLA, M.A. (org.) *Aids e sexualidade: o ponto de vista das ciências sociais.* Rio de Janeiro, Relume-Dumará.

GIDDENS, A. (1991) *As conseqüências da modernidade.* São Paulo, Unesp.

GOUVEIA, P. (1997) Uma "Mulher de verdade": Estudo sobre identidade feminina entre grupos populares. Tese de Mestrado. Instituto de Filosofia e Ciências Humanas — PPCIS, UERJ, Rio de Janeiro.

GUIMARÃES, C.D. (1996) "'Mais merece! O estigma da infecção sexual pelo HIV/Aids em mulheres". *Estudos Feministas*, ano 4 (2): 295-318.

HEILBORN, M.L. (1996) "Violência e mulher". In: VELHO, G. & ALVITO, M. (orgs.) *Cidadania e violência.* Rio de Janeiro, UFRJ: FGV, p.89-98.

———— (1997) "O traçado da vida: gênero e idade em dois bairros populares". In: MADEIRA, F. (org.) *Quem mandou nascer mulher? Estudos sobre adolescentes pobres no Brasil.* São Paulo, Rosa dos Ventos: UNICEF: Fundação Carlos Chagas, p.291-342.

INGHAM, R., WOODCOCK, A. & STENNER, K. (1992) "The limitations of rational decision-making models as applied to young people's sexual behavior". In: AGGLETON, P., DAVIES, P. & HART, G. (orgs.) *Aids: Rights, Risk and Reason.* Londres, The Falmer Press, p.163-73.

JORNAL DO BRASIL (1998) "As meninas do tráfico". *Caderno Cidade*, 16 de junho, p.29.

LAVINAS, L. (1997) "Gênero, cidadania e adolescência". In: MADEIRA, F. (org.) *Quem mandou nascer mulher? Estudos sobre adolescentes pobres no Brasil.* op. cit., p.11-44.

LEAL, O. & LEWGOY, B. (1995) "Pessoa, aborto e contracepção". In: LEAL, O. (org.) *Corpo e significado.* Porto Alegre, UFRGS, p.57-76.

LHOMOND, B. (1996) "Qu'est ce qu'un rapport sexuel? Remarques à propos des enquêtes sur les comportements sexuels". *Mots. Les language du politique*, nº49, p.107-15.

MADEIRA, F. (1997) "A trajetória das meninas dos setores populares: escola, trabalho ou... reclusão". In: MADEIRA, F. (org.) *Quem mandou nascer mulher? Estudos sobre adolescentes pobres no Brasil.* Op. cit., p.45-134.

——— (1998) "Recado dos jovens: mais qualificação". In: BERQUÓ, E. (org.) *Jovens acontecendo na trilha das políticas*, vol.2. Op. cit., p. 427-96.

MANN, J., TARANTOLA, D.J.M. & NETTER, T.W. (orgs.) (1993) *A Aids no mundo.* Rio de Janeiro, ABIA: IMS/UERJ: Relume-Dumará.

MÉRCHAN-HAMANN, E. (1996) Adolescente pobre, escola e prisão. As práticas, representações e cenários culturais dos riscos de HIV/Aids. Tese de Doutorado. Escola Nacional de Saúde Pública, Fundação Oswaldo Cruz, Rio de Janeiro.

MINISTÉRIO DA SAÚDE (1996) Informe sobre o grau de cumprimento das metas da Reunião de Cúpula em Favor da Infância. Brasília, Coordenação Materno-infantil (mimeo).

MONTEIRO, S. (1995) A Aids no contexto escolar: Análise de um programa de prevenção. Tese de Mestrado. Instituto de Medicina Social, UFRJ, Rio de Janeiro.

——— (1999) Aids, sexualidade e gênero: A lógica da proteção entre jovens de um bairro popular carioca. Tese de Doutorado. Escola Nacional de Saúde Pública, Fundação Oswaldo Cruz, Rio de Janeiro.

NOVAES, R. (1997) "Juventudes cariocas: mediações, conflitos e encontros culturais." In: VIANNA, H. (org.) *Galeras cariocas.* Op. cit., p.119-60.

PAIVA, V. (1996) "Sexualidades adolescentes: escolaridade, gênero e o sujeito sexual". In: PARKER. R. & BARBOSA, R. (orgs.) *Sexualidades brasileiras.* Rio de Janeiro, Relume-Dumará, p.213-34.

PAN AMERICAN HEALTH ORGANIZATION (1998) News Release, World Aids Day Statement. Washington, Regional Office for the Americas World Health Organization, November 30.

PARKER, R. (1989) "Youth, identity and homosexuality: The changing shape of sexual life in contemporary Brazil". *Journal of Homosexuality*, 17 (3/4): 269-82.

——— (1996) Empowerment, community mobilization and social change in the face of HIV/Aids. *Aids,* 10 (suppl 3):S27-S23.

——— (1998) "Teorias de intervenção e prevenção do HIV/Aids". In: PARKER, R. & TERTO, V. (orgs.) *Entre homens: homossexualidade e Aids no Brasil.* Rio de Janeiro, ABIA, p.101-9.

PARKER, R., HERDT, G. & CARBALLO, M. (1995) "Cultura sexual, transmissão do HIV e pesquisas sobre Aids". In: CZERESNIA, D., SANTOS, E., SIMÕES BARBOSA, R. & MONTEIRO, S. (orgs.). *Aids, pesquisa social e educação*. São Paulo: Rio de Janeiro, Hucitec: Abrasco, p.17-45.

PATTON, C. (1996) *Fatal Advice. How Safe-sex Education Went Wrong*. Durham: Londres, Duke UP.

SALEM, T. (1981) "Mulheres faveladas: 'com a venda nos olhos'". In: FRANCHETTO *et al.* (orgs.) *Perspectivas Antropológicas da Mulher*, nº1. Rio de Janeiro, Zahar, p.49-99.

SANTOS, E.M. (1992) Aids Related Knowledge and Sexual Practices among Two Groups of Adolescents of Rio de Janeiro, Brazil: A Contribution to HIV/Aids Prevention Programs. Tese de Doutorado. University of Illinois, Urbana-Champaign.

SOARES, L.E., SOARES, B. & CARNEIRO, L.P. (1996a) "Violência contra a mulher: as DEAMs e os pactos domésticos". In: SOARES, L.E. (org.) *Violência e política no Rio de Janeiro*. Rio de Janeiro, ISER: Relume-Dumará, p.65-105.

SOARES, L. E. *et al.* (1996b) *Violência e política no Rio de Janeiro*. Rio de Janeiro, ISER: Relume-Dumará.

SOUTO, J. (1997) "Os outros lados do funk carioca". In: VIANNA, H. (org.) *Galeras cariocas*. Op. cit., p. 59-94.

VAITSMAN, J. (1997) "Pluralidade de mundos entre mulheres urbanas de baixa renda". *Estudos Feministas*, vol.5 (2): 303-20.

VELHO, G. (1994) *Projeto e metamorfose: antropologia das sociedades complexas*. Rio de Janeiro, Jorge Zahar.

——— (1996) "Violência, reciprocidade e desigualdade: uma perspectiva antropológica". In: VELHO, G. & ALVITO, M. (orgs.) *Cidadania e violência*. Op. cit., p.10-24.

VIANNA, H. (1988) *O mundo funk carioca*. Rio de Janeiro, Jorge Zahar.

VILLA, A. (1998) "Haciendo visible a los varones en las relaciones de género". *Boletim Sexualidade, Gênero e Sociedade*, IMS/UERJ, abril, nº 7 e 8.

ZALUAR, A. (1985) *A máquina e a revolta: as organizações populares e o significado da pobreza*. São Paulo, Brasiliense.

——— (1994) *Condomínio do diabo*. Rio de Janeiro, Revan: UFRJ.

——— (1997) "Gangues, galeras e quadrilhas: globalização, juventude e violência". In: VIANNA, H. (org.) *Galeras cariocas*. Op. cit., p.17-57.

Debate

Sexualidade e juventude

EXPOSITORAS: *Brigitte Lhomond, Simone Monteiro e Ondina Leal*
COORDENADOR: *Sérgio Carrara*

Cláudio Ferreira — Normalmente, quando se pergunta sobre a questão do risco de transmissão de doenças, especificamente sobre Aids, uma boa parte das pessoas investigadas costuma dizer que está bem informada. Teriam até condições de utilizar métodos preventivos e mesmo assim a resposta é: "Eu já me expus diversas vezes ao risco de contágio". Eu gostaria de saber qual é a compreensão da Simone sobre isso, e também dos demais colegas: por que as pessoas possuem as informações e mesmo assim não se previnem?

Maria Luiza Heilborn — São duas questões, uma mais genérica — para Brigitte, Ondina e Simone — e uma específica para a Brigitte. A primeira é se de fato a juventude — ainda que nós possamos problematizar o termo "juventude" — vive nessa etapa da vida um momento de experimentação de repertórios de práticas sexuais. De que maneira vocês três encaram isso? Há de fato alguma coisa específica nesse momento da iniciação sexual? A segunda questão é: há um forte contraste entre os dados sobre os jovens na França e os dados sobre os grupos populares do Rio de Janeiro apresentados por Simone. A que você atribuiria, Brigitte, a aproximação entre o calendário masculino e feminino, especificamente no caso da França? Como você encara esse paralelismo cada vez mais intenso, apesar de permanecerem algumas diferenças entre os gêneros?

Simone Monteiro — Respondendo à questão do Cláudio, a informação não muda um comportamento, mas parece que está fazendo mais do que isso: as pessoas estão assumindo que existe algum risco. Para essas pessoas, a gravidez aparece como um risco, mas a Aids não tanto, porque ela ainda está muito associada ao "estrangeiro", àquela idéia de que "familiar protege". Para todos os meus entrevistados, quando indagados se conheciam alguém na comunidade com Aids, apenas um respondeu que sim. Então, alguns dizem que com as meninas "vadias", "safadas", eles se preocupam em usar o preservativo. Com a namorada não, porque eles acreditam que não serão contaminados. Essa questão está relacionada ao tipo de representação que a pessoa tem do parceiro. Essa escolha tem vários critérios. Um é de caráter sentimental: tendo vínculo amoroso, a tendência é não se proteger; quem não tem vínculo, tende a se proteger. O outro é de conhecimento: se é uma pessoa familiar, a tendência é não se proteger, mas com um desconhecido... Um dado que também me chamou a atenção: por mais que eles dissessem que existe diferença entre o uso do preservativo e a pílula, quando eu perguntava o que era a pílula e como funcionava, alguns não sabiam diferenciar. Apesar da representação de que a pílula é ligada ao parceiro conhecido e a camisinha ao desconhecido, alguns não sabiam dizer qual era a diferença. Isso mostra bem o limite da informação, quando ela não está ancorada no sistema de representações dos sujeitos.

Ondina Leal — A questão da Malu [Maria Luiza Heilborn] diz respeito a uma série de tipos de relações sexuais que seriam mais específicos da iniciação sexual e percebidos enquanto experiência. Eu tenho dados de dois grupos etários onde isso se evidencia. Primeiro, essa idéia de experiência, de coisa nova, é muito mais masculina do que feminina. Agora, dentro do recorte do masculino, algumas coisas são legítimas enquanto iniciação, como a relação sexual com outros homens, por exemplo, ou seja, isso está vinculado necessariamente à idéia de experiência e de iniciação sexual. Porém, se gostar e continuar, aí é percebido como problema. Outro exemplo referente ao masculino é o coito oral. Nas classes populares, a idéia do coito oral é imediatamente pensada como atividade masculina, ou seja, tanto um homem quanto uma mulher fazendo sexo oral em outro homem, mas nunca o inverso. A idéia de que a mulher possa ter a felação é pensada como extremamente repugnante, é um assunto tabu. Há uma série de coisas do plano da experiência, mas o recorte de gênero se sobrepõe. No âmbito da pesquisa que eu apresentei aqui, o coito anal heterossexual, do ponto de vista estatístico, se concentra claramente em pessoas mais velhas, homens com mais de 20 anos, já estabelecidos etc. Isso também é pensado como alguma coisa especial dentro do casamento, ou como aquilo que se faz fora de casa, porque é diferente do cotidiano, mas sempre na perspectiva do masculino.

Brigitte Lhomond — Em primeiro lugar, sobre a juventude e a experimentação: se há experimentação, ela ocorre de uma determinada maneira, em uma certa ordem. É verdade que em geral se beija antes de haver o coito; há apenas uma pessoa em cem mil que fez o inverso. As carícias acontecem antes do coito; em contraposição, as atividades orogenitais raramente acontecem antes do coito para aqueles que o praticam. Isso significa que a seqüência de experimentação não é aberta. Um segundo ponto é que algumas experimentações não são escolha. Por exemplo: o sexo anal com intuito de preservar a virgindade das meninas não pode ser entendido como uma escolha — é um ato que convém. Sobre por que o calendário feminino e masculino se aproximam, há grandes tendências: uma é a transformação radical da situação das mulheres, com a sua entrada maciça no mercado de trabalho. Há fortes indicadores sobre essas transformações nos últimos anos. Um outro elemento importante é o fato de que atualmente o controle social sobre os jovens é exercido muito mais pelo grupo de pares, que é muito normativo, mas é diferente da normatividade do controle adulto, parental. Não ter se iniciado na sexualidade é associado a ser meio bobo, e os jovens evitam o risco de passar por isso diante do grupo. Essa aprendizagem físico-afetiva é um dos motores da aproximação dos calendários.

Sérgio Carrara — Tenho uma questão bem específica para a Brigitte. Em certo momento, ela fez referência ao amor como justificativa no discurso das meninas para a relação sexual. Quando se perguntou o motivo, as meninas tendiam a se referir ao amor com muito maior freqüência do que os rapazes. Eu queria saber como você vê a questão da violência, se a violência ocuparia estruturalmente a mesma posição do amor como justificativa para o ato sexual. Uma outra questão mais geral: dizem que o ato sexual só termina quando a gente conta para alguém que o fez. Isso se aplica sobretudo aos homens. Um dos problemas mais complexos nessa área é diferenciar o comportamento efetivo do que se diz e do que se fez. Nós estamos tratando aqui de pesquisas de expressão quantitativa com amostragens de grupos de tamanhos muito diferentes, mas, de todo modo, a questão é essa. Foi usado algum tipo de checagem para saber até que ponto estamos no nível do discurso e até que ponto é a prática efetiva? Ou seja, foram usados outros indicadores conjuntamente com a pesquisa para consolidar um tipo de inferência ou para discuti-la?

Pergunta da platéia — Eu gostaria de saber como foram feitas as abordagens aos entrevistados nas três pesquisas. Como se estabeleceu esse vínculo entre entrevistados e entrevistadores?

Lúcia Ribeiro — A minha primeira pergunta é para a Brigitte: até que ponto há padrões de comportamento socialmente reconhecidos que mudaram nos últimos anos com a influência da mídia? Há influência ideológica, seja de movimentos, partidos políticos ou de envolvimento em algum tipo de organização no comportamento sexual dos jovens? A religião tem peso nisso? E, finalmente, voltando à pergunta da Malu sobre o paralelismo entre rapazes e moças na França e o caso brasileiro: até que ponto a assimetria entre rapazes e moças se deve mais, no caso brasileiro, a uma questão de classe social, sobretudo no caso da pesquisa da Simone, realizada entre setores populares?

Sérgio Barbosa — Tenho observado, no campo da intervenção com grupos de homens, que no relato deles sobre a primeira experiência sexual surge com freqüência a questão da perda de sua virgindade com uma mulher mais velha e que não é mais virgem. Mas na hora de relatar a sua experiência sexual, ele vai citar aquela experiência em que ele tirou a virgindade de uma menina, sempre mais nova. Parece que isso é uma constante no campo da intervenção e prevenção: para o sujeito é um status contar isso para os outros homens — a primeira relação ele não leva em conta, apenas a segunda, quando ele tirou a virgindade de uma moça.

Brigitte Lhomond — Vou tentar responder às perguntas em ordem. Em primeiro lugar, a violência ocupa o mesmo lugar que o amor para justificar o ato sexual? É muito difícil, para as jovens, dizer que foram forçadas. Para além das cifras que indicam o amor em mais da metade dos casos, ter sido forçada na primeira relação sexual, que era uma das modalidades possíveis de resposta sobre o motivo, teve 5%. Então, eu não acredito que a violência seja uma justificativa, na medida em que as respostas a um questionário são também um modo de apresentação de si. Eu falei de justificativa no sentido de olhar de outro modo a análise da relação menina/amor, para tentar desfazer essa visão estereotipada de que "as mulheres amam, os homens trepam". Isso não significa que a menina não acredite no amor, é um pouco mais complicado que isso. Talvez as meninas trepem e precisem dizer que para isso precisam amar.

A questão da relação entre discurso e prática em parte eu respondi falando da apresentação de si. As pessoas dizem o que elas querem dizer. Contudo, foi utilizado um número de perguntas de controle no questionário e também foi feita uma entrevista face a face, de caráter qualitativo, com uma hora de duração, onde se buscou construir uma biografia. É muito difícil inventar uma história de vida e parceiros durante uma hora e mantê-los ao longo da pesquisa sem cometer um deslize. Nós descartamos alguns questionários porque os entrevistadores diziam haver incoerência demais. Sobre o uso do preservativo na primeira relação, por exemplo, fizemos a mesma pergunta com 45 minutos de intervalo entre uma e outra, no início e no fim do questionário, e obtivemos uma convergência de 97% nas respostas, o que é uma boa taxa.

A outra questão diz respeito ao fato de que há muitos discursos afirmando que, quando o tema é sexualidade, as pessoas vão mentir. Mas é preciso lembrar que há 25 anos se disse a mesma coisa sobre as pesquisas de intenção de voto, que as pessoas nunca diriam a verdade, pois o voto é secreto. Mas hoje utiliza-se esse tipo de sondagem para prever as eleições — com margem de erro, obviamente. Não acredito que o tema da sexualidade produza mais erros do que qualquer outro, mas produz o que eu chamo de "apresentação de si". Os entrevistados foram sorteados a partir de uma lista dos alunos da instituição, e a pessoa responsável pela instituição enviou uma carta a eles dizendo que tinham sido sorteados e que um entrevistador iria procurá-los. No local havia uma sala específica para isso, e os alunos tinham, inclusive, o direito de se recusar a comparecer ao encontro. Quando eles compareciam, perguntava-se várias vezes se aceitariam responder. É complicado calcular a taxa de recusa dessa pesquisa porque a maior taxa de recusa foi das instituições cujos responsáveis não queriam ter o trabalho de organizá-la. Assim, a taxa de recusa dos estabelecimentos foi de cerca de 25%, mas ela é muito variável, é preciso analisar como a pesquisa foi feita em cada estabelecimento. Em alguns deles, a taxa foi de 30%, mas sabe-se que ninguém do estabelecimento ajudou a organizar a pesquisa. Então as pessoas não se apresentaram, mas nunca disseram que não queriam. Nesse caso é muito difícil ter um índice de recusa seguro, pois é diferente de quando o contato é feito diretamente com as pessoas.

Sobre a influência da mídia, não havia nenhuma questão sobre televisão ou imprensa escrita que pudesse fornecer indicadores sobre seu papel. Quanto a pertencer ou não a uma organização política, eles são muito jovens! Decidiu-se propor uma modalidade "nenhum grupo ou partido político" e mais de 50% deram essa resposta. Acredito que uma das características essenciais do momento atual seja o desinteresse pela organização partidária. Sobre a religião, entrevistamos alunos de estabelecimentos católicos e laicos, e pensamos inicialmente que seria uma variável importante, mas ela não apontou nada relevante. Em termos de adesão pessoal a uma religião, o único grupo em que a variável é forte, do ponto de vista estatístico, é o de meninas de origem muçulmana — e talvez não se trate realmente de adesão pessoal. Elas, acreditando ou não, praticando ou não, são objeto de um controle familiar muito forte, sobretudo o dos irmãos. Elas se iniciam sexualmente mais tarde do que as outras meninas. Quando eu falei em preservar a virgindade, foi sobretudo no caso delas. Sobre a assimetria nas relações entre rapazes e moças na comparação França/Brasil, ela se refere aos jovens que vivem em situação desfavorecida. Entre os jovens provenientes de meios sociais subalternos e em situação escolar desfavorecida, nota-se que há um duplo padrão de moralidade e que os meninos se iniciam sexualmente mais cedo.

Ondina Leal — Nós não podemos comparar coisas que não são comparáveis. O meu trabalho tem uma amostra bem menor do que o da Brigitte, e as discussões que nós temos aqui são de classes populares — no meu caso, vilas-favelas no Rio Grande do Sul. É bem específico, não é uma amostra da população brasileira, de classe média ou da população em geral. E nesse ponto é importante entender que não há paralelismo, dizer que os franceses estão sendo mais igualitários. Os dados que a Brigitte mostrou são diferentes dos meus: o que ela estava apresentando como paralelismo era a diferença entre a iniciação sexual e como esse calendário transcorria até a relação sexual de fato, e aí não havia diferença entre o masculino e o feminino. Os dados que eu estou trazendo não são relativos só à iniciação sexual, mas a uma população que tem atividade sexual. É aí que eles diferem, não tanto os calendários masculino e feminino, mas as preferências sexuais, os detalhes etc. O que nós classificamos como igualitários e menos igualitários foi em relação à expectativa do prazer sexual. Era uma questão aberta: "você acha que o prazer sexual é igual no homem e na mulher?" Aqui os jovens, rapazes e moças, acham que é igual ou equivalente o prazer de ambos os sexos, e é isso que nós estamos nomeando igualitários. Os mais velhos, homens e mulheres, pensam que são radicalmente diferentes, e há uma ênfase acentuada, no sentido do homem ter muito mais prazer, muito mais atividade sexual, muito mais vontade, muito mais desejo do que a mulher. Esse é um forte recorte de gênero. Em relação à pergunta sobre como chegamos a esses sujeitos, aos entrevistados, trata-se também de pesquisas muito diferenciadas: Brigitte está falando de um *survey* e nós, de uma pesquisa com características de *survey*, mas fundamentalmente etnográfica e prospectiva, ou seja, cada pessoa foi entrevistada face a face de quatro a cinco vezes, durante várias horas.

Também já respondendo ao Sérgio, sobre a questão da assim chamada "veracidade", nesse caso o controle dos dados é muito maior. Quando temos esse tipo de relato de história de vida, fica quase impossível — a menos que a imaginação da pessoa seja muito fértil — inventar tantas coisas. A confiança nos dados é maior, estamos trabalhando com um universo menor, com outro tipo de informação. A nossa taxa de recusa foi praticamente nula, mas a taxa de perda foi de 20%, porque para as entrevistas estava prevista uma continuidade, e a instabilidade social dessas pessoas é muito grande, o que às vezes impossibilita a manutenção do contato. Em cem, dois morreram, uma mulher morreu de aborto. No processo de entrevista, dois foram presos, a maior parte mudou de endereço ou não estava lá quando o entrevistador voltava para a quinta entrevista. Então, 20% é uma taxa de perda, e não de recusa, mas é uma taxa complicada de lidar em termos de pesquisa. Era uma pesquisa domiciliar, o encontro não foi via instituição, nem via contato telefônico. O contato inicial foi feito domiciliarmente e depois usou-se a estratégia de rede de relações "bola-de-neve". A amostra foi intencional por cota, ou seja, à medida que se preenchia tal cota, passava-se à outra, para reproduzir a distribuição etária daquela população.

Há mais duas questões que eu gostaria de abordar. Primeiro, os dados que eu trouxe foram as únicas variáveis que apresentaram correlações significativas. É muito interessante, porque todas as outras variáveis consideradas importantes e principais, como as diferenças socioeconômicas, são muito pequenas quando se está trabalhando com um grupo muito homogêneo. Mas há empregados/não empregados, setor formal/setor informal, os dois pais trabalhando ou não, a casa de tal ou qual nível. Não houve nenhuma correlação nessas outras variáveis em relação à questão de sexualidade; só houve correlações significativas em relação a sexo-gênero. A variável religião também não apresentou nenhuma significância em relação a modos de sexualidade, nem em relação à prática abortiva, sobretudo quando ela era cumulativa: por exemplo, coito anal para uma mulher, se ela é crente, agora não pratica mais; mas antes de ser crente, sim. É muito difícil de se trabalhar com esses dados em função da história cumulativa. Então eu chamo a atenção exatamente para o fato de que gênero passa a ser a grande variável significativa das relações e dos modos de sexualidade.

Simone Monteiro — Vou responder às três perguntas começando por como cheguei até os entrevistados. O primeiro contato foi com um líder comunitário de Vigário Geral, com o qual eu já havia trabalhado anteriormente durante a filmagem de um vídeo. Esse líder acabou tendo que sair da favela por questões de segurança e me recomendou à instituição comunitária local. Essa foi a maneira de entrar lá, pois não se entra em favela assim, sem uma referência. Então, através desses contatos, fui conhecendo os moradores e eles me indicavam outros. Eu nunca bati na porta de ninguém, sempre era indicada e fazia entrevista individual onde a pessoa quisesse. Quanto à questão da verificação dos dados levantada pelo Sérgio, eu tentei, por exemplo, entrevistar o namorado ou a namorada, mas ninguém quis. Creio que porque as perguntas eram íntimas. Havia um retorno positivo, mas sem dúvida havia constrangimentos.

Sérgio Carrara — Eu gostaria de fazer um esclarecimento: minha questão não se referia à veracidade ou não, mas à possibilidade de interpretação dos dados de um jeito ou de outro.

Simone Monteiro — Eu simplificaria essa questão dando um exemplo: houve uma situação em que uma pessoa com 15 ou 16 anos se dizia casada e que não queria filhos naquele momento; eu voltei quinze dias depois e ela estava grávida. Então, há situações em que eventualmente é possível checar alguma informação e você vê como as coisas escapam da entrevista. Fazendo uma ponte com a questão da primeira relação sexual, esse líder, por exemplo, disse que era muito comum na época dele — hoje ele está com 30 anos — a primeira transa ser homossexual. Ele disse: "Mas muito pouca gente vai admitir isso, porque os meus amigos não admitiam nem para mim." É um certo constrangimento, mas ele mesmo se perguntava até que ponto isso se mantinha ou não, porque nenhum dos entrevistados revelou que teve experiência homossexual. Então isso mudou? O que pode ter mudado? Em algumas situações ainda prevalece a idéia de ter uma primeira relação com uma pessoa mais experiente, mais velha. Isso apareceu nos relatos dos meninos, mas alguns se iniciaram com suas namoradas, o que representa uma certa mudança.

PARTE III

SEXUALIDADE E HIV

Bissexualidade masculina: uma identidade negociada?[1]

Regina Ferro do Lago

A bissexualidade, especialmente a masculina, vem despertando interesse crescente à medida que a epidemia de Aids avança. Responsabilizados com freqüência pela disseminação da doença entre a população heterossexual, os bissexuais, no senso comum, detêm uma posição problemática como objeto de suspeita. Desconfiança similar lhes é dirigida por indivíduos engajados na luta pela causa homossexual, pois a pouca visibilidade pública de uma identidade bissexual (caso ela exista) não contribui, na visão desses indivíduos, para a valorização social das identidades sexuais ditas alternativas. Esse debate, presente na mídia, não se faz acompanhar no mesmo ritmo pela pesquisa teórica e empírica, e a bissexualidade permanece insuficientemente problematizada enquanto categoria e pouco explorada no campo das pesquisas sobre sexualidade. Este artigo busca trazer novos elementos sobre o tema, examinando a construção de identidade sexual em uma população masculina que se autodenomina bissexual.

O material empírico aqui analisado provém de questionários e está sistematizado no banco de dados de um estudo epidemiológico realizado no Rio de Janeiro, o Projeto Praça Onze,[2] destinado a homens que fazem sexo com outros homens ou com pessoas de ambos os sexos. As demais informações originam-se de entrevistas com enfoque nas histórias de vida dos informantes, os quais são alguns dos voluntários do Praça Onze que se autoclassificaram como bissexuais.

Sexualidade e Identidade Bissexual

Neste trabalho é adotada uma concepção construtivista da sexualidade, entendendo-a como um domínio dependente de socialização e de atribuição de significados que é regulado por parâmetros sociais (Gagnon & Simon, 1973; Vance, 1991; Weeks, 1986). Rejeita-se, assim, uma visão essencialista da sexualidade, que concebe o sexo como uma energia espontânea, a qual é apenas reorientada pela cultura. Como corolário dessa afirmação, pode-se dizer que identidades sexuais são uma questão que concerne a um determinado contexto social referente à sexualidade. A identidade só ganha relevância e passa a ser o *locus* privilegiado de "verdade do sujeito" na cultura ocidental moderna quando se torna um dos elementos centrais na constituição da identidade social (Foucault, 1985).

Com efeito, a elaboração de uma designação sexual exclusiva para o sujeito é aqui entendida como uma dimensão da identidade social, cujo significado maior ou menor em sua composição é influenciado pelo contexto social. Esse raciocínio se apóia nas idéias de Duarte (1986) sobre o tema, bem como no modo como se pode entender a identidade de maneira não-substantiva e reificada. A identidade social é então concebida como um composto de atributos e valores, que também comporta uma dimensão contrastiva (alteridade) e engloba diferentes instâncias da vida dos sujeitos, localizando-os no mundo social (Heilborn, 1996).

A possibilidade de articulação dinâmica entre identidades social e sexual encontra seu substrato na hipótese construtivista, que postula o caráter cultural e histórico da conduta sexual e se opõe à concepção de que a sexualidade é a mesma, em todos os tempos e em qualquer lugar. As identidades sexuais tampouco são fixadas pela natureza, e só fazem sentido se contrastadas entre si, nos campos socioculturais nos quais se moldam e movem, adquirindo sentido e colorido. Do ponto de vista de Weeks (1995), a sexualidade não apenas é desprovida de um caráter imutável como também é um fenômeno social dos mais sensíveis e sujeitos às mudanças dos *mores* e das relações de poder.

Nos últimos trinta anos, muito se tem escrito a respeito das identidades sexuais, enfocadas ora sob uma perspectiva positiva, como estratégia de visibilidade e ação social, ora de maneira negativa, como limitadoras das possibilidades de expressão da sexualidade (Weeks, 1995). No Brasil, uma importante corrente da produção antropológica tem se ocupado de estudos sobre o tema. Para autores como Fry (1982), Fry e MacRae (1985) e Parker (1991), o universo sexual em nossa cultura se encontra ordenado menos pelas categorias "heterossexual", "homossexual" e "bissexual" do que pela lógica hierárquica de gênero, expressa na dicotomia atividade/passividade.

Segundo a concepção desses autores, essas categorias seriam importações recentes, de impacto crescente, mas que ainda não prevaleceriam no panorama da sexualidade no Brasil. O modelo dominante seria o que dá relevância aos papéis de ativo e passivo, no qual a atividade está relacionada à masculinidade e a passividade, à feminilidade, com evidente supremacia social da primeira sobre a segunda. Com base nessa noção, admite-se que um homem possa ter relações sexuais com outro homem e manter sua identidade masculina, embora não sem alguns problemas, se desempenhar a posição de ativo na relação. Essa modalidade ainda seria hegemônica no país, especialmente nas camadas populares e no interior; porém, estaria sendo pressionada pela redefinição do cenário promovida pelas categorias homo, hetero e bissexual, para a qual toda a discussão sobre sexualidade trazida pela emergência da Aids certamente contribuiu.

Entre essas categorias, a bissexualidade, por ser intermediária, permanece marginal e obscura no interior de um gradiente marcado por uma forte oposição. Vista mais como uma variação da homossexualidade do que como uma extensão do desejo heterossexual (Mendès-Leité, 1996), ela é alvo de desconfiança tanto por parte de hetero quanto de homossexuais.

No campo dos estudos sobre a sexualidade, são raras as referências à bissexualidade; ela permanece como um termo ambíguo, sendo que no entendimento de alguns, como Garber (1997), sequer deveria ser uma categoria. Para a autora, a premência social para a fixação da identidade como homo ou heterossexual não permite o reconhecimento da existência real da bissexualidade. No entanto, a visibilidade social pretendida por Garber não é a da bissexualidade como mais uma orientação sexual, e sim como uma "sexualidade que desfaz a orientação sexual como categoria", questionando a dualidade homo/heterossexualidade em vigor: "uma 'identidade' que confunde a própria categoria de identidade".[3]

Em um dos poucos estudos que tratam da bissexualidade, Messiah e Mouret-Fourme (1993) utilizam os dados da pesquisa ACSF, realizada na França em 1991 e 1992.[4] A partir de entrevistas telefônicas realizadas com 2.284 homens sexualmente ativos, seus achados confirmam a grande variedade de biografias sexuais. Do universo estudado, 38,6 homens em 1.000 relataram ter mantido práticas bissexuais ao menos em algum momento de suas vidas. No tocante à atração sexual, os resultados revelam as aparentes contradições e descompassos entre os desejos expressos e os atos declarados. Por exemplo, entre aqueles que relatam atividade unicamente homossexual em toda a sua vida (1,3/1.000), 18% dizem se sentir atraídos por mulheres; quanto aos heterossexuais exclusivos (872/1.000), cerca de 2% referem atração por homens. Mudanças de prática bissexual para heterossexual ou homossexual (ou o inverso) foram encontradas e não representam, obrigatoriamente, modificações definitivas. Podem significar apenas alternância de fases, simultâneas ou sucessivas, da prática sexual.

A única pesquisa qualitativa encontrada na literatura recente que se ocupa da bissexualidade é o trabalho de Mendès-Leité (1996). Esse estudo confirma vários aspectos evidenciados por Messiah e Mouret-Fourme, como, por exemplo, a possibilidade de sucessão ou concomitância de práticas bissexuais e uma considerável variabilidade nas biografias sexuais. O trabalho constitui-se de vinte entrevistas aprofundadas com homens que relatam atração e atividade sexual com pessoas de ambos os sexos, qualquer que fosse sua autoclassificação sexual.

Em seu trabalho, fica patente a pouca operatividade em definir a bissexualidade sem ser pela adoção do critério êmico. Utilizando-se da escala proposta por Klein (1993), Mendès-Leité avalia comportamento e atração sexuais, fantasias, preferências emocional e social, estilo de vida e auto-identificação. O autor observa que muitas vezes esses itens não se assentam de forma coerente, "como se as lógicas individuais não se alinhassem sobre um único esquema de compreensão" (p.78).

Fica bem documentado que a classificação homo/heterossexual está longe de esgotar as possibilidades de identidades, comportamentos e práticas sexuais. É exemplar a situação de dois de seus entrevistados, engajados em casamentos com mulheres, que não se identificam como heterossexuais. Ambos mantêm vida sexual ativa com suas esposas e têm filhos. Um deles se considera homossexual e assim se classifica porque confere proeminência aos contatos sexuais que mantém com homens. O segundo, embora na mesma situação sexual e familiar, se autodefine como bissexual, concedendo importância idêntica às suas relações com parceiros de ambos os sexos.

Para Mendès-Leité, "o descompasso (...) entre as identidades sócio-sexuais adotadas e as práticas reais se explica pela multiplicidade de variáveis que entram em jogo na elaboração de uma definição sexual de si. Sua formulação, quando ela existe, mistura as experiências, tanto fantasmáticas quanto vividas, tanto experimentadas e desejadas quanto impostas" (p.83). A dificuldade em se estabelecer uma definição de bissexualidade leva o autor a considerar mais apropriado falar em "bis-sexualidades", tal seu polimorfismo.

No grupo estudado por Mendès-Leité, a definição bissexual é a menos adotada. Segundo o autor, uma das razões que explicam esse fato é o pensamento binário, fundador de nossas mentalidades, que, funcionando por contraste, torna difícil outra alternativa de organização do pensamento. Esse sistema também é assinalado por Weeks (1995) como central na divisão bipolar da sexualidade. Além disso, a sustentação da heteros-sexualidade como norma não se dá sempre de forma ostensiva: a coerção social conduz "naturalmente" os indivíduos na direção dos parceiros do sexo oposto, dando-lhes a ilusão de que estão fazendo uma escolha. Um terceiro fator consiste na pressão da socialização, que orienta os indivíduos no sentido da norma, mesmo se esta não corresponde exatamente à sua realidade de vida. A situação da bissexualidade parece ser ainda mais problemática por se encontrar entre duas posições polares.

A adesão a uma identidade sexual é um tema discutido por Costa (1992). Ele considera que tal processo possa constituir um elemento protetor contra a infecção pelo HIV. O autor realiza 42 entrevistas com homens de 17 a 30 anos que sentem atração por pessoas do mesmo sexo. Seu argumento é o de que o risco de contração do vírus está intimamente relacionado à forma como esses homens lidam com o preconceito que lhes é dirigido. Costa categoriza três tipos de reação dos sujeitos em relação ao risco, que ele denomina como "proteção pelo preconceito", "proteção contra o preconceito" e "privatização moral na avaliação do risco". A esta última categoria pertence a maior parte dos indivíduos.

O grupo de "proteção pelo preconceito", em sua maior parte, mantinha relações heterossexuais regulares, autodefinindo-se como homossexual ou como tendo um "problema homossexual". Eles não possuíam de fato contato sexual com outros homens, restringindo-se a fantasias e práticas masturbatórias solitárias; exibiam identificação com os ideais da ética familiar e conjugal heterossexual, demonstrando intenso conflito com o desejo homoerótico. A classificação bissexual não é por eles empregada. Relatavam atração por homens viris e tinham repulsa pelas manifestações da cultura gay ou homossexual. Sentiam-se, dessa forma, protegidos da Aids, cuja contração traria como conseqüência adicional a exposição pública daquilo que tanto desejavam ocultar.

Outra das respostas eficazes contra a epidemia provinha do grupo de "proteção contra o preconceito", constituído por indivíduos que se caracterizavam por aceitar a identidade homossexual/gay e a revalorizavam contra o preconceito e o estigma. O modelo de identidade gay é referido pelo autor como um tipo de identidade de resistência, que possibilita a expressão pública e a formação de redes sociais de apoio e solidariedade. Esse grupo consegue adotar medidas preventivas, pois seu uso transcende a sobrevivência física do "eu" e expressa a adesão a um modelo publicamente partilhável de identidade sexual.

O terceiro grupo é o de "privatização moral na avaliação do risco da infecção", o mais numeroso e cujos componentes se mostravam particularmente vulneráveis ao HIV. Quer se aproximassem de um, quer de outro dos modelos anteriores, suas decisões a respeito das medidas de prevenção não tinham relação com o conhecimento que possuíam sobre a Aids, mas eram fruto da experiência individual, sem compromisso com condutas coletivas. Para Costa, isso se explica porque seus componentes pareciam "não dispor de modelos identitários coercitivos o bastante para integrá-los numa ordem de condutas previsível face ao risco da Aids" (p.184). A falta de modelos culturais públicos e partilháveis de identidades sexuais originava respostas idiossincráticas e desconectadas das práticas eficazes de proteção. Tais proposições parecem válidas para a identidade bissexual, considerando-se os já citados empecilhos que dificultariam sua estabilização.

O Universo da Pesquisa

O universo em discussão, como já foi exposto anteriormente, é proveniente do Projeto Praça Onze, cujo objetivo principal foi o de estimar a incidência de infecções pelo HIV numa coorte de 1.000 homens que tivessem feito sexo com homens, mesmo que também mantivessem relações sexuais com mulheres. Tal projeto contemplava ainda alguns objetivos secundários, tais como investigar fatores biológicos e comportamentais associados ao risco de infecção pelo HIV. A população recrutada situava-se na faixa entre 18 e 50 anos.

Em termos gerais, a rotina do projeto desenvolveu-se mediante o comparecimento semestral dos voluntários. A cada visita foram aplicados seis questionários, entre os quais são de interesse específico para este artigo o que se intitula *Cadastro*, que contém informações de cunho sociodemográfico, e o denominado *Comportamento*, no qual constam as questões referentes ao comportamento sexual. Cumpre notar que não foi o participante quem preencheu os questionários, mas sim um entrevistador, no momento do encontro.

Os participantes foram recrutados em unidades públicas de testagem anônima para o HIV, em bares, saunas, boates e outros locais freqüentados pela clientela em questão, especialmente nas zonas central e norte da cidade. A principal fonte de inserção de voluntários foi o método "bola de neve", ou seja, participantes que são trazidos por amigos que já estão integrados ao projeto.

O grupo apresentou idade média de 28 anos e caracterizou-se por conter participantes das camadas médias-baixas e baixas, com renda individual média de R$ 580,00 e renda familiar média de R$ 1.350,00. Residiam, em sua maior parte, nos subúrbios da cidade, nas áreas mais empobrecidas da zona oeste e na Baixada Fluminense. Vinte e um por cento dos voluntários possuíam até o 1º grau, e 50%, até o 2º grau. Apenas 54% estavam formalmente empregados, e 17% encontravam-se desempregados. A grande maioria recorria aos serviços públicos de saúde quando necessitava de cuidados.

O conjunto dos voluntários do Praça Onze apresentou-se como vulnerável ao HIV, condição confirmada sobretudo pela taxas de soroincidência ali verificadas, que se situavam em torno de 3% ao ano. Tais taxas podem ser consideradas altas em comparação com outros estudos empreendidos junto a grupos com características semelhantes (Luna, 1998).

A definição sexual dos voluntários foi objeto de um dos questionários. As opções oferecidas foram, nesta ordem: "homossexual", "gay", "bissexual", "entendido", "viado", "bofe", "homem" ou "outra", à escolha do participante. Em consonância com a temática central desta investigação, que trata da identidade bissexual, procurou-se encontrar, desde as análises mais genéricas, possíveis contrastes entre essa classificação e as demais. As opções disponíveis foram agregadas da seguinte maneira: "bissexual" permanece como "bissexual"; "homossexual", "gay", "entendido" e "viado" se convertem na categoria "homossexuais e assimilados"; as alternativas "bofe", "homem" e "outra" do questionário são agregadas em uma nova categoria "outra". A partir das categorias criadas, procurou-se então estudar, nesta amostra, qual seria a situação dos autodenominados "bissexuais" em relação aos demais participantes que declararam uma definição diversa, em especial os "homossexuais e assimilados".

Na abordagem quantitativa dos dados foram consideradas apenas as respostas fornecidas no primeiro atendimento. Foi obtido um total de 735 respostas, sendo que 94 delas provêm dos "bissexuais", 527 dos "homossexuais e assimilados" e 114 dos membros da categoria "outra". A partir da agregação de categorias formulada, vários temas foram estudados, como será apresentado a seguir. No tocante às entrevistas, em número de sete, buscou-se o controle da significação, privilegiando-se as lógicas de construção identitária, sua articulação com as categorias de gênero e o exercício da sexualidade, entre aqueles que escolheram a definição "bissexual" em suas visitas.

A Vulnerabilidade ao HIV

A vulnerabilidade ao HIV foi avaliada à luz do modelo proposto por Mann e colaboradores (1993). A matriz concebida pelos autores foi adaptada às variáveis pesquisadas no Projeto Praça Onze. Com base nos questionários aplicados no primeiro atendimento, as respostas dos "bissexuais" e "homossexuais e assimilados" foram comparadas: verificou-se que, no tocante aos indicadores de vulnerabilidade social, como escolaridade, renda, situação de emprego e acesso aos serviços de saúde, não há diferença significativa entre essas duas categorias situando-se ambas próximas aos valores médios relatados no item anterior.

No que concerne aos indicadores de vulnerabilidade individual, como conhecimento sobre HIV/Aids e mudança de comportamento relatada, nota-se ocorrer em todo o grupo algo já registrado na literatura sobre a epidemia: embora o nível de conhecimento seja alto, ele não se traduz na adoção de medidas efetivas de precaução. Contudo, é importante observar que, contrastando-se os "bissexuais" e os "homossexuais e assimilados" quanto a esses aspectos, os primeiros não se mostram mais displicentes do que os segundos. Esse achado merece uma reflexão.

Em tese, alguns elementos parecem se conjugar para reputar os bissexuais como mais vulneráveis que os demais participantes, em especial, os homossexuais, gays e entendidos. A bibliografia sobre o tema aponta a difícil sustentabilidade da identidade bissexual por seu caráter marginal entre a homo e a heterossexualidade, bem como pelo fato de ser desprovida de elementos identificatórios publicamente partilháveis. Entretanto, os autodenominados bissexuais não apresentam indicadores de vulnerabilidade mais altos do que aqueles que se autodefinem como homossexuais ou categorias similares. Em outras palavras, as peculiaridades da "identidade" bissexual não se traduzem em menor conhecimento sobre a doença, baixa percepção de risco ou atitudes como menor uso de preservativo do que referem os homossexuais, gays ou entendidos declarados.

A acomodação entre as definições sexuais escolhidas e as práticas sexuais relatadas também foi alvo de estudo. Para tal, *exclusivamente neste tópico* utilizou-se uma estratégia diferente de construção das categorias (Tabela 1).

Tabela 1 — Freqüência dos voluntários por definição e prática*

Grupo	N	%
Bissexual – sexo c/ mulheres e homens	58	8
Bissexual – sexo só com homens	44	6
Não-bissexual – sexo c/ mulheres e homens	93	13
Não-bissexual – sexo só com homens	517	73
Total	712	100

* Foram considerados apenas aqueles sexualmente ativos nos 6 meses anteriores ao atendimento.

As respostas aos questionários ratificam que nem sempre as definições escolhidas pelos participantes guardam relação estrita com as condutas sexuais. Há os que se declaram "bissexuais" que não fazem sexo com mulheres. Também são encontrados aqueles que não se autodenominam "bissexuais" e que têm relações com pessoas de ambos os sexos. Com relação a estes últimos, especificamente, observou-se que nesse grupo são encontrados indivíduos de todas as classificações oferecidas. Ainda assim é significativo o fato de que todos os indivíduos que se autodenominam "homem" e "heterossexual" estejam incluídos nesse segmento. Esse material aponta para elementos que corroboram a discussão sobre identidade sexual como um plano de construção simbólica em que intervêm valores e concepções de mundo que extrapolam o âmbito da sexualidade. A identidade sexual não é, assim, uma mera descrição das práticas.

Em termos de vulnerabilidade, esse panorama enseja algumas suposições. É possível que os indivíduos que se autoclassificam como "homem" e "heterossexual", embora tenham contatos sexuais com outros homens, não sejam de fato alcançados pelas comunicações dirigidas aos homossexuais e gays por não se sentirem contemplados nessas categorias, o que reforça a idéia de que o foco das mensagens deva incidir sobre as práticas, e não sobre a identidade sexual.

A Administração do Segredo

O interesse dos "bissexuais" por outros homens é marcado por forte sigilo, o que se conclui tanto com base nos dados fornecidos pelos questionários (Tabela 2), quanto a partir dos depoimentos.

Tabela 2 — Voluntários por categoria de definição e pessoas e/ou instituições que conhecem suas preferências sexuais

Quem conhece*	Bissexual N=94		Homo/assimilados N=527		Outra N=114		Total N=735	
	Nº	%	Nº	%	Nº	%	Nº	%
Familiares	24	26	307	58	58	51	389	53
Vizinhos	12	13	137	26	39	34	188	26
Amigos	77	82	476	90	82	72	635	86
Colegas de trabalho e/ou estudo	26	28	248	47	42	37	316	43
Serviços de saúde	10	11	120	2	26	23	156	21
Nenhum desses	12	13	22	4	24	21	58	8
Não responderam	0	0	1	0	0	0	1	0

* Os respondentes podem ter escolhido mais de uma alternativa.

Os "bissexuais" são os que mantêm o maior nível de segredo, especialmente em relação aos familiares, para quem apenas um quarto deles revela suas preferências, contra mais da metade dos "homossexuais e assimilados". Os "amigos" são aqueles que mais freqüentemente conhecem as preferências sexuais dos voluntários de maneira geral, e não apenas dos "bissexuais".

Das entrevistas depreendeu-se que a rede de sociabilidade dos depoentes encontra-se delineada em três esferas. A primeira diz respeito ao convívio familiar. No contexto em questão, é revelador o peso dado à parentela como rede de sociabilidade e, por conseqüência, como instância de referência na construção da identidade. De forma geral, os entrevistados mantêm vínculos estreitos com seus familiares e moram com seus pais e outros parentes. Enfatiza-se, assim, que a família constitui um valor demarcatório central do universo em estudo, o que parte da literatura antropológica brasileira convencionou chamar de *tradicional* (Velho, 1998; Heilborn, 1984).

A segunda esfera de sociabilidade consiste nos amigos, colegas e vizinhos com quem freqüentam lugares públicos que não pertencem ao circuito de homens que fazem sexo com outros homens. Os entrevistados são enfáticos ao afirmar que suas relações sociais não se restringem ao campo de suas vidas sexuais e valorizam muito os contatos com os amigos. Embora estes não conheçam as inclinações sexuais desses sujeitos, muitas vezes ocupam o lugar de confidentes para assuntos diversos de suas existências.

Paralelamente a essas redes há sempre uma outra, mais restrita, que diz respeito exclusivamente a outros homens homoeroticamente inclinados. Essa rede serve de suporte para as incursões no mundo dos homens que fazem sexo com homens e para a busca de parceiros. Os entrevistados se fazem acompanhar desses amigos nos espaços gays, como bares, boates e saunas, que freqüentam com alguma regularidade. A rede que se desenha é muito reduzida, formada por duas a dez pessoas, no máximo. Eventualmente, seus componentes são também parceiros sexuais.

Nenhum dos entrevistados torna suas escolhas sexuais visíveis. Mesmo o convívio com a rede restrita de amigos é compartilhado com discrição, sem exposição em locais onde pudessem ser identificados como homo ou bissexuais por pessoas "fora do meio" que pudessem colocar em risco a identidade heterossexual que sustentam socialmente. A guarda do sigilo requer a organização de estratégias cuidadosas, que incluem precauções para não serem vistos em público com seus parceiros ou a manutenção de relacionamentos heterossexuais, desejados ou não, como forma de dissipar suspeitas familiares.

A rede familiar e a de amigos externos ao universo de homens homoeroticamente inclinados podem se interconectar. Porém, tão íntimos são seus laços familiares quanto rigoroso é o sigilo que cerca a rede restrita. A existência de parceiros masculinos não é conhecida nem por familiares próximos, nem por colegas de trabalho e demais companheiros. Eventualmente, eles lhes são apresentados apenas como "amigos".

Em síntese, a rede que ampara esse estilo de vida é diminuta e a clandestinidade é a sua marca principal. Tal indicação é compatível com os achados dos dados quantitativos: nos três grupos comparados, os que se declaram bissexuais são os que mais fortemente mantêm o sigilo sobre suas relações com outros homens. Convém notar que, embora a maior parte dos bissexuais revele suas preferências sexuais a esses amigos, isso não significa que eles sejam numerosos.

Parcerias e Práticas Sexuais

As respostas aos questionários mostram qual é o grupo mais orientado para a busca de parceiros homens. Destaca-se que quase 60% dos participantes do projeto referem parceria fixa masculina em seus relacionamentos, com nítida predominância desse tipo de parceria entre os "homossexuais e assimilados". Esses achados contrastam de forma importante com os percentuais referentes às parceiras fixas femininas, que são de apenas 11% para o conjunto. A parceria ocasional masculina apresenta as freqüências mais altas para todas as categorias e parece ser o padrão típico dos voluntários do projeto.

No caso dos "bissexuais", não há diferenças relevantes entre as freqüências das parcerias femininas fixas e casuais. Em ambas as modalidades, os percentuais situam-se em torno dos 30%, comparando-se com valores cerca de duas vezes maiores para as parcerias masculinas. Assim, o grupo "bissexual" se enquadra no perfil predominantemente orientado para a busca de outros homens como parceiros. No entanto, esse fato não pode ser tomado isoladamente, visto que é perceptível a diferença entre estes e a parcela mínima (4%) dos "homossexuais e assimilados" no que concerne às parcerias femininas. Portanto, como já foi dito anteriormente, há coincidência entre a autodefinição bissexual e a atividade sexual, mas esta é relativa.

Contudo, a alta freqüência de "bissexuais" que não possuem parcerias femininas fixas (60%) também assinala a divergência dessa população diante da imagem mais difundida dos bissexuais como "homens que têm uma parceira regular e contatos episódicos com outros homens". Esse padrão foi encontrado, mas não é o predominante no universo estudado.

Nas entrevistas, o exame das parcerias confirma de forma exemplar os achados quantitativos e esclarece as lógicas em que se baseiam a classificação das parcerias em "fixas" e "casuais". Assim, os parceiros e parceiras qualificados como fixos foram aqueles aos quais foi dirigido algum interesse afetivo, mesmo que as condutas sexuais não tenham existido. Nas parcerias designadas como casuais, ao contrário, unicamente a atração sexual estava envolvida. O tempo de duração do relacionamento foi, em todos os casos, julgado secundário. Muitas vezes foram narradas como fixas parcerias de duração muito curta. O número de parcerias fixas femininas e masculinas em toda a vida é pequeno, e o número de parceiros fixos e parceiras fixas é equivalente para cada participante. As parcerias casuais masculinas é que tendem a ser mais numerosas do que as femininas, como também se verificou nos achados quantitativos.

Representações sobre Homossexualidade e Identidade Bissexual

As entrevistas mostram que a homossexualidade é vista como um estigma. As representações sobre esse tema elucidam a escolha pela definição bissexual, sendo possível supor que essa visão negativa esteja relacionada ao estrito sigilo sobre o interesse por outros homens. Especialmente as categorias "bicha" e "viado" são valoradas negativamente e vistas como próprias de homens efeminados, o que ressalta a percepção do caráter de gênero nelas imbuído. Embora as categorias "homossexual" e "gay" estejam menos relacionadas às representações de gênero feminino, ainda conservam esse nexo. Ambas são igualmente recusadas, também por possuírem como tônica a ênfase no caráter identitário. Com efeito, a qualidade de afirmação pública de identidade sócio-sexual é o aspecto dessas categorias mais criticado pelos depoentes. Enfim, todas as categorias do universo gay são rejeitadas, pelo perigo da "contaminação" da identidade social.

Para os entrevistados, a definição genérica da bissexualidade se funda muito mais sobre a atração por pessoas de ambos os sexos do que propriamente sobre a prática sexual. Houve dificuldades em se definir o caráter dessa atração. Embora o componente sexual sempre fosse mencionado, o envolvimento afetivo foi o diferencial que poderia definir a identidade sexual. Em outras palavras, o "apaixonamento", ou a capacidade de "gostar" ou "amar" outros homens, é a evidência que confirma de maneira cabal o caráter homossexual ou bissexual das identidades sexuais.

No grupo estudado, a atração não é equivalente entre os dois sexos; ela pende para os homens. Isso introduz um paradoxo na concepção da identidade, uma vez que o principal critério êmico de definição é a atração. Tal situação contribui para conferir à classificação "bissexual" um caráter instável. A hipótese de que a bissexualidade não possui reconhecimento social que possa conceder a seus partidários elementos identificatórios de grupo publicamente partilháveis pode ser evocada como a razão dessa fragilidade. De qualquer forma, também os depoimentos mostram que as autoclassificações não se encontram *pari passu* com as condutas sexuais. Não há um esquema único de compreensão que concatene as lógicas individuais. As entrevistas demonstram que a bissexualidade é definida a partir de critérios múltiplos. Embora a "atração" tenha sido preponderante, vários outros quesitos estão envolvidos em um mosaico que inclui o caráter mais terno ou mais sexual, os comportamentos realizados e as preferências de rede de sociabilidade.

Gênero e Identidade Sócio-Sexual

Este artigo vem demonstrando a relativa independência entre práticas sexuais e processos de construção de identidade. Contudo, existem alguns elementos de conexão lógica entre os dois planos. É possível afirmar que as categorias de gênero sejam as principais mediadoras dessa articulação. O exemplo do sexo anal é ilustrativo dessa proposição.

A prática anal é focalizada de modo especial pela relevância dada na literatura ao binômio atividade/passividade como categorização ordenadora da esfera sexual no Brasil e pelos nexos que mantém com a identidade masculina no que concerne aos papéis de ativo, identificado ao masculino, e passivo, relacionado ao feminino. Os Quadros 1 e 2 resumem os achados.

Quadro 1 — Tipo de prática e parceria nas três categorias

Prática	Parceria fixa masculina
Insertiva	Bissexual (42%) = Homossexual/assimilados (43%)
Receptiva	Bissexual (30%) < Homossexual/assimilados (47%)
	Parceria casual masculina
Insertiva	Bissexual (43%) > Homossexual/assimilados (37%)
Receptiva	Bissexual (22%) < Homossexual/assimilados (39%)

No Quadro 1 observa-se que tanto nas parcerias estáveis quanto nas ocasionais os "bissexuais" são menos propensos a realizar o sexo receptivo do que os "homossexuais e assimilados". No caso da parceria casual, as freqüências são cerca de duas vezes menores.

Quadro 2 — Categorias e nexos entre status da parceria e prática sexual

Categoria	**Status da parceria e prática sexual**
Bissexual	Insertivo fixo (42%) = Insertivo casual (43%) > Receptivo fixo (30%) > Receptivo casual (22%)
Homossexual/ Assimilados	Receptivo fixo (47%) = Insertivo fixo (43%) > Receptivo casual (39%) = Insertivo casual (37%)

No Quadro 2, os dados sugerem diferentes lógicas na efetivação das atividades sexuais, de acordo com as identidades adotadas. No grupo "bissexual", as maiores freqüências estão relacionadas à prática insertiva, conferindo mais relevância ao tipo de prática do que ao estilo de parceria. Diversa é a situação dos "homossexuais e assimilados", para quem as freqüências mais altas estão relacionadas à parceria fixa, o que evidencia o status da parceria como critério para a realização das práticas.

Esses resultados parecem indicar a prática anal receptiva como uma modalidade de sexo mais afeita aos "homossexuais". Ressalta-se aqui a dimensão simbólica associada a essa prática. Além disso, insinuam-se também as diferenças de tratamento devidas aos parceiros categorizados como fixos em relação aos ocasionais. As entrevistas, como se verá mais adiante, lançam luz sobre os significados nos quais se baseiam essas lógicas.

Os depoimentos demonstraram que as representações de gênero orientam todo o panorama das identidades sexuais. Em relação ao feminino, preponderam as classificações tradicionais de gênero, implicitamente dispostas em pares de oposição, como a "piranha" x a "mulher de casar" ou a "honesta" (Bozon & Heilborn, 1996). São valorizadas a virgindade e a maternidade. As características consideradas tipicamente femininas, além das físicas, são a delicadeza, a graça, a fragilidade e a doçura.

A masculinidade foi descrita em função de características biológicas, mas sobretudo morais e "comportamentais", que compreendem a estética e a *hexis* corporal. Todos mencionam o valor do comportamento viril e másculo, mas não "machão". As noções de "marido" e "pai de família" também possuem valor fundamental, e o desejo de paternidade é extremamente relevante no grupo estudado.

Masculino e feminino são vistos como campos demarcados por fronteiras que não devem ser transpostas. A definição de masculino se dá prioritariamente por oposição ao feminino, mais como aquilo que o homem "não pode" ou "não deve" ser, a fim de que sua masculinidade jamais seja questionada.

Todos os entrevistados mostram marcada preferência por homens másculos e mulheres femininas. É possível que a evitação do contato estreito com homens femininos seja um efeito de diferenciação simbólica do meio homossexual e que ajude a demarcar os limites entre as identidades social e sexual desses homens.

Talvez o ponto mais curioso da acomodação entre o sistema de gênero e as identidades sexuais se localize na questão da atividade sexual. A prática mais realizada com homens é o sexo anal insertivo. Eles dizem não gostar do sexo anal receptivo sem conseguir esclarecer o porquê, quando inquiridos. Entre os atos relatados, ser masturbado pelo parceiro é bastante mencionado. Entretanto, há restrições a masturbar o parceiro ou fazer felação. Na verdade, nota-se uma recusa ou resistência não apenas à prática como passivo, mas também às práticas simétricas e recíprocas em que eles possam perder a posição de insertivo ou ativo, mesmo que não se esteja falando propriamente de atividade anal (Heilborn, 1992).

Não parece provável que a recusa do papel de passivo no sexo seja casual ou esteja desvinculada da manutenção da masculinidade. No caso dos informantes, pode-se imaginar que desempenhar somente o papel de ativo os mantenha afastados, simbolicamente, da homossexualidade.

Considerando que a noção de homem se encontra subsumida à de heterossexual, a bissexualidade no grupo em análise parece mais significar uma escolha "não-homossexual", em que a atração por mulheres, embora autêntica em todos os entrevistados, também cumpre a função de salvaguarda ou garantia da masculinidade.

Conclusões

Neste estudo, os bissexuais não correspondem à propalada imagem de difusores do HIV para a população feminina. Em primeiro lugar, eles não parecem ser mais propensos a negligenciar as medidas de prevenção contra o HIV do que os homossexuais e categorias semelhantes. Isso põe em xeque um argumento de cunho psicológico do senso comum, e muito difundido na mídia, que qualifica os bissexuais como homossexuais "não assumidos" e que supõe que da "negação psicológica" dessa "condição" faria parte o descuido das medidas preventivas. Em segundo lugar, seu perfil corresponde apenas em parte à idéia clássica do bissexual como aquele que tem uma parceira feminina regular e contatos ocasionais com outros homens.

Sem dúvida, deve-se levar em conta que o grupo como um todo é de inclinação homoerótica.

No tocante aos critérios de definição da bissexualidade viu-se que, embora a "atração" detenha um papel central, a denominação mostra-se tributária de uma série de elementos, como a qualidade mais terna ou erótica da atração, as condutas sexuais e as preferências de rede de sociabilidade. Esses componentes estão em complexa articulação e competem para a conformação de uma identidade instável.

A clandestinidade não é isolada da representação negativa que se tem da homossexualidade, encarada como a antítese da masculinidade. A influência das categorias de gênero nas denominações sexuais é amplamente confirmada e excede em muito o binômio atividade/passividade. Fica claro o quanto as categorias tradicionais de gênero estabelecem esferas separadas de atuação masculina e feminina. A subordinação à dimensão maior de identidade social se dá através do gênero.

A delicada gestão do segredo, a cuidadosa exibição de signos externos viris e o exercício das práticas sexuais esperadas são elementos fundamentais na manutenção da identidade masculina. A masculinidade é também uma categoria moral, que, além da *hexis* corporal própria, requer o manejo das emoções e o exercício de uma certa "firmeza moral".

No grupo em estudo, a bissexualidade não se constitui propriamente como uma identidade ou mesmo um status socialmente reconhecido. Ela também não é simplesmente uma recusa conservadora em admitir a homossexualidade, embora componentes de rejeição ao estigma estejam presentes. No caso dos entrevistados, ela se reveste de contornos que a caracterizam como um status precariamente forjado ou provisório, que dá sentido a sentimentos e experiências que fogem à polarização social de categorias hegemônicas relativas à sexualidade. De certa forma, pode-se dizer que a identidade bissexual, ainda que secreta, impõe-se aos entrevistados como alternativa ao temor da identificação com a homossexualidade. Assim, a "adoção" dessa identidade por parte dos sujeitos necessita ser relativizada, uma vez que ela, de alguma maneira, também os captura como proposição possível de solução de um dilema.

Notas

1. Este artigo é uma adaptação de dois capítulos da dissertação de mestrado em saúde coletiva apresentada pela autora ao IMS/UERJ. Para maiores detalhes, ver Lago, 1999.

2. Agradeço aos doutores Mauro Schechter e Lee Harrison, investigadores principais do Projeto Praça Onze, pelo apoio prestado e por tornarem possível o acesso aos

dados. Tal projeto foi financiado pelos National Institutes of Health dos Estados Unidos, através do Family Health International, contrato N01-AI35173-115.

3. Cabe contextualizar a ênfase na não-fixidez das identidades sexuais como uma preocupação pós-moderna, e não apenas da autora.

4. A sigla significa Analyse des Comportements Sexuels en France. Essa pesquisa, realizada com amostra representativa no plano nacional, contou com 20.055 pessoas entrevistadas por telefone. Os 2.284 homens mencionados a seguir foram extraídos de uma subamostra de 4.820 pessoas selecionadas para serem entrevistadas mais longamente. Para maiores detalhes sobre a pesquisa, ver Spira e Bajos, 1993

Referências Bibliográficas

BOZON, M. & HEILBORN, M.L. (1996) "Les caresses et les mots: initiation amoureuse à Rio de Janeiro et à Paris". *Terrain*, nº 27, Paris, setembro.

COSTA, J.F. (1992) *A inocência e o vício: estudos sobre o homoerotismo.* Rio de Janeiro, Relume-Dumará.

DUARTE, L.F.D. (1986) *Da vida nervosa nas classes trabalhadoras urbanas.* Rio de Janeiro, Jorge Zahar: CNPq.

FOUCAULT, M. (1985) *História da sexualidade 1: a vontade de saber.* Rio de Janeiro, Graal.

FRY, P. (1982) *Para inglês ver: identidade e política na cultura brasileira.* Rio de Janeiro, Zahar.

FRY, P. & MACRAE, E. (1985) *O que é homossexualidade?* São Paulo, Abril Cultural: Brasiliense.

GAGNON, J. & SIMON, W. (1973) *Sexual Conduct: the Social Sources of Human Sexuality.* Chicago, Aldine.

GARBER, M. (1997) *Vice-versa: bissexualidade e o erotismo na vida cotidiana.* Rio de Janeiro, Record.

HEILBORN, M.L. (1984) "Visão de mundo e ethos em camadas médias suburbanas". *Ciências Sociais Hoje.* São Paulo, Cortez.

——— (1992) Dois é par. Conjugalidade, gênero e identidade sexual em contexto igualitário. Tese de Doutoramento. Programa de Pós-Graduação em Antropologia Social, Museu Nacional, UFRJ, Rio de Janeiro.

——— (1996) "Ser ou estar homossexual: dilemas de construção de identidade social". In: PARKER, R. & BARBOSA, R.M. (orgs.) *Sexualidades brasileiras.* Rio de Janeiro, Relume-Dumará.

KLEIN, F. (1993) *The Bisexual Option.* Nova York, The Haworth Press.

LAGO, R.F. (1999) Bissexualidade masculina: Dilemas de construção de identidade sexual. Dissertação de Mestrado em Saúde Coletiva, IMS/UERJ, Rio de Janeiro.

LUNA, E.J.A. (1998) Uma abordagem epidemiológica dos comportamentos de risco para a infecção pelo HIV entre homens que fazem sexo com homens. Tese de Doutorado, FMUSP, São Paulo.

MANN, J., TARANTOLA, D.J.M. & NETTER, T.W. (orgs.), (1993) *A Aids no mundo.* Rio de Janeiro, Relume-Dumará: ABIA: IMS/UERJ.

MENDÈS-LEITÉ, R. (1996) *Bisexualité: le dernier tabou.* Paris, Calmann-Lévy.

MESSIAH, A. & MOURET-FOURME, E. (1993) "Homosexualité, bisexualité: éléments de socio-biographie sexuelle". *Population,* ano 48, nº 5. Paris, set/out.

PARKER, R. (1991) *Corpos, prazeres e paixões: a cultura sexual no Brasil contemporâneo.* São Paulo, Best Seller.

SPIRA, A. & BAJOS, N. (1993) *Les comportements sexuels en France.* Paris, La Documentation Française.

VANCE, C. (1991) "Anthropology rediscovers sexuality: a theoretical comment". *Social Science and Medicine* 33.

VELHO, G. (1998) *Nobres e anjos.* Rio de Janeiro, FGV.

WEEKS, J. (1986) *Sexuality.* Chischester: Londres, Ellis Horwood and Tavistok.

__________ (1995) "History, desire and identities". In: PARKER, R. & GAGNON, J. (orgs.) *Conceiving Sexuality: Approaches to Sex in a Postmodern World.* Nova York: Londres, Routledge.

Sexualidade e mudanças de comportamentos:
uma estratégia lúdica de prevenção da Aids

Juan José Meré Rouco

Jonathan Mann, em uma de suas últimas intervenções públicas, afirmou que "a epidemia de Aids tem se estendido em todo o mundo seguindo sempre as fissuras de cada sociedade", sintetizando a complexidade da dinâmica epidemiológica e a amplitude dos desafios éticos, pedagógicos e sociais com que as ações de prevenção continuam se confrontando. Nas sociedades latino-americanas, a epidemia de Aids se configurou rapidamente como um espaço social crítico — ou um "fenômeno social total", segundo Marcel Mauss (1968) — que interpelou o conjunto das esferas sociais. A Aids sacudiu implacavelmente os lugares mais recônditos da privacidade, colocando cada pessoa diante da sexualidade, do relacionamento com o outro, da intimidade de sua individualidade.

Apesar dos esforços preventivos, estima-se hoje que 30 milhões de pessoas convivam com o HIV, das quais quase 90% se encontram nos países em desenvolvimento. A cada dia, 16 mil pessoas são infectadas, sendo mais da metade jovens com menos de 24 anos (Mann & Tarantola, 1998). Aproximadamente 75% dessas pessoas se infectaram em relações sexuais, dificultando de forma dramática a intervenção no espaço social onde se dá majoritariamente o risco e a transmissão, ou seja, a trama íntima de nossa vida afetiva e sexual.

Como assinalou Ronald Bayer (1989), não se trata apenas da questão de como e quando venceremos a Aids, o que poderia eventualmente resumir-se a uma mera questão técnica, mas sobretudo de saber que sociedade surgirá no final desse processo. Dessa forma, esses quinze anos de intervenções preventivas começaram a questionar fortemente os modelos tradicionais de educação em saúde em seus componentes básicos: os desenhos pedagógicos, as propostas didáticas e, sobretudo, o conceito de sujeito neles implícito.

A Aids explicitou com precisão o nó górdio das estratégias de prevenção em saúde coletiva: como conseguir modificar comportamentos ancorados na afetividade, construídos nas particularidades da vida cotidiana e modelados por implacáveis marcos socioculturais? Na realidade, partindo de um desafio pedagógico, o fio da discussão nos leva diretamente a uma reflexão epistemológica central sobre que ser humano se pressupõe, que processo cognitivo se desenvolve, que elo o articula com os comportamentos concretos e que trama social se configura com a intervenção educativa.

Assim, num primeiro momento, apresentaremos aqui o modelo teórico que sustentou as ações de intervenção preventiva, seja na mídia ou nas microiniciativas, confrontando-o com diversas pesquisas que desvendaram a complexidade das relações entre conhecimento e práticas na área da sexualidade.

Em seguida, considerando a sexualidade como uma construção social e histórica, explicitaremos alguns pressupostos teóricos derivados dos trabalhos de Pierre Bourdieu, em particular os referentes à dominação masculina (1995, 1996, 1998). Suas contribuições sobre o *habitus* feminino e masculino e as relações de gênero nos permitem uma melhor compreensão da sexualidade como uma esfera da vida inserida na dinâmica do conjunto das relações sociais, oferecendo, assim, elementos pertinentes para o desenho das opções estratégicas realizadas no campo da prevenção comunitária.

Por fim, apresentaremos algumas pistas preliminares oferecidas pela pesquisa em andamento, sobre uma estratégia lúdica de prevenção da transmissão sexual da Aids, desenhada e implementada pela equipe de saúde do IDES (Instituto de Investigación y Desarrollo) de Montevidéu, no Uruguai.[1] Essa perspectiva de desenvolvimento de recursos pedagógicos inovadores para as estratégias preventivas pretende se articular com uma reflexão mais ampla sobre o processo de desconstrução/construção social do conhecimento em saúde, buscando contribuir com o campo mais amplo da saúde coletiva a partir de aprendizagens significativas realizadas na luta contra a Aids.

A Racionalidade como Comportamento Saudável

- "Para não permanecer na obscuridade: Aids ou Vida";
- "Ele também não acreditou na Aids";
- "É preferível passar por egoísta do que te passarem Aids: não partilhe seus objetos de uso pessoal";
- "Se você não tem parceiro fixo, use preservativo";
- "Seu comportamento pessoal é a chave para não contrair Aids";
- "Um remédio contra a Aids já foi inventado: a fidelidade".

Durante a primeira década a partir do surgimento da Aids, esses slogans estruturaram as mensagens preventivas das campanhas oficiais no Uruguai. Sem descartar um fundamento em valores morais tradicionais, a prevenção enfatizava os riscos e as conseqüências irreversíveis da contaminação, apostando exclusivamente na mudança da ação individual, centrada na responsabilidade de cada pessoa.[2] Sem diferenciar-se do panorama mundial dominante naquele momento, essas primeiras campanhas se organizaram segundo um enfoque psicossocial dos determinantes dos comportamentos individuais, cuja principal referência em saúde pública foi o Health Belief Model (modelo de crenças em saúde), inicialmente elaborado para uma campanha finlandesa contra as doenças cardiovasculares (Becker, 1974).

O postulado de base desse modelo é que as ações referentes à saúde de um indivíduo dependem de um conjunto de fatores que derivam das crenças. Se a pessoa valoriza sua saúde, percebe as ameaças a ela e a severidade das conseqüências da doença e crê na eficácia de um comportamento preventivo, mudará efetivamente de comportamento. Para isso, é necessário oferecer-lhe uma boa informação sobre a doença e as conseqüências do risco que corre, assim como os benefícios que pode obter com uma conduta preventiva, o que permite combater as falsas crenças que dificultam a tomada de decisão correta (Rosenstock *et al.*, 1994).[3]

Nesse modelo, o enfoque individualista se articula com a racionalidade do cálculo economicista: por um lado, o sujeito empírico é definido por sua racionalidade enquanto dimensão central definidora dos comportamentos em saúde, que o leva a maximizar os benefícios e reduzir os custos. Por outro lado, como destaca Paicheler e Quemin (1994), as campanhas parecem dirigir-se a um indivíduo autônomo, seguro de si, gestor responsável de seu tempo, relações e necessidades.

Os processos de resistência, distanciamento e adaptação ao risco da Aids verificados fora das normas preventivas prescritas, a persistência de atitudes e práticas diferentes das esperadas, apesar do acúmulo de informação disseminada, expuseram as insuficiências desse modelo de referência, questionando radicalmente essa suposta relação unívoca entre difusão de informações preventivas e modificações dos comportamentos, sem considerar a densidade das condições concretas de vida cotidiana mais amplas (Wellings, 1994).

Porém, as investigações de Michael Pollak (1988; Pollak *et al.*, 1989) sobre os homossexuais de vários países europeus, buscando compreender os mecanismos e dinâmicas sociais que determinavam as práticas de risco, logo advertiram sobre a complexidade e singularidade dos elementos a serem considerados para explicar tanto o processo de decisão individual quanto as modalidades de manejo de risco na interação afetiva e sexual.

As diversas pesquisas analisadas apontaram que a adaptação ao risco da contaminação, considerável mas diferenciada segundo os contextos sociais, se realizava através de dispositivos que apareciam como "um compromisso entre a saúde e as pulsões sexuais, o domínio do ato sexual e a imagem de si construída em torno da sexualidade, e entre o risco de contágio e o risco da solidão" (Pollak *et al.,* 1989: 1107). Os autores afirmam também que, embora as campanhas em ampla escala sejam importantes para o incentivo ao uso do preservativo através da banalização e da reconstrução de uma imagem positiva, este não é o resultado de uma decisão individual e solitária, mas o produto de uma interação que exige "não somente que o sujeito esteja convencido de sua necessidade, mas também que saiba convencer os outros, ou seja, que possa comprometer sua imagem inteira sem se expor à possibilidade de uma rejeição sexual e afetiva ou à suspeita de estar contaminado" (1989: 1111).

Da mesma maneira, uma revisão de estudos sobre comportamentos frente à epidemia realizada por investigadores espanhóis deu conta do aparente paradoxo de confirmar que, na quase totalidade dos trabalhos, a maioria das pessoas diz conhecer adequadamente os mecanismos de transmissão da Aids, assim como os meios corretos de prevenção, mas pensa que seu risco pessoal é baixo e, por essa razão, somente uma minoria manifestou haver modificado sua conduta sexual (Paez *et al.*, 1994). Assim, os autores constataram que "a relação entre vulnerabilidade ou risco de contágio e o nível de condutas preventivas não tem sido significativamente positiva ou tem sido significativa de forma negativa em várias pesquisas" e também que "não há relação consistente entre o grau de informação e o nível de condutas preventivas, e tampouco se dá sempre uma relação entre o risco real e a percepção subjetiva" (1994: 59).

A partir desses resultados, os autores ressaltam o papel das representações sociais na definição das estratégias de prevenção, o que explicaria o fato de os entrevistados definirem a seleção de parceiros "confiáveis", "conhecidos" e por eles presumivelmente não infectados como meio de manejar o risco. Conclusão similar obtêm Paicheler e Quemin (1994), quando destacam que, para as pessoas pertencentes às classes dominantes, o fato de ter um circuito de amigos e relações fornece um sentimento claro de segurança a respeito do risco.

Resultados semelhantes foram apresentados pela investigação realizada por Loyola (1994) para o contexto brasileiro, na qual se constatou que, apesar de uma difusão eficiente de informação através da mídia e de um elevado grau de conhecimento que chegava a quase 80% dos entrevistados, "o discurso dos informantes preventivos é praticamente idêntico ao dos não-preventivos ou daqueles que nada fazem para evitar a contaminação (...) Assim é que expressões como 'não sou grupo de risco', 'não tenho necessidade', 'não é meu caso' aparecem abertamente nos discursos de grande parte dos informantes e/ou implicitamente no depoimento da maioria" (p.36). Recuperando as contribuições da antropologia que caracterizam a interação sexual como uma possibilidade de criar laços de sociabilidade ou de afirmar a própria identidade, Loyola conclui que "é difícil alterar comportamentos sexuais, não porque eles são incontroláveis, irracionais ou desconhecidos, mas apenas porque eles seguem uma lógica diferente daquela da saúde pública" (p.71).

A busca de aumento do prazer, apesar do risco, em uma cultura do erotismo (Parker, 1991, 1994), ou uma situação de risco considerada do ponto de vista afetivo ou relacional, pode parecer adequada em função do que pode gerar em termos de objetivos propostos e, portanto, ser definida como racional por esse homem ou mulher. É o que confirma a investigação belga de Peto *et al.* (1994), ao concluir que "assumir algum risco pode trazer importantes benefícios em termos de uma relação amorosa (a conquista de uma pessoa desejada, a felicidade do casal, por exemplo), com respeito à qual as preocupações com a saúde podem parecer menores, e não representar, no melhor dos casos, mais que outro elemento a considerar. Do ponto de vista da proteção contra o HIV, a atitude adotada pelas pessoas envolvidas é conseqüência, simplesmente, de um compromisso pragmático entre um conjunto de considerações" (p.195).

As próprias pesquisas quantitativas CAP (conhecimentos, atitudes e práticas), desenvolvidas em grande escala durante a década de 1980, apesar de trazerem um amplo leque descritivo de informações sobre crenças, comportamentos, conhecimentos e atitudes, mostravam uma brecha relevante entre níveis de conhecimento e adoção (ou não) de condutas de prevenção (Bond, 1992). Entretanto, o mesmo modelo teórico da ação racional que as sustentava parecia não ter o potencial analítico para indagar *o porquê* dessas situações. Ou seja, parece pouco efetivo não só para sustentar o desenho de ações de saúde pública motivadoras de modificações de conduta da população, mas também para alcançar a compreensão da pluralidade de processos de reacomodação, distanciamento e adaptação ao risco da infecção no campo da sexualidade (Van Campenhoudt *et al.*, 1997).

O trabalho de Marquet e Huyen (1998) sobre as principais críticas aos marcos conceituais individualista e da racionalidade econômica, que muitas vezes se entrelaçam nessas posturas, parece indispensável à reflexão. Segundo os autores, as principais críticas aos enfoques individualistas seriam considerar o indivíduo fora das interações sociais; a desatenção ao contexto social e cultural das mesmas; e a desconsideração das situações e oportunidades imprevistas, produtos de toda relação entre indivíduos. A respeito dos enfoques centrados na racionalidade econômica, destacam a debilidade do postulado de um indivíduo racional avaliando custos e benefícios antes de agir; a fragilidade da hipótese que deduz linearmente os comportamentos a partir dos conhecimentos e atitudes; a não-consideração dos sentidos e significados atribuídos pelos atores à própria relação; e a visão estática que desconsidera os aspectos temporais e processuais de toda interação afetiva e sexual.

Assim, pensar estratégias de prevenção mais eficientes implica esse passo imprescindível que Hausser (1997) identificou como um "movimento do individual ao social e ao relacional", problematizando a complexidade das instâncias em que os sujeitos processam a informação ao articulá-la com a vivência pessoal, a interação social e as normas e valores vigentes, particularmente em situações que envolvem o próprio corpo, a doença ou o risco de morte, bem como a possibilidade de prazer. Implica também reconhecer e aprofundar as diversidades socioculturais e as reações psico-afetivas mobilizadas pelo risco da Aids. A interação sexual, nota Van Campenhoudt (1998), "toma seu pleno significado apenas com referência ao conjunto da relação, que não é sexual, ou ainda onde o sexual pode ser secundário" (p.72).

No modelo da ação racional, o sujeito da prática educativa se vê intimado a abstrair-se de sua própria situação social, de sua trajetória pessoal, desfazendo-se da rede de significados e relações sociais e iniciando um processo lógico que o afaste do risco. A-histórico — sem contingência —, a-social — sem sentidos nem conflitos —, amputado em sua singularidade e em sua espessura social, o sujeito deve, através da vontade racional, dominar essas *perturbationes animi*, instintos, paixões, desejos.

Na perspectiva da nossa reflexão, a sexualidade aparece fundamentalmente como uma atividade social e histórica na qual "relações sociais e controle social não estão na periferia do sexual, mas no coração mesmo das práticas e seus significados" (Bozon & Leridon, 1993: 1178). Daí deriva o desafio central da tarefa preventiva, porque "ela interfere com uma atividade humana que é, por sua vez, muito comum em sua existência e muito sutil em suas modalidades" (p.1190). Um primeiro desdobramento desse desafio é que o ponto de partida de toda prática educativa está na consideração da integralidade do sujeito e de seu cotidiano. Um segundo desdobramento, mais específico, refere-se ao campo onde intervém a prática educativa, isto é, um espaço configurado pela interseção de persistentes relações sociais de sexo com a interação íntima produzida com respeito ao outro.

A Produção e a Reprodução Social da Sexualidade

O extenso trabalho teórico e empírico de Pierre Bourdieu se inscreve na perspectiva das ciências sociais que enfatiza o caráter de construção da realidade social como produto da atividade humana, descartando as tradicionais e paralisantes "oposições canônicas" entre indivíduo/sociedade, objetivismo/subjetivismo, estrutura/interação, representações/práticas etc. (Bourdieu, 1987; Corcuff, 1995).

Para a prevenção da Aids no campo da sexualidade, vamos nos concentrar no que nos parece ser uma perspectiva heurística maior da obra de Bourdieu, o conceito de *habitus* e, neste caso, o *habitus* feminino e masculino, mesmo cientes dos riscos de isolar uma noção de uma densa elaboração teórica sobre a produção e reprodução das estruturas sociais dominantes, em função das características deste artigo.

O conceito de *habitus* é coerente com a proposta do autor de superação das leituras parciais através de uma análise que articule dialeticamente o construtivismo e o estruturalismo, possibilitando a compreensão das práticas sociais e suas representações.[4] O *habitus* é um conjunto interiorizado e incorporado de maneiras de perceber, sentir, pensar e agir que ocorre ao longo do processo de socialização na família e na escola, basicamente, ou seja, um "princípio gerador de práticas distintas e distintivas (...) mas também de esquemas classificatórios e de classificação, princípio de visão e de divisão" (Bourdieu, 1994: 23). O *habitus* pode ser concebido como espaço de interseção entre o individual e o social, entre as estruturas sociais objetivas e as vivências subjetivas, experiências e efeitos das trajetórias singulares de cada um, num processo de interiorização da exterioridade e de exteriorização da interioridade.

Na mesma perspectiva relacional que marca a produção de Bourdieu, a posição de cada agente no espaço social[5] se define pela posição diferencial que possui em relação aos demais agentes, sendo essas condições diferenciais de existência traduzidas nos gostos, estilos de vida, traços de "personalidade" ou "jeitos de ser", que conferem à pessoa um sentimento de coerência e de naturalidade ou necessidade tácita não obrigatoriamente racional. Trata-se de uma coerência prática, sem intencionalidade, um "senso prático": um *ser* que é ao mesmo tempo um *dever ser*, isto é, engendra práticas e expectativas "razoáveis".

Assim, distanciando-se dos enfoques baseados nas interações e motivações fenomenológicas ou nas intenções racionais como explicativas da ação social, o autor propõe que esses esquemas permanentes de ação e percepção "podem estar na origem das ações dotadas de todos os sinais de finalidade sem que os fins alcançados tenham sido colocados enquanto tal por uma intenção de consciência" (Bourdieu, 1994: 37).

Dessa forma, a dominação masculina — a primazia do masculino na trama das relações sociais e de gênero vigentes em nossas sociedades —, por seu caráter "natural" e auto-evidente, aparece como caso exemplar para mostrar que "a violência simbólica se verifica através de um ato de conhecimento e desconhecimento situado para além dos controles da consciência e da vontade, nos nebulosos esquemas do *habitus*" (Bourdieu & Wacquant, 1995: 123).

Portanto, para Bourdieu (1994), a permanência histórica dessa "cosmologia falonarcísica", originária do universo cultural mediterrâneo que sustenta a divisão sexual hierárquica até nossos dias, seria o resultado de um complexo e contínuo trabalho de inculcação do masculino nos corpos e cérebros masculinos e do feminino nos corpos e cérebros femininos, um processo de "somatização do arbitrário cultural, isto é, uma construção durável do inconsciente" (Bourdieu & Wacquant, 1995: 123). Recordando Freud, quando este dizia que o corpo toma as metáforas ao pé da letra, Bourdieu ressalta o impacto do processo de "in-corporação" das estruturas objetivas da dominação masculina na construção da subjetividade, da afetividade, da identidade de cada mulher e de cada homem, tanto nas posturas corporais quanto nas categorias mentais para pensá-las e percebê-las: um "processo de politização do corpo ou de somatização do político", que vai modelando a sociedade a partir de um preconceito favorável ao masculino e desfavorável à mulher e que se realiza através da socialização, na família e na escola. Ritos, regras e limites ficam registrados desde tenra idade, configurando o *habitus* "sexuado e sexuante", feminino ou masculino, numa perspectiva androcêntrica (1995: 167).

Além disso, esse desconhecimento do caráter de construção social dos gêneros é reforçado por uma inversão de causas e efeitos (Bourdieu, 1998), através da qual as diferenças anatômicas observáveis se transformam em representações que sustentam e justificam — *naturalmente* — as diferenças sociais, ocultando o fato de que são os esquemas de visão e divisão socialmente construídos que fundamentam essa leitura do biológico.

Não esqueçamos o papel do "peso das palavras" no processo de socialização cotidiano nessa perspectiva da dominação simbólica, na qual as matrizes de percepção e apreciação para pensar o mundo social, especialmente aquelas inscritas na linguagem, são definidas como expressando o estado das relações de poder simbólico. As ordens, as denominações, os adjetivos, as cobranças repetidas, em particular no seio da família, podem gerar, assim, identidades e subjetividades, posturas e olhares, de homens e mulheres; uma eficácia simbólica produzida sob a condição de não operar no vazio social, isto é, que deve corresponder a uma situação histórica existente na realidade (favorável a essa modalidade de "dizer o mundo social"). O poder simbólico, define Bourdieu, "é o poder de fazer coisas com as palavras. Mas somente sob a condição de ser adequada às coisas é que a descrição faz as coisas (...) o poder simbólico é um poder de consagração ou revelação, um poder de revelar ou consagrar coisas que já existem" (1987: 164).

Como Bourdieu repetidamente afirma ao referir-se a matrizes simbólicas, não se trata de aludir a normas ideais, mas a representações postas em prática. Nesse sentido, uma das dimensões dessa visão androcêntrica determinante do lugar social da mulher é o fato de negar toda contribuição feminina à produção e reprodução, material e biológica, da sociedade, o que se traduz na orientação para tarefas e responsabilidades precárias, desvalorizadas, em claro contraste com os universos econômicos e políticos hegemonicamente ocupados pelos homens. Na economia das trocas simbólicas, a mulher é mais objeto que sujeito, objeto de representação, de exibição, "um ser para o olhar" (1996: 39).

As visões de mundo com as quais se movem as mulheres para pensar suas próprias relações sociais de gênero ou seu lugar no espaço familiar ou profissional, mesmo na rebelião ou na confrontação, se elaboram a partir das mesmas categorias de classificação que sustentam a hierarquia masculina. É por isso que se pode falar de uma "cumplicidade consentida" (Bourdieu, 1998) que se instala na somatização do corpo (modelagem e interiorização de sentimentos e gestos) e em maneiras de pensá-lo (esse mesmo corpo), evidentes e pré-reflexivas, que podem prescindir de justificações: as exigências do dever, do respeito, do sentimento (filial, familiar, conjugal) envolto por uma multiplicidade de emoções corporais e afetivas obrigam, mesmo no conflito de foro íntimo, a aceitação e o reconhecimento dos próprios limites. Os homens também podem ser analisados como prisioneiros dessas exigências sociais e pautas culturais dominantes que os colocam em situação contínua de demonstrar sua masculinidade, condição de honra e identidade, não só frente às mulheres, mas também a seus pares. Um exercício sistemático e tenso de virilidade.

Essa rápida exposição delineia um aspecto-chave para nossa problemática de intervenção educativa na área da saúde pública, isto é, a característica de permanência histórica — a relativa autonomia das estruturas simbólicas em relação às formas econômicas — dessas "estruturas estruturantes" do campo da sexualidade sobre a dominação masculina. Como enfrentar então, em termos de saúde pública, esse *habitus* "sexuado e sexuante" que estrutura a esfera da sexualidade de mulheres e homens, produto de uma aprendizagem social que se inicia na infância e durante a qual não só se internalizam e incorporam gestos e modelos de atuar e reagir, como também as maneiras afetivas de senti-los, as palavras para explicá-los e os valores e idéias para argumentá-los? Que estratégia educativa em saúde pode enfrentar a concordância, produto dessa internalização cognitiva e corporal, entre os comportamentos sexuais concretos e as representações culturais, mentais ou discursivas que os justificam e que os transformam em atitudes naturais, espontâneas, evidentes?

Inércias e Rupturas do Poder Simbólico

Um primeiro passo para resolver essas interrogações fundadoras de uma estratégia educativa eficiente seria evitar o cerco da inevitável oposição dicotômica — geradora de uma opção imperativa — teórico-conceitual entre material e ideal, infra-estrutura e superestrutura etc. Certamente, escritos como os de Pierre Bourdieu têm a possibilidade, como todo texto, de múltiplas leituras com diferentes ênfases, e muitas vezes a própria formulação do autor facilita a controvérsia.

Com efeito, Bourdieu enfatiza, num encaixe sincrônico entre as estruturas materiais e subjetivas, que toda possibilidade de transformação mental e social que leve à liberação da mulher "tem como condição prévia um verdadeiro controle coletivo dos mecanismos sociais de dominação que impedem conceber a cultura, isto é, a ascese e a sublimação nas quais e pelas quais a humanidade se institui como uma relação social de distinção afirmada contra uma natureza que não é outra coisa senão o destino naturalizado dos grupos dominados, mulheres, pobres, colonizados, etnias estigmatizadas etc." (1995: 176).

Certamente, pensar uma mudança radical só se vislumbra num horizonte de remoção global dos mecanismos estruturais produtores dessas matrizes cognitivas diferenciadas e diferenciadoras — já não só sexuais e sexuantes. Trata-se, claramente, de incidir na transformação dos lugares e instituições de socialização e transmissão de valores e pautas de comportamento da ordem e do poder simbólicos vigentes. Contudo, outra leitura a partir da análise bourdiana[6] parece possível: uma construção social resultante de relações de forças sociais, de interações entre representações simbólicas e sujeitos situados, de interseções entre estruturas sociais e trajetórias individuais, conotada — e sob tensão — pela historicidade. Assim colocada, a proposta de Bourdieu permite escapar do "beco sem saída", maximizando-se as potencialidades da interpretação da violência simbólica como um marco pertinente para explicar a complexidade do leque de modificações, rupturas, matizes e inércias produzidas, nas últimas décadas, nas configurações cognitivas e corporais da sexualidade.

Michel Bozon (1995), baseando-se no conjunto de investigações derivadas da pesquisa francesa sobre sexualidade de 1992, assinala três lições centrais para as ciências sociais: a lentidão das mudanças nos comportamentos sexuais (em termos de quantidade de parceiros sexuais e de idade de iniciação sexual, entre outros itens); a pluralidade das trajetórias e biografias sexuais; e a possibilidade de se falar mais facilmente da sexualidade. Com base em outra pesquisa francesa sobre sexualidade, a de 1971, Bozon (1995) aponta modificações mais acentuadas para as mulheres do que para os homens: um alargamento do leque de práticas sexuais; um aumento da satisfação erótica; uma extensão da vida sexual; um distanciamento da visão de casal fusional; um incremento das exigências de fidelidade e a conseguinte diminuição da tolerância em relação à infidelidade de seus parceiros masculinos; e um aumento das rupturas conjugais por iniciativa feminina.

Entretanto, como realça o autor, essas modificações, mesmo unidas ao controle efetivo de sua fecundidade, não implicam uma sexualidade sem controle para as mulheres; para elas persiste, em larga medida, uma inscrição em compromissos afetivos fundadores da relação sexual. Visão esta bastante divergente da masculina, que vive a sexualidade como uma experiência de aprendizagem, autônoma de laços afetivos. Isso o leva a concluir que a "liberação dos costumes, o desenvolvimento da contracepção e as transformações contemporâneas da condição das mulheres não modificaram de modo profundo nem as representações, nem os lugares desiguais de homens e mulheres nesse domínio. Dependentes de um desejo masculino dominante, as mulheres são um objeto que se procura possuir. Os homens são vistos como sujeitos desejantes independentes" (Bozon,1995: 132).

Os principais resultados de pesquisas sobre comportamentos sexuais da população em geral realizadas em onze países europeus, no final da década de 1980, assinalam que a epidemia de Aids não parece, até o momento, ter influenciado globalmente os principais parâmetros do comportamento sexual da população (Sandfort *et al.*, 1998). Tais estudos puseram em evidência a variabilidade do repertório sexual ao longo da vida de uma pessoa e como isso aparece em função do "clima social e sexual no qual ela foi socializada" (p.100). Mesmo assim, o gênero foi definido como um dos fatores estruturadores da sexualidade de homens e mulheres, produto da "diferenciação de normas sociais em matéria de sexualidade adquiridas durante o processo de aprendizagem social" (p.102).

Para o caso do Brasil, Maria Luiza Heilborn (1995) apresenta as conseqüências da difusão da ideologia igualitarista nas camadas médias e altas urbanas — associada a mudanças socioeconômicas verificadas nas últimas décadas —, definida pela "contestação da distinção de gênero como conformadora da unidade e dinâmica conjugais, na afirmação da liberdade do exercício da sexualidade para os dois sexos fora dos parâmetros de uma relação estável, na proliferação de arranjos conjugais, na ampla aceitação do divórcio e também da maternidade voluntária fora do casamento" (p.91). Concentrando-se na análise dos novos arranjos conjugais, Heilborn aborda os casais heterossexuais, gays e lésbicos, descrevendo as distinções observadas no trabalho doméstico, o cuidado com a relação, o nexo entre amizade e sexo e a gramática da cópula. Todavia, sob diferentes formas, a autora identifica a persistência da assimetria de gênero. "A presença da hierarquia, sob a forma de um resíduo, num universo armado sobre a indiferenciação, a segmentação e a horizontalização das relações, origina os feitios peculiares que assume o casal heterossexual, gay e lésbico em certos planos. É na combinação entre individualismo e constrangimentos da lógica distintiva do gênero que reside a inteligibilidade dos novos arranjos conjugais da contemporaneidade" (1995: 104).

Essa rápida aproximação de diferentes contextos socioculturais contemporâneos mostra a continuidade de uma dinâmica produtora de relações sociais de sexo desiguais. Não se trata de uma reprodução *in totum*, integral, a-histórica, mecânica: a distensão dos laços, identidades e lugares de socialização tradicionais; a conquista de espaços cotidianos de autonomia profissional, educacional e social por parte da mulher; a emergência de valores mobilizadores em torno da igualdade e direitos cívicos, em particular os movimentos feminista e gay, com seu corolário de explicitação da sexualidade plural; a irrupção dos meios de comunicação e da cultura de massas; a pluralização e fragmentação da vida social representam processos de uma sinergia que, ao longo da segunda metade deste século, impactou diretamente a esfera da sexualidade e as relações de gênero.

Abre-se, assim, espaço para a emergência e o reforço da pluralidade de visões do mundo social, possibilitando o que Bourdieu chama de "lutas simbólicas pelo poder de produzir e impor a visão de mundo legítima", seja no plano objetivo, por ações coletivas ou individuais de representação que tendem a tornar visíveis e valorizar certas realidades, seja no plano subjetivo, por ações transformadoras dessas estruturas cognitivas de visão e divisão, modificando "essas palavras destinadas a dizer o mundo social" (1987: 159).

Dessa forma, embora as relações de poder simbólico se enraízem nas relações objetivas de poder, "a luta simbólica pela produção do sentido comum ou, melhor dito, o monopólio da denominação legítima" (Bourdieu, 1987: 161) não possui um sentido único, inelutável, monolítico. A possibilidade de modificações nas mesmas estruturas simbólicas pode se dar através de um processo educativo feito de confrontos, rupturas, assombros, mobilizações, no qual o ato de "tomar consciência" do lugar feminino ou masculino e suas implicações para enfrentar o risco da infecção é um passo evidentemente necessário, mas não suficiente.

Tais tentativas de tomada de consciência podem levar a que se siga pensando as alternativas nos mesmos marcos mentais estruturadores da sexualidade. Por exemplo, "tomar consciência" e reduzir o risco significa, para alguns homens, não intensificar o uso do preservativo, mas sim selecionar mais cuidadosamente as parcerias sexuais, descartando aquelas mulheres que, por aspecto ou trajetória, eles situam como "fáceis", em contraste com as "sérias". Proteger-se, para a mulher, pode representar simplesmente recolher-se e buscar segurança em sua relação conjugal, que ela pensa e sente como exclusiva, porque casada ou namorando.

Apostar exclusivamente no início do processo de questionamento de algumas modalidades de comportamento sexual como geradoras de risco de infecção, a partir de uma reflexão puramente racional gerada por um mero aporte suplementar de informação (campanha, palestra, conferência etc.), é uma ação geralmente de baixo impacto. Parcializa o processo educativo porque parcializa o ser humano — e social — como tal.

A Situação Lúdica: Reencontro com o Sujeito Integral

Dois exemplos citados por Bourdieu (1994) abrem a trilha para pensar a necessidade de modalidades educativas abarcadoras da integralidade da pessoa: o primeiro alude aos estudos do sociolingüista Labov sobre a linguagem dos grupos populares em situações de confrontação e de intimidação com pessoas pertencentes a altos estratos sociais. A experiência mostrou que, nesses momentos de forte tensão, a fala dessas pessoas é literalmente cortada e a timidez quase corporal se manifesta: "a gente treme, a consciência diz não, mas o corpo treme!" (p.37).

O segundo trata das transformações corporais que as mulheres experimentam quando praticam intensamente um esporte, o que se traduz numa reestruturação dos relacionamentos com os homens, alcançando "uma relação com seu corpo que se poderia catalogar de masculina, ou seja, um corpo para si, em lugar de ser um corpo para o outro, um corpo que é em si mesmo seu próprio fim" (p.39). Em outras palavras, uma modificação radical acontece na própria percepção fundante de seus gestos de mulher: de objeto do desejo masculino para sujeito de seus próprios objetivos como mulher. Essa transformação superadora das disposições culturais não é desencadeada numa instância de autoconsciência, mas em seqüências mobilizadoras da integralidade da pessoa, num movimento de reapropriação corporal, de rearticulação de outras sensações, de outras representações, de outros comportamentos, que possibilitam deflagrar um processo cognitivo questionador do lugar designado culturalmente.

Essas pistas de Bourdieu, centradas na possibilidade de intervir no *habitus* determinante de nossos comportamentos e representações na esfera da sexualidade, podem ser articuladas com o que Bauleo (1974, 1980) chamava, na década de 70, de elementos essenciais constitutivos da aprendizagem, como são a informação, a emoção e a produção. Em nítida ruptura com os enfoques educativos tradicionais, Bauleo destaca como um sujeito participante, ativo em sua própria formação, põe em movimento sua afetividade frente à informação recebida. Como é possível, através da aprendizagem grupal e do "jogo educador-educando", elaborar essa afetividade que pode servir de obstáculo, provocar rejeições ou distanciamentos, e direcioná-la como geradora de motivação, configurando uma interação grupal criadora e produtora de aprendizagens, na qual "a aprendizagem não é só a assimilação da informação, mas também a possibilidade de utilizá-la"? (1974: 12).

A experiência da Equipe de Saúde do IDES foi construída nessa perspectiva de incorporação crítica dos aportes fecundos da educação popular (Freire, 1975, 1992, 1996) e dos grupos operativos aplicados ao processo de ensino-aprendizagem (Pichón Rivière, 1975). Assim, ao longo de vários anos de aprendizagem com os próprios grupos com os quais trabalhamos, elaboramos uma estratégia lúdica de prevenção comunitária da Aids. Focalizaremos aqui exclusivamente os cursos de formação de multiplicadores comunitários para a prevenção, dirigidos a uma população formada por educadores, assistentes sociais, psicólogos, enfermeiras, professores, estudantes universitários e de escolas técnicas, assim como a pessoas sem formação específica, mas interessadas no trabalho comunitário.[7] A população alcançada se situa majoritariamente na faixa de 20 a 40 anos, da qual aproximadamente três quartos são mulheres.

A formação compreende doze a dezesseis horas, divididas em três a quatro atividades semanais, segundo a especificidade do grupo e suas demandas, com uma carga horária média de quatro horas cada uma. Os núcleos temáticos são: a informação básica sobre o vírus, vias de transmissão, evolução da infecção e abordagens terapêuticas; dinâmica epidemiológica e contexto psicossocial; sexualidade e saúde sexual; modalidades de prevenção e uso de preservativos; educação em saúde e metodologia lúdica participativa e didática da prevenção. Procura-se, assim, ampliar e aprofundar o conhecimento sobre a infecção e a prevenção, desenvolver e fortalecer as capacidades ou habilidades de comunicação em sexualidade (explicitação dos próprios desejos, das necessidades em saúde), de negociação sexual, de utilização correta de preservativo e de outros meios anticonceptivos, em um marco de promoção de atitudes solidárias ativas. No entanto, a estratégia tem a intenção explícita de abordar diferencialmente a situação de vulnerabilidade — epidemiológica, social e cultural — das mulheres.

Em nossa proposta pedagógica e na perspectiva de vários desenhos didáticos possíveis, segundo os objetivos e os grupos sociais definidos, o uso rigoroso das técnicas participativas (dinâmicas e jogos didáticos) permite configurar a situação lúdica que facilita um clima de integração e confiança grupal, a explicitação e verbalização de sentimentos, crenças e valores, o intercâmbio e análise sobre certos conteúdos temáticos, a vivência de novas situações e experiências, o desenvolvimento da criatividade e da inovação, entre outras possibilidades.

Considerando que durante muito tempo se assistiu a uma tendência dominante que reduziu a educação popular a uma questão meramente didática, tanto nos desenhos quanto nas representações, parece importante recuperar o alerta do Consejo de Educación de Adultos de América Latina (CEAAL, 1993) para superar uma aplicação mecânica do método dialético na pedagogia, *"muitas vezes reduzido a procedimentos e não interpretado como uma lógica orientadora e articuladora de todo um processo criador"*, assim como o uso parcial das técnicas participativas, que, *"em vez de serem ferramentas didáticas para suscitar uma apropriação interativa, dialógica, crítica e coletiva do conhecimento"*, são transformadas em fins em si mesmas, utilizadas apenas recreativamente, *"atentando muitas vezes contra a sistematicidade e integralidade dos processos"* (p.175).

Assim, o eixo dessa experiência foi o jogo didático (cartas, dominó, ludo, jogos de tabuleiro e outros jogos de mesa), buscando a ampliação das potencialidades e a utilização pedagógica consistente que a situação lúdica oferece para a prevenção. Busca-se com isso, sobretudo, fazer de um jogo uma estratégia consistente e coerente em seus diversos componentes, isto é, um modelo de intervenção em Aids que possa ser estendido ao campo da saúde coletiva. Essa estratégia se apóia na interação afetiva — o laço crítico entre informação e vida cotidiana, pluralidade criadora e participação solidária, definidas como elementos-chave que apontam para a facilitação da "discordância cognitiva" (Bourdieu, 1995), fragilizando os encaixes estruturais socialmente construídos no plano das representações e práticas, a fim de buscar a desconstrução dos esquemas de percepção que estruturam os lugares masculino e feminino e seu posicionamento diferenciado frente à epidemia. Nesse sentido, a eficácia simbólica do jogo (sua capacidade de gerar questionamentos de valores, discursos, representações) se origina na condição que oferece de incorporar, na própria realidade do jogo, a realidade histórica (social, cultural, política, epidemiológica) das pessoas envolvidas na atividade, ou seja, preconceitos, tendências, idéias, práticas e normas.

O processo de construção dos jogos didáticos para trabalhar diferentes seqüências temáticas da prevenção se deu, inicialmente, a partir de uma pesquisa preliminar de "insumos" socioculturais da própria realidade uruguaia, utilizando documentos, entrevistas, artigos e relatórios de pesquisas, matérias de jornais sobre Aids em geral e sobre experiências ou ações específicas de prevenção nacionais (ou regionais, em alguns casos) como fontes secundárias para a escolha preliminar dos *conceitos disparadores*, isto é, expressões ou palavras mobilizadoras da discussão e da reflexão sobre a cotidianidade. Para alguns jogos contou-se com a possibilidade de recolher os insumos diretamente dos participantes, na própria dinâmica da oficina dos cursos de formação. Finalmente, os jogos didáticos têm um dispositivo de atualização sistemático que permite, em cada instância educativa e com cada grupo específico, identificar e colher comentários, sentimentos e opiniões dos participantes *in situ*.[8]

Talvez o resultado preliminar mais consistente da pesquisa em curso seja a radicalização de nossa postura de entrelaçar os jogos didáticos com a trama social e cultural local, através da formulação de uma conceituação inovadora provisória, chamada *Jogo Aberto*, cujas principais características são ser uma ferramenta didática; 1) sensível às particularidades sociais de cada grupo; 2) flexível a diferentes núcleos de conteúdos; e 3) plural na dinâmica argumentativa (Osimani *et al.*, 1995; Meré, 1998b).[9] Em primeiro lugar, a denominação *Jogo Aberto* assinala seu enraizamento na pluralidade social e a sua tradução na dinâmica mesma do jogo: parte de um leque de lógicas de adaptação ao risco dos próprios participantes e, através da interação intersubjetiva de diálogo e argumentação (incluindo a introdução de informação precisa e acessível), aponta para a construção de comportamentos múltiplos de prevenção.

Essa escolha didática ajuda a explicitar criticamente as múltiplas adaptações e estratégias de prevenção para facilitar a emergência dessas "situações dilemáticas" (Bauleo, 1974), geradas pela interação grupal e pelo questionamento das pautas habituais de comportamento que não se mostram adequadas para enfrentar a tarefa da prevenção eficiente da Aids.

Esse momento se mostra necessário se pretendemos intervir na recriação de possibilidades de comportamento, de outros valores e conhecimentos estreitamente vinculados com a experiência diária de cada participante, e consolidá-los através da dinâmica intersubjetiva da atividade educativa.

Em segundo lugar, a concepção do *Jogo Aberto* se refere à sua capacidade de ser sensível e permeável às especificidades e características do grupo destinatário, deixando um conjunto de brechas nos conteúdos, ao qual o educador incorpora as preocupações, perguntas, dúvidas e comportamentos dos participantes, previamente detectados. Assim concebido, o suporte lúdico pode confrontar-se com diferentes contextos socioculturais, a partir da aproximação básica de seus conceitos disparadores e códigos de expressão com o perfil de cada grupo com o qual se trabalha.

Finalmente, o *Jogo Aberto* possibilita modificar a ênfase temática segundo as necessidades de cada grupo destinatário, através de manipulações na configuração de conteúdos e desenhos do jogo escolhido.

Isso quer dizer que, operacionalmente, há um esforço sistemático para incorporar as preocupações, perguntas, dúvidas, práticas e idéias dos participantes, através de diversas modalidades de recolhimento de dados (cartões em branco, "tempestade" de idéias, questionários de entrada e de saída etc.), nos conteúdos, regras, instruções, bem como na dinâmica do jogo utilizado em cada seqüência pedagógica.

Podemos afirmar com segurança que existe hoje um certo consenso sobre a eficácia das intervenções personalizadas, participativas, dialógicas ou "culturalmente sensíveis", comparativamente a simples conferências ou distribuição de material.[10] Nossa opção metodológica se inclinou, então, por deslocar o foco para o interior dos mecanismos e interações que conformam o processo de construção da prevenção na situação lúdica, através da análise qualitativa do material empírico obtido de uma amostra do conjunto disponível de formulários de registro, individuais e grupais, questionários de entrada, avaliações de saída e fichas de avaliação dos jogos didáticos, produzidos em vários anos de trabalho institucional.[11] Dessa maneira, não apenas tentamos identificar os eventuais elementos explicativos do funcionamento da estratégia lúdica (e de sua eficácia), mas também elaborar pistas sistemáticas para sua reprodução controlada em outros contextos socioculturais.

Afetividade e cotidianidade como portas de entrada

A situação lúdica nos permite superar o enfoque tradicional unilateral, centrado em um ser humano puramente racional, aproximando-nos dos "complexos processos afetivos, intelectuais e corporais que nos constituem como seres desejantes no bojo da vida social" (Plastino, 1997: 11). Significa, portanto, recuperar e integrar na intervenção educativa, além da capacidade de raciocinar dos participantes, "sua capacidade afetiva como dimensão constitutiva das pessoas" (p.13). Expressar ou explicitar sentimentos e emoções possibilita reconhecê-los e removê-los, no caso de serem identificados como elementos paralisantes, isto é, como obstáculos para pensar outras atitudes e comportamentos possíveis de serem praticados.

A incorporação da compreensão de ser humano integral no processo de ensino-aprendizagem (abarcando dialeticamente o sentir, o pensar e o agir) se efetua através de um deslocamento radical na maneira de abordar os conteúdos temáticos da prevenção: partir da afetividade e da cotidianidade "O que sinto?", "Por que sinto assim?", "O que faço?", "Por que atuo assim?" — para, em uma seqüência posterior, abordar o conhecimento disponível de maneira crítica e situacional — "O que sei?", "Por que penso assim?"

Se voltarmos à situação do "tremor" evocada no primeiro exemplo de Bourdieu que citamos e a trouxermos ao campo da prevenção da Aids, poderemos dizer que se trata de *introduzir-me no que sinto quando tremo,* ampliando-a para outras situações cotidianas em que as palavras e as sensações também evocam esse pensar *não,* mas fazer *sim.* Isso significa explicitar quando o corpo se confronta com o mal-estar, a frustração, o medo, a disjuntiva paralisante, permitindo que as emoções nos levem a situações concretas de tradução desse *habitus* feminino ou masculino incorporado e às maneiras disponíveis de enfrentar a possibilidade de infecção. Conhecer e reconhecer já implica um processo de desconstrução das maneiras de perceber incorporadas.

A diversidade criadora do diálogo e suas possibilidades

A ferramenta lúdica busca facilitar a emergência da pluralidade e diversidade presentes no grupo, tanto no plano do discurso quanto no das experiências e trajetórias afetivas e sexuais concretas, de maneira a desencadear um processo grupal de intercâmbio, interpretação e reflexão crítica sobre essas vivências e sua relação com o conteúdo temático que está sendo abordado. Ressaltamos dois resultados-chave da explicitação da pluralidade para o processo educativo: ela permite romper com a invisibilidade social do exercício da sexualidade, ajudando a reconhecer a existência de múltiplas práticas, ao mesmo tempo em que ajuda a legitimar a sexualidade como fenômeno afetivo integral, com sua dimensão de prazer, e não simplesmente encerrada em sua função reprodutora ou reduzida à genitalidade.

Além disso, partindo da diversidade de experiências marcadas pelo lugar social e cultural de cada um dos participantes, a prevenção se elabora também a partir da pluralidade das modalidades variadas de adaptação ao risco da infecção, escapando da mensagem única e homogênea para todos. Com a máscara alegre que a situação lúdica oferece, e com o campo de liberdade que se abre a partir do enquadramento dado pela instrução, cada participante é solicitado a enfrentar situações que podem se configurar eventualmente em sua própria realidade, representando seu próprio papel, mas, sobretudo, vendo-se no lugar do outro, frente ao outro, numa postura de múltipla compreensão. A epidemia de Aids, a transmissão concreta do vírus, é visualizada como relacional e, definitivamente, todo o processo de decisão sobre como enfrentar os riscos também. A conseqüência direta é a instauração do diálogo, a possibilidade e a capacidade de falar sobre tabus, medos, inibições, gostos e gestos, aproveitando o espaço de argumentação e negociação. Tenta-se obter a adesão através do convencimento e da persuasão, rompendo com as relações de poder (sociais, de gênero, etárias etc.) implícitas na trama dos gêneros que marcam nossas modalidades de relacionamento social (Perelman, 1972).

Construindo coletivamente a mudança social

A situação lúdica representa um caminho produtivo valioso para abordar as duas dinâmicas presentes na instância educativa: grupal e de aprendizagem. Segundo Pichón Rivière, o desenvolvimento e a aprendizagem grupais surgem, ao menos no princípio, como uma seqüência necessária, na qual "aprender vem logo de uma certa resolução do grupo" (1975: 211). O jogo ajudaria, assim, a consolidar o funcionamento grupal, facilitando as três fases indicadas por Pichón: momento de indiscriminação ou confusão a respeito dos elementos básicos de todo o grupo (interação, consciência da interação e finalidade); momento de discriminação ou de diferenciação dos papéis, quando surge a pertinência do grupo e a pertinência da tarefa; momento de síntese, quando se obtém a dinâmica de produtividade.

Dessa forma, para consolidar a consistência entre os diversos elementos de nossa estratégia educativa e seus objetivos finais, priorizamos as técnicas participativas estruturadas na cooperação, comunicação, respeito, aceitação e confiança, em detrimento dos jogos baseados no individualismo e na competitividade. Se, como afirma Johann Huizinga (1968), o jogo cria cultura; a situação lúdica, mantendo, ao mesmo tempo, um sentimento de tensão e alegria, promove a participação, a inclusão, a inovação e o apoio mútuo como valores centrais da convivência social.

Trata-se de sujeitos protagonistas de seu próprio processo de aprendizagem, numa sinergia dada por histórias e experiências singulares, na qual o conhecimento é concebido como uma produção social, fruto dessa interação, e não mais um produto a ser consumido passivamente. Dessa maneira, a relação e o papel do facilitador ou coordenador da atividade de prevenção são recolocados. Ele não é mais o depositário de todo o conhecimento gerando uma relação unidirecional, de dependência ou de autoridade: seu papel passa a ser, agora, contribuir para gerar uma relação cooperativa entre todos, facilitando a comunicação e a produção grupal — isto é, construir uma aprendizagem baseada na elaboração de um vínculo não-dependente (Guillermo García, 1987).

A intenção da prática educativa, assim definida, enfatiza a construção de uma interação social marcada por outros valores, gerando um laço democrático, aberto e solidário, entre sujeitos que desenvolvem suas capacidades como protagonistas ativos, fortalecendo a auto-estima, a responsabilidade e o autocuidado. A mudança começa quando se vislumbra a possibilidade de se posicionar de outra maneira, em outro lugar e com outra mirada na interação afetiva e sexual.

A estratégia pedagógica centrada na situação lúdica tem, nessa perspectiva de prevenção da transmissão sexual, o objetivo primeiro de desnaturalizar práticas sexuais e esquemas de visão justificatórios que possam configurar situações de risco, ou seja, intervir diretamente no conjunto das relações de gênero, no *habitus* sexual, masculino e feminino, questionando essas atitudes incorporadas e internalizadas que fazem com que, frente a uma mesma situação, uma pessoa reconheça "proibições e chamadas à ordem inibitórias" e outra perceba "exigências e incitações estimulantes" (Bourdieu, 1995: 147).

Nesse sentido, o *Jogo Aberto* possibilita um momento de desconstrução, que implica um diálogo de confrontação e intercâmbio crítico, de emergência ou reconhecimento de contradições, e um momento de construção, que define um diálogo de argumentação, negociação e abertura de novas possibilidades. Tais momentos não são seqüenciais, mas uma relação dialética que depende da dinâmica de cada grupo. Assim, afastamo-nos definitivamente de todo processo educativo linear, espontâneo ou mecânico, massivo, para propor um modelo de intervenção que assuma a complexidade da pessoa, na esfera íntima da sua sexualidade, ou na relação com o seu corpo, sua saúde ou doença. Por isso, o modelo lúdico baseado no *Jogo Aberto* pretende mobilizar o sujeito na construção múltipla e abrangente do *saber fazer* — as habilidades e capacidades para usar o preservativo, para lidar com seu corpo e negociar seus interesses — do *saber ser* — reconhecendo e valorizando sua própria identidade, a auto-estima e a possibilidade de ver-se em outro lugar social — e do *saber dizer* — reconhecendo e expressando seus desejos e seus mal-estares, argumentando sua intimidade na interação.

A estratégia lúdica seria então um caminho educativo a redescobrir, com rigor e abertura interdisciplinar, pois representa um aporte significativo ao desafio de formar para "inventar o futuro" que, além de renovar conteúdos e ferramentas metodológicas de intervenção no campo da saúde pública, coloca no centro da intervenção educativa a construção de um laço social sadio que conjuga inovação e solidariedade.

Notas

1. A pesquisa faz parte de minhas atividades de doutoramento atualmente em curso no IMS/UERJ, sob a orientação do Prof. Dr. Luiz Antônio de Castro Santos e com o apoio do programa de bolsas PEC/PEG, do CNPq. O Programa de Prevenção Comunitária de Aids do IDES se desenvolve, segundo diversas modalidades operativas (cursos de formação, assessorias institucionais, oficinas comunitárias etc.), no Uruguai e zonas fronteiriças com Brasil e Argentina desde 1989.

2. Para maior aprofundamento dos efeitos das campanhas no campo comunicacional no Uruguai, ver Meré, 1999.

3. A teoria da aprendizagem social de Bandura (1994), entre outras propostas derivadas da matriz da teoria da ação racional, refinaria logo essa perspectiva, incorporando a noção de auto-eficácia (*self-efficacy*), ou seja, a capacidade da pessoa de colocar em prática os novos comportamentos quando ocorre a situação de risco.

4. Em vários momentos Bourdieu se denominou *estruturalista construtivista* ou *construtivista estruturalista*. Sua concepção de mundo social preconiza a existência de estruturas objetivas, independentes da vontade dos agentes sociais e que orientam suas práticas e representações; ao mesmo tempo, destaca a gênese social do *habitus* e os grupos sociais com suas relações configuradas nos diversos campos sociais.

5. Para o autor, o espaço social é um conjunto de posições diferenciais de indivíduos e grupos distribuídos segundo seu capital econômico e cultural, definidas em sua "exterioridade mútua" por relações de força, conflito e proximidade que apontam para sua conservação ou transformação (Bourdieu, 1979, 1994).

6. Nestor Garcia Canclini (1990) nota que a obra de Pierre Bourdieu é "uma sociologia da cultura, mas seus problemas básicos não são 'culturais' (...) mas aqueles nos quais a cultura se torna fundamental para entender as relações e as diferenças sociais" (p.XI), isto é, a produção e reprodução social, a dominação, as relações de poder, as estruturas simbólicas e seu papel na dominação.

7. Trata-se de cursos abertos e gratuitos com assistência voluntária e espontânea, sendo exigido como único requisito que o participante assuma o compromisso de se formar para multiplicar as ações de prevenção e informação em seus ambientes cotidianos e próximos: bairro, escola, posto de saúde, colégio, empresa etc. Na maioria das vezes são organizados em parceria com instituições públicas, em particular prefeituras, e do terceiro setor.

8. No Brasil, minha experiência de desenho e elaboração de dois jogos didáticos de apoio metodológico, para a formação de coordenadores para o Programa de Capacitação do Programa Voluntários do Conselho do Comunidade Solidária, mostrou a pertinência desses três mecanismos de articulação (pesquisa prévia, insumos derivados das atividades já realizadas e dispositivo de atualização) da proposta lúdica com o contexto sociocultural específico no qual se desenvolve a intervenção educativa. Para maiores detalhes, ver Meré, 1998c.

9. Do *set* de jogos didáticos do IDES (Osimani *et al.*, 1995), destacamos *Laberinto de mensajes, Ronda de comentarios* e *Dominó inteligente* como os que se ajustam a essa nova perspectiva.

10. Isso é válido para quaisquer grupos ou condições contextuais: quer se trate de milhares de alunos de escolas públicas paulistanas numa intervenção baseada em oficinas de sexo seguro (Paiva, 1996); ou da elaboração e aplicação do jogo educativo ZIG-ZAIDS no contexto escolar (Monteiro *et al.*, 1994); ou de um grupo de homossexuais australianos, a partir de uma estratégia de negociação sexual como atitude preventiva e de promoção de práticas sexuais mais seguras (Kippax *et al.*, 1997); ou ainda de um grupo de jovens afro-americanas implicadas num estudo aleatório baseado na teoria da aprendizagem social (DiClemente & Wingood, 1995), os resultados apresentados falam do impacto verificado no curto prazo em termos de práticas mais seguras, controle da sexualidade e uso adequado do preservativo, entre outros efeitos.

11. Estando o processamento e tratamento do material em pleno andamento, utilizamos neste artigo apenas um pequeno número de formulários de saída das atividades educativas.

Referências Bibliográficas

BANDURA, A. (1994) "Social cognitive theory and exercise of control over HIV infection". In: DiCLEMENTE, R. (org.) *Preventing Aids: Theories and Methods of Behavioral Interventions.* Nova York, Plenum Press.

BAULEO, A. (1974) *Ideologia, grupo y familia*. Buenos Aires, Kargieman.

———— (1980) (org.) *Grupo operativo y psicologia social.* Montevidéu, Editorial Imago.

BAYER, R. (1989) *Private Acts, Social Consequences: Aids and the Politics of Public Health*. Nova York, The Free Press.

BECKER, M.H. (1974) "The health belief model and personal health behaviour". *Health Education Monographs, 2, 324-508.*

BOND, L. (org.) (1992) *A Portfolio of Aids/DST Behavioral Interventions and Research*, PAHO/WHO.

BOURDIEU, P. (1979) *La distinction. Critique sociale du jugement*. Paris, Minuit.

———— (1987) *Choses dites.* Paris, Minuit.

———— (1994) *Raisons pratiques: sur la théorie de l'action.* Paris, Seuil.

———— (1995[1990]) "A dominação masculina". *Educação & Realidade,* 20(2): 133-84, jul/dez.

———— (1996[1974]) "Novas reflexões sobre a dominação masculina". In: LOPES, MEER & WALDOW (orgs.) *Gênero e saúde*. Porto Alegre, Artes Médicas.

———— (1998) *La domination masculine*. Paris, Seuil.

BOURDIEU, P. & WACQUANT, L. (1995) *Respuestas. Por una antropologia reflexiva*. México, Grijalbo.

BOZON, M. (1995). "Amor, sexualidade e relações sociais de sexo na França contemporânea". *Estudos Feministas,* vol.3.

BOZON, M. & LERIDON, H. (1993). "Les constructions sociales de la sexualité". In: BOZON, M. & LERIDON, H. *Population,* número especial *Sexualité et Sciences Sociales,* Paris.

CEAAL — CONSEJO DE EDUCACIÓN DE ADULTOS DE AMÉRICA LATINA. (1993) Nuestras practicas. Perfil y perspectivas de la formación de educadores populares en Latinoamerica. Santiago de Chile.

CORCUFF, P. (1995) *Les nouvelles sociologies*. Paris, NATHAN Université.

DICLEMENTE, R. & WINGOOD, G.M. (1995) "A randomized controlled trial of an HIV sexual risk reduction intervention for young African American women". *JAMA,* 274, 1271-76.

FREIRE, P. (1975) *Pedagogia do oprimido*. São Paulo, Paz e Terra.

———— (1992) *Pedagogia da esperança. Um reencontro com a pedagogia do oprimido*. São Paulo, Paz e Terra.

———— (1996) *Pedagogia da autonomia*. São Paulo, Paz e Terra.

GARCIA, G. (1987) *La educación como práctica social*. Rosario, Argentina, Axis.

GARCIA CANCLINI, N. (1990) "La sociología de la cultura de Pierre Bourdieu". In: BOURDIEU, P. *Sociología y cultura*. México, Grijalbo.

HAUSSER, D. (1997) "New conceptual perspectives and prevention". In: VAN CAMPENHOUDT, L., COHEN, M., GUIZZARDI, G. & HAUSSER, D. (orgs.) *Sexual Interaction and HIV Risk. New Conceptual Perspectives in European Research*. Londres, Taylor & Francis.

HEILBORN, M.L. (1995). "O que faz um casal, casal? Conjugalidade, igualitarismo e identidade sexual em camadas médias urbanas". In: RIBEIRO, I. & RIBEIRO, A.C. (orgs.) *Famílias em processos contemporâneos: inovações culturais na sociedade brasileira*. São Paulo, Loyola.

HUIZINGA, J. (1968) *Homo ludens*. Buenos Aires, Emecé.

KIPPAX, S., NOBLE, J., PRESTAGE, G., CRAWFORD, J., CAMPBELL, D., BAXTER, D. & COOPER, D. (1997) "Sexual negotiation in the Aids era: negotiated safety revisited". *Aids*, 11, 02, 191-7.

LOYOLA, M.A. (1994) "Percepção e prevenção da Aids no Rio de Janeiro". In: LOYOLA, M.A. (org.) *Aids e sexualidade: o ponto de vista das ciências humanas*. Rio de Janeiro, Relume-Dumará: IMS/UERJ.

MANN, J. & TARANTOLA, D. (1998) *The Global Picture*, Scientific American.

MARQUET, J. & HUYEN, P. (1998) "Approche relationnelle dans la recherche sur les interactions sexuelles et le risque du Sida: débat conceptuel et difficultés de mise en oeuvre". Texto apresentado na II Conférence Européenne sur les Méthodes et les Résultats des Recherches en Sciences Sociales sur le Sida, *Nouveaux Enjeux pour les Sciences Sociales,* 12-15, ANRS, Collection Sciences Sociales et Sida, Paris, janeiro.

MAUSS, M. (1968) "L'expression obligatoire des sentiments". In: MAUSS, M. (org.) *Essais de sociologie*. Paris, Minuit.

MERÉ, J.J. (1998a) "Sexualidad y prevención del Sida: aprendizajes significativos de la estrategia lúdica comunitaria". In: MERÉ, J.J. & SOLDI, A. (orgs.) *Sida: desafíos y respuestas regionales*. Montevidéu, IDES: IMS: Embaixada Britânica.

——— (1998b) "Prevención del Sida y construcción de una sociedad democrática: nuevos caminos para la educación en salud". *Cadernos do IDES,* Série Estudos, nº 2, Instituto Direito e Sociedade, Rio de Janeiro.

——— (1998c) Jogo *Cruzando Mensagens*. Programa de Capacitação do Programa Voluntários, Comunidade Solidária: BID: FBB: UNESCO, São Paulo.

——— (1999) "El estallido de las certezas: los desafíos de la prevención del Sida". Ensaio premiado no XIV Certamen Latinoamericano de ensayo politioo do Nucva Sociedad. "Sida: política, cultura, enfermedad", *Nueva Sociedad*, nº 159, janeiro/fevereiro, Caracas.

MONTEIRO, S., REBELLO, S. & SCHALL, V. (1994) "Jogando e aprendendo a viver: uma abordagem da Aids e das drogas através de recursos educativos". In: MESQUITA, F. & BASTOS, F.I. (orgs.) *Drogas e Aids. Estratégias de redução de danos*. São Paulo, Hucitec.

OSIMANI, M.L., MÈRE, J.J., SAVIO, E., LIMA, E. & PURTSCHER, H. (1995) *Guía educativa para la prevención comunitaria del VIH-SIDA e set de juegos didacticos*. Montevidéu, IDES/PNUD.

PAEZ, D., UBILLOS, S., PAICHÉLER, H. (1994) "Representaciones sociales del Sida: una revision empirica y teorica". Publicación oficial de la Sociedad Española Interdisciplinaria del Sida, SEISIDA, Madri.

PAICHELER, G. (1993). "L'infection par le VIH: un défi social", *Scor Notes*, março.

PAICHELER, G. & QUEMIN, A (1994). "Le public face à la menace du Sida". *Actions de Prévention du Sida et Public*, vol.6, nº 3-4, Paris.

PAIVA, V. (1996) "Sexualidades adolescentes: escolaridade, gênero e o sujeito sexual". In: PARKER, R. & BARBOSA, R.M. (orgs.) *Sexualidades brasileiras*. Rio de Janeiro, Relumé-Dumará.

PARKER, R. (1991) *Corpos, prazeres e paixões: a cultura sexual no Brasil contemporâneo*. São Paulo, Best Seller.

——— (1994) "Diversidade sexual, análise sexual e educação sobre Aids no Brasil". In: LOYOLA, M.A. (org.) *Aids e sexualidade: o ponto de vista das ciências humanas*. Op. cit.

PERELMAN, C. (1972) "Raison éternelle, raison historique". *Justice et Raison*. Bruxelles, Ed. Université de Bruxelles.

PETO, D., REME, J., VAN CAMPENHOUDT, L. & HUBERT, M. (1994) *Sida, l'amour face à la peur*. Paris, L'Harmattan.

PLASTINO, C. A. (1997) *Globalização e mal-estar na cultura*. Rio de Janeiro, IMS/UERJ.

PICHÓN RIVIÈRE, E. (1975). *El proceso grupal*. Buenos Aires, Nueva Visión.

POLLAK, M. (1988) *Les homosexuels et le Sida: sociologie d'une épidémie*. Paris, A.M. Metailié.

POLLAK, M., DUBOIS-ARBER, F. & BOCHOW, M. (1989) "La modification des pratiques sexuelles". *La Recherche,* Número especial *La Sexualité* (213), 1100-11.

ROSENSTOCK, I., STRECHER, V. & BECKER, M. (1994) "The health belief model and HIV risk behavior change". In: DICLEMENTE, R. (org.) *Preventing Aids: Theories and Methods of Behavioral Interventions*. Op. cit.

SANDFORT, T., HUBERT, M. & BAJOS, N. (1998) "Intérêt des études realisées en Europe occidentale sur le comportement sexuel, en termes de prévention du VIH". *Le Sida en Europe. Nouveaux Enjeux pour les Sciences Sociales*. ANRS, Collection Sciences Sociales et Sida, Paris.

VAN CAMPENHOUDT, L. (1998) "Nouvelles tendances théoriques dans la recherche européenne sur les comportements sexuels face au risque du VIH". *Le Sida en Europe. Nouveaux Enjeux pour les Sciences Sociales*. ANRS, Collection Sciences Sociales et Sida, Paris.

VAN CAMPENHOUDT, L., COHEN, M., GUIZZARDI, G. & HAUSSER, D. (orgs.) (1997) *Sexual Interaction and HIV Risk. New Conceptual Perspectives in European Research*. Londres, Taylor & Francis.

WELLINGS, K. (1994) "Assessing Aids preventive strategies in Europe: lessons for evaluative research". In: BOULTON, M. *Challenge and Inovation: Methodological Advances in Social Research on HIV/Aids*. Londres, Taylor & Francis.

Debate

Sexualidade e HIV

EXPOSITORES: *Regina Ferro do Lago, Juan José Meré Rouco*[1]
COORDENADORA: *Ondina Leal*

Pergunta da platéia — Eu gostaria que o Juan explicasse melhor o que é a violência simbólica.

Ondina Leal — Mais uma questão para o Juan José: não ficou claro se a intervenção como uma proposta construtivista do jogo é ou não é uma questão de investigação, também. Se é uma questão de investigação, de que forma as duas coisas se articulam? E coloco também uma questão para a Regina: o que é o Praça Onze?

Juan José Meré — Quando fiz alusão à violência simbólica, eu não focalizava um autor particular como Bourdieu, que teorizou sobre esse tema; eu buscava ser mais abrangente. Essa teoria da violência simbólica — pensar as práticas incorporadas e incorporadoras, ao mesmo tempo as representações e justificativas dessas mesmas práticas — é a princípio uma ferramenta que levaria à frustração de qualquer educador ou intervenção educativa. Por isso eu falei que havia outras possibilidades além de Bourdieu. A intenção da proposta educativa é, precisamente, produzir um desencaixe simbólico a partir de coisas que não passam somente pelo racional. É o que Bandura chama de discordância cognitiva: querer chegar a esse ponto crítico que se abre à incerteza. Você coloca a pessoa numa situação de incerteza a respeito das práticas. Você pode ter segurança de que a pessoa vai mudar? Não sei! Se eu tivesse a possibilidade de fazer um acompanhamento de uma coorte ou um *follow-up* das pessoas que passam pelas oficinas de prevenção, seria outra coisa.

Isso me leva à questão da Ondina sobre a articulação entre pesquisa e intervenção: eu voluntariamente tirei de meu repertório o nome de "pesquisa-ação", porque temos que buscar novas formas para novas práticas. E, nesse caso, por muitas razões, entre elas financeiras, nós concebemos a intervenção educativa como portadora de algumas ferramentas de pesquisa que servem de ponto sensível para saber com quem estamos lidando. Por exemplo: todas as atividades educativas são precedidas de questionários ou entrevistas com as pessoas que nos chamam, com os líderes, com os participantes. Essas informações são incorporadas nos conteúdos dos jogos e das dinâmicas. Por isso essa noção de jogador. Essas atividades educativas dão insumos. Os jogos têm sistemas para recolher algumas falas, não tudo, porque recolhem parcialmente os produtos das elaborações. Isso é o que permite uma atualização, e não a aplicação mecânica. Então, a esses produtos — produtos de uma pesquisa sistemática, continuamente aplicada, porque tem um *feedback* direto para a próxima atividade educativa — eu acrescentaria os produtos das pesquisas a que nós temos acesso: as pesquisas realizadas aqui no Brasil, no Uruguai, enfim, aquelas que dão elementos, *insights* para fazer da intervenção na área da sexualidade algo mais colado à realidade. A intenção é que a intervenção educativa se ligue à dinâmica de pesquisa. A nossa pesquisa tem um fim muito pragmático: alimentar o processo da intervenção educativa. Ela tem outras características, mais qualitativas, diferentes das pesquisas que foram apresentadas aqui.

Regina Lago — O nome Praça Onze homenageia um lugar conhecido no Rio. A Praça Onze propriamente dita foi demolida, mas o projeto fica perto do Sambódromo, próximo à escola de samba Estácio de Sá. E ali ficava também uma das zonas de prostituição mais tradicionais do Rio, que era o Mangue, que também não existe mais, mas o lugar ainda conserva esse colorido. A minha pesquisa se encaixa na investigação mais ampla do Projeto Praça Onze e utiliza o banco de dados oriundo da aplicação dos questionários com os voluntários do projeto. O Praça Onze não é simplesmente um projeto de testagem anônima, é um estudo de soroincidência: quantas pessoas desse grupo, num determinado período de seguimento, se tornarão positivas para o HIV? É uma condição de elegibilidade para integrarem o projeto que as pessoas sejam soronegativas. É o paradoxo de qualquer estudo de soroincidência, em que se procura avaliar quem se torna positivo, mas ao mesmo tempo — compromisso ético, é lógico, com a saúde — é fornecido aconselhamento, pré e pós-teste, camisinhas, todo tipo de orientação. Os voluntários pertencem a camadas médias-baixas e grupos populares: são moradores da zona norte e central da cidade. Há duas formas de recrutamento: uma se dá em unidades de saúde, que são centros de testagem anônima; as pessoas cujos resultados são negativos são convidadas a participar do Praça Onze. A outra forma de captação de voluntários é através do recrutamento externo: uma equipe vai a vários locais, como saunas, festas, eventos, praia, boate, e convida as pessoas para participar do projeto.

Juan José Meré — Uma pergunta para Regina: você mostrou uma transparência, sobre um grupo que não se encaixa nas outras classificações, e que mostra um pouco essa rigidez das classificações das práticas sexuais. Eu gostaria que você falasse mais sobre essas pessoas, que não se situam onde nós poderíamos esperar.

Regina Lago — Em relação à transparência a que o Juan se referiu, é um quadro ilustrativo: não é uma tabela, é uma listagem, um retrato da visita 3. Eu fiz vários tipos de análise. Esse foi aquele momento em que eu peguei o conjunto dos respondentes da visita 1 e dividi em quatro grupos distintos. Esse grupo é o que refere a prática bissexual, mas não adota uma autoclassificação "bi". Esse grupo pareceu particularmente interessante porque se apresenta dividido quase pelo meio: menos da metade dos participantes se inclui no que eu estou chamando "universo homossexual", nas classificações "homo, gay e bi". Existe também um grupo que se autodefine como "homem", e é o grupo que mais escolhe a categoria "outro". Esse "outro" evoca, na maior parte das vezes, a categoria heterossexual, que não está contemplada no elenco oferecido e que me levou a imaginar que "homem" entra como uma categoria de gênero que engloba a atividade sexual. Vale chamar a atenção para que há oscilações: por exemplo, quem se diz "bi" numa visita, numa outra vez pode se dizer "homo", na outra "bi" e "entendido", e na outra "bi" de novo — isso não acontece com aquele grupo.

Lúcia Ribeiro — Uma pergunta para a Regina: você disse que nesse grupo se distinguem dois subgrupos que não se misturam, e um deles adota a categoria de gênero "homem". Os outros não se consideram homens? Como fica essa categoria de gênero e a categoria de preferência sexual?

Regina Lago — Pode ser que as categorias clássicas "hetero", "homo" e "bi" estejam se espraiando mais nessas camadas. O que Peter Fry chamou de modelo tradicional, fundado mais na identidade de gênero do que na orientação sexual, ainda permanece bastante presente nessas camadas. Cheguei a essa conclusão através do exame da categoria "homem", como classificação identificada como gênero, englobando uma atividade sexual identificada com a heterossexualidade. Eu encontrei alguns homossexuais que também se autoclassificam como homens. Mas esse sentido de "homem" pode ser diferente, sinalizando para um tipo de representação ao estilo: "eu sou gay, mas eu também sou homem". "Homem" aí tem um sentido um pouco diferente daquele de categoria de gênero englobante, que recusa a identificação como homossexual ou bissexual.

Sérgio Carrara — Em relação ao trabalho da Regina, vejo dois aspectos interessantes. Um é que você tem a oportunidade, para além dos modelos tradicional e moderno, de trabalhar o modo como a identidade sexual ou de gênero independe da prática sexual concreta. No caso do bissexual isso se revela mais claramente. Você diz: tem gente que se diz "bissexual", mas tem uma prática exclusivamente homossexual; tem gente com uma prática bissexual, mas se diz "homossexual" ou "heterossexual". Isso é muito interessante. Os modelos interpretativos, tanto na formulação de Peter Fry — modelo igualitário e modelo tradicional — quanto na formulação de Richard Parker, acabam ligando, talvez de maneira muito direta, identidade de gênero ou sexual e prática sexual. O outro aspecto diz respeito aos informantes que, na categoria "outros", especificam que são heterossexuais. Se não havia a categoria "heterossexual" no questionário, era esperável que eles se colocassem dentro da categoria "homem". Isso para mim é o mais estranho.

Agora um comentário direcionado à fala do Juan: no campo da Aids e das doenças venéreas, em geral e historicamente, temos o comportamento sexual como objeto de reflexão e a intervenção que visa alterar tal comportamento. No Brasil, o modelo hoje é o que se baseia no aumento da auto-estima, *empowerment* e coisas do gênero. Como se fosse possível mudar os sujeitos sem mudar as condições objetivas nas quais ele está inserido. Continua-se enfatizando o nível do individual, vamos mudar os indivíduos — eles vão passar por um processo de transformação — mas não as leis, por exemplo. Vejo toda essa campanha do governo brasileiro em prol do *empowerment*, do aumento da auto-estima dos homossexuais, mas quando se trata de aprovar uma lei de união civil a dificuldade é enorme. Acaba-se em um impasse.

Veriano Terto Jr. — Uma pergunta para o Juan José: não entendi muito bem a questão da utilização do lúdico na educação e na questão da prevenção. Existem certas sexualidades que não são exatamente ligadas a uma finalidade tão clara, como o orgasmo e a genitalidade. Na minha tese de mestrado sobre um cinema de orgias, aqui no Rio, há uma discussão sobre certos cenários sexuais que funcionam quase de forma lúdica, mais fundados na sedução, na aposta, na sorte, no azar, e muito menos no funcionamento sexual, para alcançar um orgasmo. Isso é observado em banheiros, em cinemas, no circuito da sexualidade homossexual masculina. Na sua estratégia de prevenção usando o aspecto lúdico, como é que você vê esse tipo de questão?

A outra pergunta é para a Regina, sobre o Praça Onze: como vocês pensam a relação com as questões culturais da homossexualidade e como elas vêm influenciando a mudança das identidades? Existem certos avanços no campo jurídico, como uma proposta de união civil; há uma mercantilização crescente em torno da questão da homossexualidade. O próprio projeto, ao escolher o nome Praça Onze, está fazendo uma referência cultural a isso. Como vocês vêem esse tipo de relação?

Maria Luiza Heilborn — Antes um comentário sobre o trabalho da Regina. Acho que há um ponto interessante, em torno do comentário do Sérgio: os trabalhos do Peter Fry e do Richard Parker sinalizaram que haveria uma gramática do imaginário sexual no Brasil que oporia atividade e passividade. Essa gramática era mais significativa do que a oposição heterossexualidade/homossexualidade. Trata-se de uma representação, e não propriamente do que as pessoas fazem na prática. É uma representação sobre atividade e iniciativa — penetração, no caso equacionada ao gênero masculino — e passividade — que diz respeito a quem é penetrado, que estaria associada ao gênero feminino, atribuído diferencialmente aos dois homens envolvidos. Sérgio chamou a atenção para a necessidade de discriminar os vieses desse tipo de pesquisa. Ao selecionar aleatoriamente essas pessoas, sem ser exatamente em espaços específicos de constituição de identidades sexuais, você pode, então, examinar, sob um outro ângulo, essa proposta interpretativa sobre o modo como se estruturaria o imaginário sexual brasileiro, particularmente o da homossexualidade. Mostrar a discrepância entre a identidade e as práticas, e essas representações sobre passividade e atividade, é sinalizar a distância entre o imaginário e as práticas. A conjunção direta entre a representação sobre a atividade sexual, o plano da nomeação de uma identidade sexual — se ela é ou não necessária para os sujeitos — e o plano das práticas é justamente o que o trabalho da Regina está se propondo a realizar. O acesso a um material de natureza quantitativa, oriundo de uma pesquisa de caráter biomédico, foi feito mediante a utilização do questionário que buscava caracterizar de maneira sociocultural ou demograficamente essa população, e nele foi incluído um quesito sobre identidade. Há vieses no recrutamento, mas você teve a possibilidade de pegar aleatoriamente uma população, sem marcar, por exemplo, comunidades — embora o recrutamento fosse realizado em determinados locais de sociabilidade homossexual. É uma população significativa, pois, em quase mil pessoas, 155 homens lançaram mão em algum momento da classificação bissexual.

Juan José Meré — Este modelo de intervenção educativa tem como aposta a mudança. As práticas frente ao vírus HIV ou frente à gravidez são questionadas no grupo através do diálogo, da argumentação, da confrontação. Trata-se de uma discordância cognitiva, de um desencaixe simbólico, de um questionamento heurístico, que apresenta a possibilidade de abrir para outras alternativas. A partir de ferramentas didáticas com conotação lúdica, por meio de um atalho pedagógico, pode-se maximizar os resultados — não digo minimizando os custos, porque é uma intervenção que requer horas e investimento. A chave é o diálogo, é a interação com o outro.

Quanto à questão da pluralidade levantada pelo Veriano, trata-se de uma resposta ética, técnica e política — política no sentido de transformação social. Ética porque há o compromisso com o respeito à pluralidade. Técnica porque se sabe que na pluralidade há comportamentos mais seguros para enfrentar o HIV — não há risco zero. Então, quem dá as respostas? Na atividade educativa, nesse jogo, você dá informação e faz tudo para que as pessoas saibam que a informação é confiável. O educador os confronta com essas posturas, que não são seguras. Mas onde está o limite? Conseguir a revolução sexual? Não! Uma intervenção mais pertinente? Sim! Temos que deixar uma margem de incerteza? Eu diria que sim. O limite é ético. É uma relação de confiança que nos permite a ida e a volta: eles têm que confiar.

Regina Lago — Quanto à pergunta do Veriano, de fato, o Praça Onze tem um caráter biomédico. Há um questionário, as entrevistas são pautadas. O projeto não se restringe ao questionário, mas, em relação ao universo cultural no sentido mais amplo, ele é restrito. Temos o apoio do Grupo Arco-Íris, por exemplo, que é uma ONG ligada à causa homossexual, e do Grupo Pela Vidda, que é uma ONG/Aids. E o espaço que se enriquece com a discussão dos voluntários fica um pouco marginal no Praça Onze, restrito às oficinas, às entrevistas. Nós ainda não conseguimos dar a ele o mesmo status que tem a informação objetiva coletada com os questionários.

Nota

1. Foi também expositor o sociólogo chileno Eduardo Goldstein, cujo artigo não consta desta publicação por motivos alheios à nossa vontade. Por essa razão, não reproduzimos aqui sua participação no debate, sem prejuízo para a compreensão do mesmo.

COLABORADORES

Maria Luiza Heilborn, doutora em antropologia, é professora-adjunta do Instituto de Medicina Social/UERJ e coordenadora do Programa de Estudos e Pesquisas em Gênero, Sexualidade e Saúde.

Elaine Reis Brandão é professora-assistente da Faculdade de Serviço Social, da Universidade Federal de Juiz de Fora (MG), doutoranda do Instituto de Medicina Social/UERJ e bolsista da Fundação MacArthur.

Luiz Fernando Dias Duarte, doutor em antropologia social, é professor-adjunto do Museu Nacional/UFRJ.

Maria Andréa Loyola, doutora em antropologia, é professora-adjunta do Instituto de Medicina Social/UERJ.

Brigitte Lhomond é socióloga do Centre National de la Recherche Sicentifique, França.

Ondina Fachel Leal é doutora em antropologia pela Universidade da Califórnia, Berkeley, e professora titular do Departamento de Antropologia da UFRGS.

Jandyra M.G. Fachel é doutora em estatística pela London School of Economics e professora titular do Departamento de Estatística da UFRGS.

Simone Monteiro é doutora em saúde pública pela ENSP/FIOCRUZ e pesquisadora do Laboratório de Educação em Ambiente e Saúde, do Departamento de Biologia/IOC da Fundação Oswaldo Cruz.

Regina Ferro do Lago, psicóloga, é mestre em saúde coletiva pelo Instituto de Medicina Social/UERJ e coordenadora do Projeto Praça Onze/UFRJ.

Juan José Meré Rouco, sociólogo, é doutorando em saúde coletiva no Instituto de Medicina Social/UERJ. É coordenador da área de saúde do IDES/Montevidéu.

Este livro foi composto pela Textos & Formas, em Times New Roman e Grotesque, e impresso por Hamburg Donnelley Gráfica Editora em outubro de 1999.